衣の科学シリーズ

衣服管理の科学

編著 ▌片山倫子
共著 ▌阿部幸子／杉原黎子／吉村祥子

建帛社
KENPAKUSHA

はじめに

　衣服は着用する場面や用途によって色・形・素材・風合い・縫製・ゆとりなどに工夫が凝らされており，着る人に快適な衣生活を提供しているが，着用すると汚れたり形が崩れたりするので汚れをとり，形を整えるための洗濯が不可欠である。したがって売れる衣服の最低条件として重要なことは，洗濯ができることである。

　人が衣服を身にまとうようになってからの長い年月は，衣服の汚れを取ってきれいにし，再着用を可能にする洗濯の歴史と重なっている。第二次世界大戦後の60年間を振り返って見ると，綿・毛・絹・麻などの天然繊維から作られた衣服材料を素に家庭裁縫によって縫製された和服が中心であった衣生活から，天然繊維に化学繊維を加えさまざまな加工を施した衣服材料から工業生産によって製造された洋服を中心とする衣生活へと変わってきた。当然のことながらこの間の工業の発展は洗濯にも強く影響し，手洗いから機械洗いへの転換，石けんに加え種々の合成洗剤の出現，合成溶剤による商業洗濯の普及などをもたらした。

　また，この時代は，さまざまな分野の学問が電子機器を用いた分析技術によって，その原理や真実の解明に取り組んできた時代でもあった。洗濯についても界面化学の立場から精力的に洗浄現象を解明しようと多くの論文が報告されたり，家政学の立場（中心となっていたのはお茶の水女子大学・奈良女子大学・大阪市立大学に設置されていたいずれも被服学科において「被服整理学」「被服管理学」等の名称で教育研究が行われた）からも洗濯を解明するための研究が盛んで，単独または家電メーカーや洗剤会社と共同で研究や洗浄力試験方法の開発等を行ってきた。それらの成果が現在の「洗濯機に洗濯物と洗剤を放り込み，スイッチを入れると，洗濯機が適当に洗ってくれる」方式の洗濯の基礎になったのである。

　筆者が「洗濯」に魅せられて30年余が過ぎた今，周りを見回してみたところ，「洗濯」をテーマとして教育・研究を続けている仲間が本当に少なくなってしまっていた事に気が付いた。特に30代・40代の人がいない。近年，新しい洗濯機が各社から出されたり，洗剤の表示や成分が変わったりしている洗濯事情から，新聞の社会面やテレビの生活番組では洗濯にまつわるテーマも多く，「洗濯全般に関する解説」や，汚れを取るために必要な最近の「洗濯機」「洗剤」「水」等に関する適切な解説が求められている。しかしながら，洗濯について科学的な裏付けのあるわかりやすい解説書がなく，また洗剤や洗濯機等に関する新しい規格等の解説をまとめている書物も少ない。

　そこで大学・短期大学において「洗濯」「管理」関連の教科書として使える本で，しかも社会のこのような要求に応えられる，わかりやすくしかも情報が

しっかりと入っている本の出版を目指して，以前からお話のあった建帛社の衣の科学シリーズ「衣服管理の科学」として本書を執筆することになった。

本書は次のように構成されている。

第1章で洗濯の対象となる「汚れ」，第2・第3章で洗濯に不可欠な「水と洗剤」「洗濯機」を，第4・第5章で「汚れ除去のメカニズム」「洗浄力の試験法」を解説した。第6・第7章で「家庭洗濯」「商業洗濯」を比較し，第8～11章で「漂白と増白」「糊つけと仕上げ」「しみ抜き」「衣服の保管」を解説した。最後に第12章で資源の有効利用の観点から「衣服の廃棄と再利用」を述べた。

執筆上，特に心がけたのは，できるだけ新しいデータに基づいた内容とした点である。また，日常生活で，誰でも行っている「洗濯」ではあるが，最近の衣類に付けられている取扱い絵表示や，洗剤に表示されている物質名や試験法，および洗濯機の名称や規格等について明確に答えられない場合が多いと思われるので，資料編に現行の規定等を要約した。

本書を読まれた方が，「洗濯」のおもしろさ，奥の深さを共感していただけたら幸いである。

2002年4月

編著者　片　山　倫　子

「衣の科学シリーズ」は最新の情報と資料をもとに，衣服学を総合科学の立場から解説し，新しい時代に対応する知識が習得できる，大学・短期大学の教科書として企画・編集された新シリーズです。

目 次

第1章 衣服の汚れ …………………………………………………… 1
1. 汚れによる衣服地の性能低下 ……………………………………… 1
2. 洗濯の対象となる汚れ ……………………………………………… 2
   - 2.1 汚れの付着 ……………………………………………………… 2
   - 2.2 汚れの分類 ……………………………………………………… 2
   - 2.3 性状からみた汚れの種類 ……………………………………… 4
3. 繊維と汚れ …………………………………………………………… 6

第2章 洗濯用水と洗剤 ……………………………………………… 9
1. 洗 濯 用 水 …………………………………………………………… 9
   - 1.1 硬水と軟水 ……………………………………………………… 9
   - 1.2 洗濯用水中の鉄イオン ………………………………………… 10
2. 洗　　　剤 …………………………………………………………… 11
   - 2.1 洗剤の変遷 ……………………………………………………… 11
   - 2.2 市 販 洗 剤 ……………………………………………………… 12
   - 2.3 界面活性剤の種類と特徴 ……………………………………… 16
   - 2.4 配合剤の種類と機能 …………………………………………… 22
   - 2.5 洗剤と環境問題 ………………………………………………… 25

第3章 洗 濯 機 ……………………………………………………… 29
1. 洗濯における機械力の歴史 ………………………………………… 29
2. 世界の洗濯機の現状 ………………………………………………… 30
   - 2.1 渦巻き式洗濯機 ………………………………………………… 30
   - 2.2 攪拌式洗濯機 …………………………………………………… 30
   - 2.3 ドラム式洗濯機 ………………………………………………… 31
3. 日本における洗濯機の変遷と最近の動向 ………………………… 31
   - 3.1 洗濯機の普及 …………………………………………………… 31
   - 3.2 構造・機能の進展 ……………………………………………… 32

第4章 汚れ除去のメカニズム……………………………………35

1. ぬ　　れ ………………………………………………………… 35
2. 油性汚れの除去 ………………………………………………… 39
3. 固体粒子汚れの除去 …………………………………………… 42
4. 界面活性剤水溶液の性質 ……………………………………… 43
   4.1　表面張力と界面張力 …………………………………… 44
   4.2　ミセル形成 ……………………………………………… 45
   4.3　界面活性剤の水に対する溶解性 ……………………… 47
   4.4　その他の性質 …………………………………………… 48
5. 機 械 作 用 ……………………………………………………… 49

第5章 洗浄力の試験法……………………………………………53

1. 洗濯のモデル化 ………………………………………………… 53
   1.1　被 洗 物 ………………………………………………… 53
   1.2　標 準 洗 剤 ……………………………………………… 56
   1.3　標 準 洗 濯 機 …………………………………………… 56
   1.4　洗 濯 用 水 ……………………………………………… 57
   1.5　洗 濯 条 件 ……………………………………………… 57
2. 汚染度の表示法 ………………………………………………… 58
   2.1　表面反射率に基づく表示法 …………………………… 58
   2.2　化学的な分析法に基づく表示法 ……………………… 59
3. 洗浄力の評価方法 ……………………………………………… 60
   3.1　視感判定による方法 …………………………………… 60
   3.2　表面反射率による方法 ………………………………… 60
   3.3　汚れ成分の定量による方法 …………………………… 60
4. 規格化されている洗浄力試験方法 …………………………… 61
   4.1　実生活に近い方法での試験（バンドルテスト）
　　　　（ASTM D-2960）………………………………………… 61
   4.2　襟垢布を用いる洗浄力評価方法（JIS K 3362-1998）…… 61
5. 洗濯時の機械力を評価する試験方法 ………………………… 63

第6章 家庭洗濯……………………………………65

1. 被洗物 ……………………………………………65
2. 洗濯条件と洗浄力の関係 ………………………67
   - 2.1 洗濯時の洗剤の濃度と洗浄力 ……………67
   - 2.2 洗濯時の温度と洗浄力 ……………………68
   - 2.3 洗濯時間と洗浄力 …………………………69
   - 2.4 被洗物の重量と洗浄力 ……………………69
3. 洗濯の手順と方法 ………………………………70
   - 3.1 洗濯の手順 …………………………………70
   - 3.2 洗剤洗い ……………………………………71
   - 3.3 すすぎ ………………………………………72
   - 3.4 脱水 …………………………………………73
   - 3.5 乾燥 …………………………………………74

第7章 商業洗濯……………………………………77

1. ドライクリーニング ……………………………77
   - 1.1 ドライクリーニングの特徴 ………………78
   - 1.2 ドライクリーニング用資材ならびに機器 …78
   - 1.3 ドライクリーニングの方法 ………………82
   - 1.4 ドライクリーニング利用上の注意 ………83
2. ランドリー ………………………………………85
   - 2.1 ランドリーの特徴 …………………………85
   - 2.2 ランドリー用資材ならびに機器 …………85
   - 2.3 ランドリーの方法 …………………………86
3. ウェットクリーニング …………………………87
   - 3.1 ウェットクリーニング対象品 ……………88
   - 3.2 ウェットクリーニングの方法 ……………88

第8章 漂白と増白 …………………………………………89
1. 漂　　白 …………………………………………………89
2. 増　　白 …………………………………………………92

第9章 糊つけと仕上げ ……………………………………95
1. 糊　つ　け ………………………………………………95
　1.1　糊料の種類と特徴 …………………………………95
　1.2　糊つけ効果 …………………………………………97
　1.3　糊つけ法 ……………………………………………99
2. 柔軟仕上げ ………………………………………………100
　2.1　柔軟仕上げ …………………………………………100
　2.2　帯電防止効果 ………………………………………101
3. 仕　上　げ ………………………………………………101
　3.1　仕上げの原理 ………………………………………101
　3.2　アイロン仕上げ ……………………………………103
　3.3　その他の仕上げ法 …………………………………104

第10章 しみ抜き …………………………………………105
1. しみ抜きの概要 …………………………………………105
　1.1　しみ抜きの原理 ……………………………………105
　1.2　しみ抜き用具 ………………………………………106
　1.3　しみ抜き剤 …………………………………………107
2. 各種しみ抜き法 …………………………………………109
　2.1　しみ抜きの注意 ……………………………………109
　2.2　しみ抜きの手順 ……………………………………111
　2.3　しみ抜きの実際 ……………………………………112

第11章 衣服の保管 ……………………………………… 115

1. 保管中の衣服の損傷 …………………………………… 115
2. 防　　虫 ………………………………………………… 116
   2.1　虫　　害 ……………………………………… 116
   2.2　防　虫　法 …………………………………… 118
3. 防かびと抗菌の措置 …………………………………… 123
   3.1　微生物の繁殖と繊維の損傷 ………………… 123
   3.2　微生物の繁殖防止 …………………………… 124
4. 保　　管 ………………………………………………… 126
   4.1　保管の準備 …………………………………… 126
   4.2　虫　干　し …………………………………… 127

第12章 衣服の廃棄とリサイクル ………………………… 129

1. 死 蔵 衣 服 ……………………………………………… 129
2. ごみとしての処分 ……………………………………… 130
3. 再生利用による処分 …………………………………… 131
4. 今後の課題 ……………………………………………… 132

資料編

1. JIS L 0217-1995 による繊維製品の取扱いに関する表示記号 …… 135
2. 国際標準化機構（ISO）による繊維製品の取扱いに関する表示記号 … 136
3. JIS および ISO による取扱い表示記号の対応表 ………… 137
4. JIS C 9606 に規定される電気洗濯機試験方法 …………… 138
5. JIS K 3362 に規定される合成洗剤試験方法 ……………… 141
6. 界面活性剤の種類・用途 ………………………………… 149

索　引 ………………………………………………………… 153

衣服の汚れ

　汚れ（soil）は，「あるべきでない場所に存在する物質」[1]であり，洗浄の対象となる衣服の汚れは「繊維表面に外部から付着したもので，衣服の美観，品質の保持に好ましくなく，また衛生上有害なために除去されなければならない異物」[2]と定義されている。これらの汚れの除去には，化学的・物理的な作用を加えた洗浄が行われるが，繊維を損なうことなく洗浄効果を上げるためには，汚れの成分やそれらの性質，繊維への付着状態などを明らかにし，適切な洗浄条件を選択することが必要である。

　本章では，まず汚れによる衣服地の性能低下を概観して洗浄の必要性を認識した上で，汚れの種類と性質，繊維基質と汚れとの関係などの必要事項について述べる。

「mater in the wrong place」

1. 汚れによる衣服地の性能低下

　衣服地は汚れの付着により黒ずみを生じ，光沢を失い，風合いが悪化するなど外観特性を損なうが，同時に汚染した衣服は衛生的な性能が低下して着心地が悪くなる。表1-1には，長時間の着用によって汗や垢（あか）で汚染した衣服地の保健衛生的な性能について調べた結果を示した。性能低下の度合いは繊維の種類によって異なるが，一般に，汚染により布地に含まれる空気が汚れや水分と置き換わるため，含気量が減少し，通気性や保温性が低下する。また，綿やレーヨンなどの親水性繊維では汚垢（おこう）の付着により吸水性が著しく低下し，汚れの吸着性が抑えられるため，汗や垢など皮膚の汚れを除去して清潔に保つ肌着

汚れが付着すると親水性繊維でも含気量が減るため，通気性，保温性のほか吸水性も低下する。

表1-1　被服地の汚染による含気率，通気性，吸水性の変化

布地	性質	含気率			通気性			吸水性（バイレック法）		
		含気率(%)	変化量(%)	変化率(%)	通気量(ml/cm²·sec)	変化量(ml/cm²·sec)	変化率(%)	吸水量(cm)	変化量(cm)	変化率(%)
綿	原布	64.2			15.44			5.71		
	汚染布	61.9	−2.3	−3.6	8.69	−6.75	−43.8	3.61	−2.10	−36.8
レーヨン	原布	72.3			116.59			3.64		
	汚染布	68.9	−3.4	−4.7	78.45	−38.14	−32.7	2.23	−1.41	−38.7
毛	原布	70.7			102.55			0.12		
	汚染布	69.9	−0.8	−1.1	64.78	−37.77	−36.8	0.70	+0.58	(+483.3)
ナイロン	原布	48.1			4.47			1.18		
	汚染布	44.5	−3.6	−7.5	3.23	−1.24	−27.7	1.05	−0.13	−11.0

出典）中橋美智子：家政学雑誌，18，p.24（1967）

としての役割が十分に果たせなくなる。また，汚垢は吸湿しやすく，微生物の栄養源でもあるので，水分や体温などにより成育に適した環境条件が得られれば，容易に菌類やかびが繁殖して悪臭を発生し，繊維の劣化や着色，染色物の変退色などの害をもたらす。

　他方，汚れの成分中には繊維を劣化させたり，染料を分解させる物質が含まれるので，汚染により繊維や染色物が損なわれることがある。例えば，汗は乳酸などの有機酸や酸化酵素を含み，酸化を促進して繊維や染色物を損うが，紫外線により繊維分子の切断が急速に進行するため，繊維の劣化が加速されやすい[3]。また繊維上の染料も汗による影響を受け，分解して変退色を起こし，色あせの原因になることがある。

　油脂汚れの中には，不飽和脂肪酸やその他の成分などの不飽和化合物が存在するが，これらは空気中で酸化し，黄変の原因になりやすい。いわゆる"汗じみ"は，汗とともに布地にしみ込んだ皮脂が酸化分解して黄変したものである。

　その他，大気中の亜硫酸ガスや雨，温湿度などの環境条件も，汚れとの相乗作用によって繊維の物性に悪影響を与えることが知られている。

　衣服地の汚染は，このような種々の好ましくない影響を与えるので，洗濯により常にそれらの除去を行い，被服の機能を回復し保持することが必要である。

2. 洗濯の対象となる汚れ

2.1　汚れの付着

　汚れは，衣服の着用中いろいろな機会に被服と接触し，繊維表面に保持されるが，普通，着用中に起こる汚染は，主として次のような様式による。

① 　人体表面や器物などの汚れた他物体の表面に直接接触し，汚れが衣服地に移行する……袖口，襟，肌着などの汚れは，人体表面に接するためこの様式によって汚染する。

② 　空気中の微粒子の重力による沈降，または気流や風力による布への衝突……主として外衣の汚れ，カーテンなどの汚れもこの様式による。

③ 　汚れ成分を含む液体との接触による汚れ……泥水の飛沫，食品の食べこぼしによるしみ，洗濯時の再付着による汚れなど。

2.2　汚れの分類

　衣服に付着する汚れは，付着の様式からもわかるように，大別すると，生活環境中の汚れ物質のように外界からもたらされるものと，人体からの分泌物などのように主として衣服の内側に付着してくる汚れとになる。生活環境からの汚れには，空気中に浮遊している塵埃や煤煙，土砂，泥などの微粒子が主要な成分となっているが，このほかに特殊なものとして，飲食物，化粧品，塗料などの生活物質に由来するものがある。

人体からの汚れには，汗，皮脂，血液，尿などの人体からの分泌物や皮膚の老廃物（垢）などがある。これらの汚れは，衣服の用途，着用の部位，着用者の年齢や性別，生活環境，季節などのさまざまな要因によって，付着量・成分・組成などが異なる。表1-2は，成人男性が3日間着用した肌シャツおよび襟布から得られた汚れ組成の季節による変動を示したものである。汚れの付着量は，季節によって変化し，発汗しやすい夏季には塩化ナトリウムの付着量の増加がみられるが，皮脂や垢成分である有機質汚れの組成も季節により異なっている。また，肌シャツと襟部分の汚れとを比較すると，肌シャツでは含窒素化合物（主に皮膚の老廃物に由来）や塩化ナトリウムなどの成分割合が高く，着用部位により汚れ方が異なるのがわかる。

皮膚の表層を覆う表皮はたえず新しい細胞に入れ替わり，表面の死細胞は脱落して垢となる。

表1-2 天然汚れ成分の季節による相違（％）

汚れ成分	汚れ 季節	襟				肌シャツ			
		4～5月	7～8月	9～10月	2～3月	4～5月	7～8月	9～10月	2～3月
有機質汚れ		86.7	78.1	83.2	90.4	85.6	73.0	78.1	89.2
	脂肪酸	20.2	21.9	20.5	18.9	12.8	11.5	15.8	18.3
	パラフィン	1.0	0.9	1.0	1.2	0.4	0.6	1.1	0.5
	スクアレン[*1]	3.9	3.8	4.1	5.0	1.6	2.2	4.4	2.2
	コレステロールエステル	13.0	10.2	12.5	17.1	12.1	6.4	12.3	9.3
	コレステロール	1.5	1.4	1.8	2.0	1.8	1.4	3.4	2.0
	トリグリセリド	19.9	7.9	19.4	24.6	24.0	6.9	14.4	28.1
	含窒素化合物	9.0	19.0	11.4	8.5	17.6	36.6	16.4	15.2
	モノグリセリド，ジグリセリド，アルコール，その他	18.2	12.9	12.5	13.1	15.3	7.4	10.3	13.6
無機質汚れ		13.3	21.9	16.8	9.6	14.4	27.0	21.9	10.8
	灰分	3.9	2.9	3.2	5.1	3.2	2.9	2.7	4.3
	塩化ナトリウム	9.4	19.0	13.6	4.5	11.2	24.1	19.2	6.5
汚れ付着量（％o.w.f.）[*2]		—	—	—	—	1.3	1.5	1.5	2.1

*1 スクアレン（squalene）：分子式 $C_{30}H_{50}$，生体内でコレステロール（cholesterol：$C_{27}H_{46}O$）が生合成されるときに中間体として生成する物質の一つで次のような構造をもつ高級不飽和炭化水素である。

$$H_3C-\overset{CH_3}{\underset{}{C}}=\overset{H}{\underset{H_2}{C}}-\overset{H_2}{\underset{}{C}}-\overset{}{\underset{}{C}}=\overset{H}{\underset{H_2}{C}}-\overset{H_2}{\underset{}{C}}-\overset{}{\underset{CH_3}{C}}=\overset{H}{\underset{H_2}{C}}-\overset{H_2}{\underset{}{C}}-\overset{}{\underset{CH_3}{C}}=\overset{H}{\underset{H_2}{C}}-\overset{H_2}{\underset{}{C}}-\overset{}{\underset{CH_3}{C}}=\overset{H}{\underset{H_2}{C}}-\overset{H_2}{\underset{}{C}}-\overset{}{\underset{CH_3}{C}}=\overset{H}{\underset{H_2}{C}}-\overset{H_2}{\underset{}{C}}-\overset{}{\underset{CH_3}{C}}=\overset{CH_3}{\underset{}{C}}$$

*2 繊維布重量当たり百分率（on the weight of fabric）
出典）柏一郎ほか：油化学, 19, p.1095, 1101（1970）

表1-3には，一般的な衣服に付着した汚れ成分の分析例を示したが，環境からの汚れと人体からの汚れが混合して付着していることがわかる。これらの汚れは，表に示すように除去性に違いがあり，性状や洗浄液への溶解性などから一般的には水溶性・油性・固体粒子汚れの3種に分類されるが，本章では，たんぱく質や炭水化物などの高分子物質も別に分類し，4種類の汚れについて記述する。

表1-3　衣服に付着した汚れ成分

成分の分類	含量(%)	除去性
食塩	10～20	水溶性
尿素	5～7	容易に除去
たんぱく質（皮膚の代謝物）	20～25	水不溶性，粗大粒子
炭水化物（でんぷん，繊維くず）	約20	容易に除去
油脂（脂肪酸，ワックス，グリセリド，鉱油）	5～10	水不溶性，微粒子
顔料（煤煙，炭酸塩，けい酸塩）	25～30	除去困難

出典）日本繊維機械学会編：『最新被服学』(1968)

2.3　性状からみた汚れの種類

(1) 水溶性汚れ

　汗の成分は，98.5％が水分であるが，水の蒸発後に繊維上に残る成分は，塩化ナトリウムが大部分を占め，そのほかに尿素，乳酸などが含まれる。これらは水溶性汚れの代表例であり，水洗いするだけで容易に除去することができる。したがって，水溶性汚れは，水を媒体とした洗濯では問題にならないが，有機溶剤を用いるドライクリーニングでは除去しにくい成分となる。

(2) 油性汚れ

　油性汚れは，皮脂や空気中の塵埃中に含まれる油性物質，食品からの油脂，自動車や機械の油などである。表1-2の有機質汚れの中で，含窒素化合物を除く成分は，大部分が皮脂に由来する汚れであり，特に脂肪酸やトリグリセリドの含有量が多い。人体皮脂はトリグリセリドの含有量が多く，遊離脂肪酸やジグリセリド，モノグリセリドはほとんど含まれないが，表皮に分泌される過程でトリグリセリドは皮脂分解酵素（リパーゼ）の作用によって分解され，ジグリセリド，モノグリセリドを経て遊離脂肪酸に変化した結果，汚れ中の脂肪酸量が多くなっているものと考えられる。脂肪酸の融点は，表1-4に示すようにその炭素鎖長や不飽和度によって異なる。皮脂汚れは複雑な混合成分からなっているが，皮脂成分の脂肪酸組成を分析した結果によると，遊離脂肪酸，トリグリセリドの炭素鎖長は C_8 から C_{20} で，特にオレイン酸とパルミチン酸が主体でミリスチン酸を加えるとほぼ80％近くを占めている。皮脂は，これら

> **トリグリセリド**
> 　3価アルコールであるグリセリン1分子に3分子の高級脂肪酸が結合したもの。トリアシルグリセリンともいい，油脂の主成分である。

表1-4　脂肪酸の融点とトリグリセリドの融点

炭素数：二重結合の数	脂肪酸	℃	トリグリセリド	℃
12：0	ラウリン酸 $C_{11}H_{23}COOH$	44	トリラウリン	44
14：0	ミリスチン酸 $C_{13}H_{27}COOH$	54	トリミリスチン	56
16：0	パルミチン酸 $C_{15}H_{31}COOH$	63	トリパルミチン	66
18：1	オレイン酸 $C_{17}H_{33}COOH$	13	トリオレイン	5
18：2	リノール酸 $C_{17}H_{31}COOH$	－5	トリリノール	－10

資料）油脂化学便覧より作成

の他に脂肪族アルコール類やパラフィン，スクアレンなども含んでいる。これらの最終融点は48℃で，その90％が37℃で融解し，常温では半透明淡黄色の液状を呈する物質である。

油性汚れは有機溶剤に可溶であるが，水には不溶であるので，水洗いだけで除去することができず，汚れの除去には洗剤の働きが必要とされる。ことに，不飽和結合を有する油性成分は，酸化，重合なども時間の経過とともに起こるので，除去は一層困難になり，また着色の原因ともなる。

（3） 固体粒子汚れ

固体粒子汚れは，煤煙，粘土，鉄粉，有機性の塵などの空気中の塵埃成分として含まれる固体の微粒子で，これらは水にも有機溶剤にも溶解しない。空気中の塵埃成分（天然塵）を分析した一例を表1-5に，ほこりの粒度分布の測定例を表1-6に示した。シリカ，アルミナ，酸化鉄，生石灰などの含有率が高いが，これらの物質は粘土に由来するもので，降下煤塵の分析例でも，ほぼ同様の結果が得られている[4]。炭素分は，煤煙によるものである。また塵埃の

シリカ（酸化けい素）SiO_2
アルミナ（酸化アルミニウム）Al_2O_3
酸化鉄 Fe_2O_3
生石灰 CaO

表1-5　天然塵の分析（それぞれの成分ごとに含有率（％）で示す）

成　分	ピッツバーグ	セントルイス	デュッセルドルフ	カーペット汚れ	電気掃除機の集塵
水可溶分	15.4	14.9	7.4	—	—
エーテル可溶分	10.8	12.8	9.5	—	6.5
水　分	—	—	5.0	—	0.6
全炭素	26.4	25.6	28.7	—	—
灰　分	53.8	51.2	49.4	—	43.1
全 SiO_2	25.6	24.1	24.5	25.2	20.7
全（$Fe_2O_3 + Al_2O_3$）	11.6	9.4	11.4	16.8	13.2
全 CaO	6.2	7.4	7.0	3.6	3.4
全 MgO	1.7	1.6	1.4	0.7	0.8
水溶性 CaO	0.3	0.4	2.0	—	—
水溶性 MgO	0.1	0.2	0.6	—	—
10％泥状化物pH	7.0	7.0	9.8	—	—

出典）K. Durhum：Surface Activity and Detergency, MACMILLAN & CO. LTD.（1961）

表1-6　ほこりの粒度分布

粒子の大きさ（μm）	重量率（％）	表面積率（％）
0.1〜0.2	13.3	72.9
0.2〜0.5	0	0
0.5〜1.0	3.5	4.0
1.0〜1.2	0	0
1.2〜2.2	11.7	4.5
2.2〜3.3	66.0	18.1
3.3〜70	5.5	0.5
70〜150	0	0

出典）奥山春彦・皆川　基編：『洗剤・洗浄の事典』，朝倉書店（1990）

表1-7 天然塵のエーテル可溶分

成分	含量(%)
遊離脂肪酸（C_{18}）	31.4
高級脂肪酸トリグリセリド	29.2
脂肪族アルコールとコレステロール	15.3
飽和・不飽和炭化水素（C_{20}）	21.0
低級油脂および酸	3.3

出典）矢部・林：『被服整理学概説』，光生館（1967）

成分・組成は地域により若干の差異があるが，分析例からみられるように，あまり大きな違いは認められない。これらの固体粒子汚れは，単独で存在していることは少なく，油性成分が含まれていることが多い。例えば，塵埃中には表1-7に示されるような油性物質が含まれており，除去しにくい汚れとなっている。

（4） たんぱく質・炭水化物の汚れ

汚れ成分中にはたんぱく質のほかにでんぷんなどの炭水化物が含まれている（⇒ p.4，表1-3）。たんぱく質汚れは，皮膚の老廃物や，血液，汗などの分泌物，乳汁その他の食品中に含まれる成分である。食品成分や血液などに含まれるたんぱく質は，付着時に水溶性あるいは水分散性のものもあるが，変性して水に不溶性になっていることが多く，時間の経過とともに除去が困難になる。汚れ成分中に大きな割合を占める皮膚の老廃物は，剥離した表皮最外層の細胞片（たんぱく質）であり，皮脂と混合して付着するため，特に洗濯では除去されにくい。高分子物質であるたんぱく質や炭水化物に対してそれぞれに適した酵素を作用させ，水に溶けやすい低分子物質へと分解することにより除去しやすくすることができる。

酵素剤
⇒ p.24

3. 繊維と汚れ

衣服地の汚れやすさや汚れの付着状態は，汚れとの接触様式，汚れの種類や性質などによって変化するが，布地の表面構造によっても著しく影響を受ける。

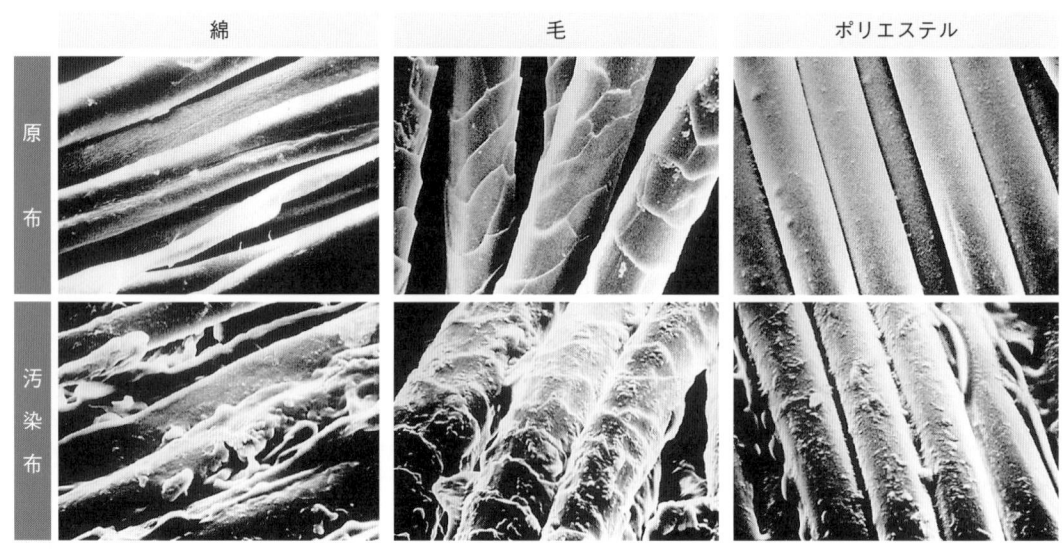

図1-1　繊維の汚れ付着状態（走査型電子顕微鏡）
資料）ライオン株式会社　家庭科学研究所　提供（2002.2）

外衣などが空気中の塵埃によって汚染される場合は，汚れ粒子の陥没する空間が大きい組織をもつ布地の方が汚染性が大きく，糸の撚り方の強弱，糸密度，毛羽立ちなどが汚染性に関係する。洗濯により毛羽立った布地が，新品より汚れやすくなるのもこのためである。

衣服地の汚れやすさや洗浄性は，繊維の種類によっても異なる。図1-1は，綿，毛，ポリエステル繊維について襟部分に汚れが付着した状態を示しているが，繊維表面の化学的な性質や形態が異なると，汚れの付着状態も異なることがわかる。

繊維は親水性繊維（綿・麻・羊毛などの天然繊維やレーヨン）と疎水性繊維（アクリル・ポリエステル・ポリプロピレン繊維などの合成繊維）とに大別することができる。一般に親水性繊維では，水溶性汚れが付着しやすく，疎水性繊維には油性汚れが付着しやすい。ことに疎水性の強いポリエステルやポリプロピレン繊維は，油性汚れに対する親和性が大きく，汚れが付着しやすく，洗濯によっても除去されにくい。図1-2には，皮脂汚れの付着した綿とポリエステル布をそれぞれ4種の洗剤により洗浄した結果を示したが，明らかに基質による洗浄性の相違がみられる[5]。ポリエステルなどは，油とともにカーボンブラックのような微粒子が繊維内部に浸透するために[6]，汚れの除去は一層困難になる。また，洗濯時に衣類からとれた汚れがポリエステル等には再付着しやすいため，とくに白物衣料は黒ずみやすい。さらに，これらの疎水性繊維類は，摩擦などによって生じる静電気を帯電する性質があり，この静電気が空気中の微粒子を集めるために粒子汚れが吸着しやすくなる。

親水性繊維の中でも羊毛は，繊維内部は親水性であるが繊維表面に油性物質が含まれるので，汚れの付着しやすさは綿，レーヨンなどのセルロース繊維とは異なる。例えば，カーボンブラックの汚れは綿やレーヨンよりも羊毛の方が付着しやすく除去されやすいが，繊維表面から油分を除去すると汚れにくくなることが知られている[7]。

このように，繊維の性質によって汚れと繊維との親和性が異なるが，繊維処理剤を使用したり，不純物の存在などにより繊維表面の性質が変わると，汚れに対する影響も変化する。綿やレーヨンなどの親水性繊維では，表面処理剤により油性汚れが付着しやすくなる場合が多い。

また，繊維表面の形態も汚れや洗浄性に影響する。例えば，レーヨン，アセテートなど不規則な表面形態をもつ繊維では，平滑表面形態をもつ繊維に比べて微細な汚れを多く吸着しやすく，しかもこれらの汚れは除去されにくい。

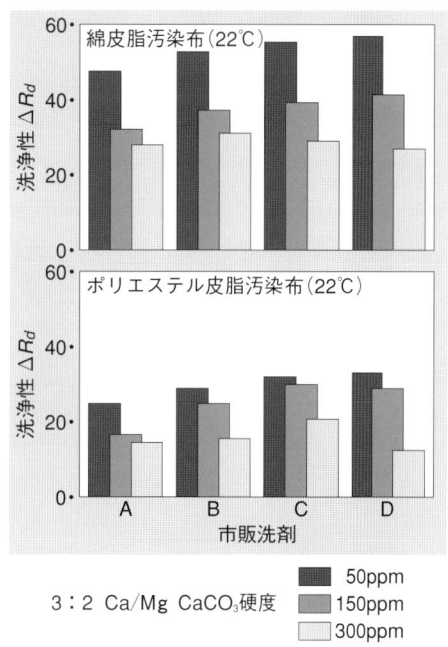

図1-2　綿とポリエステルの皮脂汚染布の洗浄性 $\triangle R_d$

3：2 Ca/Mg CaCO₃硬度
■ 50ppm
■ 150ppm
□ 300ppm

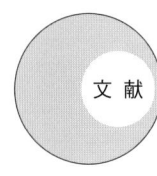

1) M. J. Vold, K. D. Vold（後藤・渡辺訳）:『コロイド化学』, 共立出版, pp. 104-105（1966）
2) 奥山春彦ほか:『被服整理学』, 相川書房, p. 5（1981）
3) 和田哉子:『家政学雑誌』13, p. 353（1962）, 14, p. 369（1963）
4) 氷見康二:『粉体工学』3, p. 665（1966）
5) K. Robert Lange, Ed.: Detergents and Cleaners - A Handbook for Formulators, Carl Hanser Verlag.（1994）
6) 島内ほか:繊維製品消費科学, 23, p. 444, 449（1967）
7) 丸茂秀雄:『高分子の表面科学』, 産業図書, p. 174（1968）

第2章 洗濯用水と洗剤

　汚れを除去するには，汚れを移す「媒体」，汚れの除去を容易にするための「化学力」「機械力（物理的な働き）」の3要素が必要である。水系の洗濯では，媒体として水を，化学力として洗剤を使用するが，洗浄効果は水質や洗剤の種類に影響されることが多い。本章では，洗濯用水と洗浄性との関連，洗剤の種類や表示，洗剤成分やそれらの役割などについて述べる。

1. 洗濯用水

　水は，地球上に存在する液体のうちで最も豊富にあり，身近な物質である。太古から人々は川辺に集まって生活し，川の流れに汚れた衣類をさらして清浄にするなど，洗濯も水とともに始められた。水は，極性が大きい液体であり，さまざまな物質を溶かすことができるため，洗濯の際の媒体として優れた働きをする。洗濯用水としては，主として上水道や簡易水道などの水道水が使用されているが，一部の地域では井戸水や自然水も利用されている。これらの水は，いろいろな物質が溶存していることがあり，水質によっては洗浄効果を妨げ，洗濯物の仕上がりに悪影響をもたらす場合がある。次に，特に問題となる硬度成分と着色成分について述べる。

1.1　硬水と軟水

　河川や井戸水，わき水などの天然の水にもさまざまな物質が溶解している。とくに炭酸塩の化学的風化作用により岩石や土壌から溶出したカルシウムやマグネシウムの炭酸水素塩は比較的多量に溶けていて，これらの陽イオンが洗濯の際に悪影響を与える。

　カルシウムやマグネシウムなどの多価金属イオンを硬度成分といい，その量を硬度（hardness）という単位で表す。硬度の表し方は国によって異なるが，わが国ではドイツ硬度（°DH）とアメリカ硬度（ppm または mg/l）が用いられており，最近はアメリカ硬度の方が一般的である。

　ドイツ硬度は，水 100 ml 中に含まれる硬度成分を酸化カルシウム CaO に換算した mg で表す。したがって，1°DH の水とは，水 100 ml 中に CaO が 1 mg（Ca としては 40/56 mg）溶けている水である。

　アメリカ硬度は，水 1000 ml 中に含まれる硬度成分を，炭酸カルシウム

ppm
　part per million
　（百万分の1）

化学式量
　Ca = 40
　CaO = 56
　CaCO$_3$ = 100

図2-1 生活用水の硬度分布
出典）ライオン家庭科学研究所（1984）

$CaCO_3$ に換算した mg で表す。したがって，1 ppm の水とは，水 1000 ml 中に $CaCO_3$ が 1 mg（Ca としては 40/100 mg）溶けている水である。基準の液量の違い，および基準物質の違いから，ドイツ硬度（°DH）とアメリカ硬度（ppm）の変換には換算式，

$$(°DH) = (ppm) \times 0.056$$

を用いる。

硬度成分を多く含む水を硬水（hard water），ほとんど含まない水を軟水（soft water）というが，ふつう 100 ppm（5.6°DH）以下を軟水，それ以上を硬水とよんでいるところが多い。わが国の生活用水の水質を調査した結果を図 2-1 に示すが，沖縄を除きほとんどの地域で軟水であることがわかる。硬度成分は，石けんなどの陰イオン界面活性剤と結合しやすく，硬度成分と結合した界面活性剤は洗浄作用には寄与しなくなるために，硬水を洗濯用水に用いた場合には洗浄力が低下する。特に石けんの場合には，不溶性の金属石けん（脂肪酸の金属塩）を形成し，布に付着して風合いを損い，黄ばみを生じる。

硬度成分は炭酸水素塩のほか，硫酸塩，塩化物などの形でも溶存している。炭酸水素塩の場合には，煮沸することにより水溶液の硬度成分が難溶性の炭酸カルシウムに変わり沈殿するために水を軟化することができる。炭酸水素塩に基づく硬水は一時硬水という。一方，塩化物や硫酸塩などの形で水に溶けた硬度成分は，煮沸だけでは除去できない。これらを永久硬水という。硬水の軟化法には，煮沸法（一時硬水のみ），アルカリ法，イオン封鎖法，イオン交換法などがある。高硬度水を洗濯用水として利用する地域では煮洗いが行われたり，金属イオン封鎖剤や無機イオン交換体などを配合した合成洗剤を用いることによって硬度の影響を防いでいる。

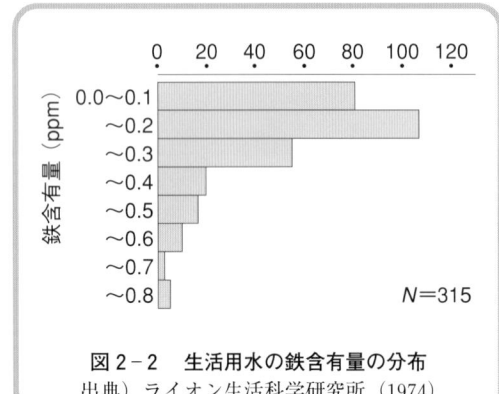

図2-2 生活用水の鉄含有量の分布
出典）ライオン生活科学研究所（1974）

1.2 洗濯用水中の鉄イオン

井戸水などの地下水には，マンガンや鉄などの多価金属イオンが溶存していることが多いが，これらの含有量は比較的少ないため硬度成分としてはそれほど問題にならない。しかし，特に鉄については布に付着すると黄色化を引き起こしたり，過炭酸ナトリウムなどの酸素系漂白剤を用いた漂白処理の場合に鉄が触媒として働き布を劣化させることがある。

鉄分は，水道水の水質基準により 0.3 ppm 以下と定められており，基準内の場合には洗濯用水として

問題はない。図2-2に示すようにわが国の生活用水の80%はこの基準を満たしているが，築年数の経過した家屋，とくにマンションなどでは，送水管や水槽のさびによる鉄分が多いことがあるので注意を要する。鉄さびは，沈殿や布ごしなどにより除去できる。また，鉄分の多い井戸水の場合には2価の第一鉄イオン Fe^{2+} として含まれていることが多いので，エアレーション（aeration）等により，空気とよく接触させて水に難溶性の3価の第二鉄塩として沈殿除去したり，イオン封鎖法やイオン交換法などにより除去することができる。

2. 洗　　　剤

洗剤（detergent）は，衣服あるいは器物などに付着している汚れの除去性を高めるために用いられる物質である。洗剤には家庭用，業務用，工業用など各種があるが，本節では主として家庭用の衣料用洗剤について述べる。洗剤には，汚れ除去の主役を担う界面活性剤（surfactant）のほかに，その働きを助ける洗浄補助剤（ビルダー，builder）およびその他の添加剤（auxiliary ingredient）が配合されている。

2.1　洗剤の変遷

今日，洗剤として，石けんや合成洗剤が広く使われている。しかしながら，わが国に洗剤が普及したのはそう古いことではなく，一般に石けんが使われるようになったのは19世紀末，合成洗剤や洗濯機が導入されて現在のような洗濯方式になったのは20世紀半ば以降のことである。

石けんの歴史は古く，ローマ時代初期に，サポーの丘で神に供える羊を焼いた時に落ちた脂と木の灰とから自然に石けんが生成し，この石けんがしみ込んだ土で洗濯物を洗うと汚れがよく落ちたことから洗濯に用いられるようになり，サポー（Sapo）がsoapの語源になっているといわれる。石けんは，初め軟石けんが多かったが，12世紀になってイタリアのベネチアやマルセイユで，オリーブと海草灰ソーダによる硬い石けんが大量に生産されるようになった。17～18世紀には，グリセリン，油脂の化学組成などの発見やソーダ工業の確立などにより，石けん工業がますます盛んになった。

日本では，洗剤として古くから洗濯に泡立ちのよいサポニンを含むさいかちのさや，むくろじの果皮，アルカリを含む灰汁などが用いられていた。石けんは16～17世紀に南蛮船によって持ち込まれた。19世紀になってから蘭学者によって医薬用石けんがつくり出され，明治初期には横浜の堤磯右衛門が初めて洗濯用石けんを製造した。その後，民間の石けん製造業が広まり，第二次世界大戦中は，油脂原料の欠乏に悩まされながらも，国産の石けんが普及した。

合成洗剤は，第一次世界大戦中のドイツで，食用油脂の不足から，石炭や石油などの鉱物資源を原料として化学合成による界面活性剤が作られたのが始ま

> **エアレーション**
> 液体中に空気を吹き込み，溶存酸素の増加による物質の酸化，揮発性物質の除去，撹拌などを目的に行う操作。通気ともいう。

> 宇田川榕庵（江戸後期の蘭医）『舎密開宗』には石けんの製造法が記されている。

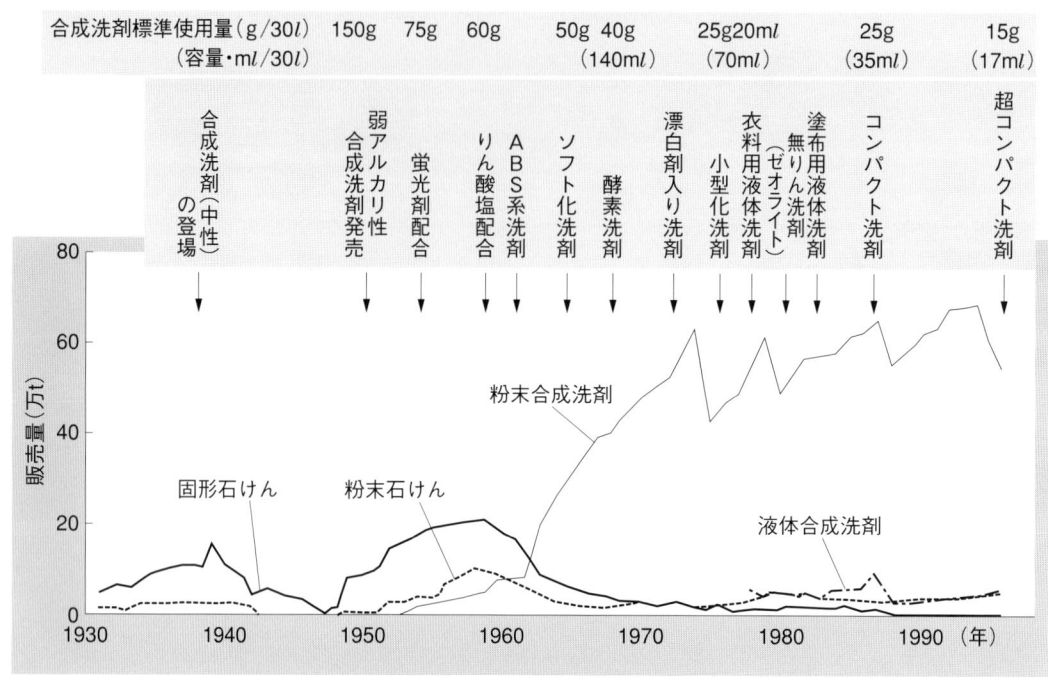

図2-3 衣料用洗剤の移り変わり
資料） 妻鳥正樹：第30回被服整理学夏期セミナー講演要旨集（1997）
　　　片山倫子：『日本人の生活』（日本家政学会編），建帛社（1998）

りである。家庭用合成洗剤は，1933年にアメリカで，アルキル硫酸エステル塩を主成分とした毛・絹用の中性洗剤が初めて市販されたが，その後，第二次世界大戦中に，欧米諸国で石けんの原料であるヤシ油が不足したため合成洗剤が注目され，アメリカが豊富な石油資源を利用してアルキルベンゼンスルホン酸塩（ABS）の大量生産に成功した。

　日本では，1937（昭和12）年に初めて衣料用中性洗剤が，1951（昭和26）年にアルキルベンゼン系衣料用合成洗剤が市販され，電気洗濯機の普及とともに需要が急増し，石けんの生産量を抜いた。その後も，合成洗剤は，配合技術の進歩，環境問題などとかかわりながら今日まで発展してきた。図2-3に1930（昭和5）年以降の衣料用洗剤の変遷過程を示した。

2.2 市販洗剤

（1）洗濯用洗剤の種類と品質規格

　市販の洗剤は，その形態からみると粉末，固形，液体，その他，さまざまなものが製造されている。洗剤は大別して石けんと合成洗剤とに分けられるが，そのいずれも界面活性剤，あるいは界面活性剤のほかに各種の添加剤が含まれ，配合成分によってさまざまな種類の製品が作られている。これらの大部分は工業製品であり，合成洗剤，固形石けん，粉末石けんは日本工業規格（JIS）に

表2-1　洗濯用合成洗剤の品質規格（JIS K 3371-1994）

項目	種類		
	第1種	第2種	第3種
界面活性剤相当分（換算値）mg/l	100～400	300～1000	200～700
pH値（25℃）	11.0以下 8.0を超えるもの	11.0以下 6.0以上のもの	8.0以下 6.0以上のもの
表面張力（25℃）	—	—	40 mN/m 以下
生分解度	90%以上	90%以上	90%以上
全りん酸塩（P_2O_5として）	1.0%未満	1.0%未満	1.0%未満
洗浄力	指標洗剤と同等以上	指標洗剤と同等以上	—

備考1．pH値，表面張力および洗浄力の試験濃度は，供試洗剤の標準使用濃度（g/l）とする。
　　2．指標洗剤とは，JIS K 3362 に規定するものをいう。

表2-2　粉末洗濯石けんの品質規格（JIS K 3303-2000）

項目	種類	
	無添剤	添剤入
水分（加熱乾燥法）(wt%)	15以下	25以下
pH値（25℃）	9.0～11.0	9.0～11.0
純石けん分 (wt%)	94以上	50以上
石油エーテル可溶分 (wt%)	1.5以下	0.8以上
エタノール不溶分 (wt%)	2.0以下	45以下
洗浄力	—	指標粉末洗濯石けんと同等以上

備考1．pH値および洗浄力の試験濃度条件は，供試石けんの標準使用濃度（使用量の目安）（g/l）とする。
　　2．純石けん分，石油エーテル可溶分およびエタノール不溶分の規定値は，水分測定と同条件で乾燥した試料に対し，定められた試験方法によって得られたそれぞれの数値を次式によって水分補正した値で規定される。

$$得られた値 \times \frac{100}{100 - 水分(wt\%)}$$

よって品質が定められている。表2-1には合成洗剤の品質規格を示した。表に示されるように，第1種（弱アルカリ性，粉末・粒状），第2種（弱アルカリ性または中性，液状），第3種（中性，粉末・粒状・液状）に区分されている。1種および2種は，綿・麻・レーヨン・ポリエステル・アクリルなどの繊維製品を対象とする汚れの強い洗濯用の洗剤であり，第3種は毛・絹・アセテートなどの繊維製品を対象とする軽い汚れや弱い洗濯用の洗剤である。また表2-2には粉末洗濯石けんの品質規格を示した。この規格は界面活性剤に脂肪酸塩（純石けん分）のみが用いられているものに適用される。これらの品質規格では界面活性剤の含有量，液性，洗浄力などが規定されているが，それぞれの試験法も該当する JIS 規格に定められている。

　市販の洗剤には，上述のようにさまざまな種類のものがあるが，これらの製品を目的に合わせて適切に使用するには，成分の表示や使用説明が必要であり，洗剤には家庭用品品質表示法が適用されている。1997年に改正された表示法では，表示事項として，① 品名，② 成分，③ 液性，④ 用途，⑤ 正味量，⑥ 使用量の目安，⑦ 使用上の注意　の7項目が定められている。

純石けん分（pure soap content）
　石けん試料中の石けん分（脂肪酸中和物）含量のこと。定量法は，石けん試験法のJISに定められている。

液性
　弱アルカリ性
　　11.0以下，8.0を超えるもの
　中性
　　8.0以下，6.0を超えるもの
　弱酸性
　　6.0未満，3.0以上

2. 洗　　剤

品名は，合成洗剤については「洗濯用合成洗剤」，石けんは「洗濯用石けん」および「洗濯用複合石けん」に区分して表示する。合成洗剤は「主たる洗浄作用が純石けん分以外の界面活性剤によるもの」であり，石けんは「主たる洗浄作用が純石けん分によるもの」と規定され，さらに石けんに純石けん分以外の界面活性剤が配合されているものには複合石けんの用語を用いることになっている。この3区分を，界面活性剤の含有量によって示すと表2-3のようになる。

表2-3 洗剤の表示区分

洗剤の区分		全界面活性剤中の純石けん分(%)
合成洗剤		70%未満
石けん	石けん	100%
	複合石けん	70%以上

洗剤の品質表示では，成分についての表示が定められており，洗濯用石けんは表2-4のように表示する。洗濯用合成洗剤および洗濯用複合石けんについては表2-5のように，界面活性剤の含有率を示す。この中で3%以上含まれる界面活性剤については，その系別・種類の名称を表2-6に示す名称を用い

表2-4 洗濯用石けんの品質表示例

品　名	洗濯用石けん
用　途	綿・麻・合成繊維用
液　性	弱アルカリ性
成　分	純石けん分（61%，脂肪酸ナトリウム） アルカリ剤（炭酸塩）
正味量	3 kg
使用量の目安	（別に記載）
使用上の注意 ・子供の手が届かないところに置かない旨 ・用途外に使用しない旨 ・万一飲み込んだり，目に入ったりした場合には救急処置を行い，医師に相談する旨	
○○○㈱　TEL ○○○○	

表2-5 洗濯用合成洗剤の品質表示例

品　名	洗濯用合成洗剤		
用　途	綿・麻・合成繊維用	液　性	弱アルカリ性
成　分	界面活性剤【36%，直鎖アルキルベンゼンスルホン酸ナトリウム，ポリオキシエチレンアルキルエーテル，アルキル硫酸エステルナトリウム，純石けん分（脂肪酸ナトリウム）】 水軟化剤（アルミノけい酸塩），アルカリ剤（炭酸塩，けい酸塩），酵素，蛍光増白剤		
正味量	1.2 kg		
使用量の目安	（別に記載）		
使用上の注意 ・子供の手が届かないところに置かない旨 ・用途外に使用しない旨 ・万一飲み込んだり，目に入ったりした場合には救急処置を行い，医師に相談する旨			
○○○㈱　TEL ○○○○			

表2-6 界面活性剤の系別・種類の名称（抜粋）

区分	系別を示す用語	種類を示す用語
陰イオン界面活性剤	脂肪酸系（陰イオン）	純石けん分（脂肪酸ナトリウム） 純石けん分（脂肪酸カリウム） アルファスルホ脂肪酸エステルナトリウム
	直鎖アルキルベンゼン系	直鎖アルキルベンゼンスルホン酸ナトリウム
	高級アルコール系（陰イオン）	アルキル硫酸エステルナトリウム アルキルエーテル硫酸エステルナトリウム
	アルファオレフィン系	アルファオレフィンスルホン酸ナトリウム
非イオン界面活性剤	脂肪酸系（非イオン）	脂肪酸アルカノールアミド ポリオキシエチレン脂肪酸エステル
	高級アルコール系（非イオン）	ポリオキシエチレンアルキルエーテル
両性イオン界面活性剤	アミノ酸系	アルキルアミノ脂肪酸ナトリウム
	ベタイン系	アルキルベタイン
陽イオン界面活性剤	第四級アンモニウム塩系	アルキルトリメチルアンモニウム塩 ジアルキルジメチルアンモニウム塩

て表示する。洗浄補助剤などを1％以上含有するものには機能名を，10％以上含有している場合は，機能名のほかに括弧書きで名称を記載する。また，蛍光剤，酵素，漂白剤を配合しているものについては名称を必ず表示する。

（2） 各種洗濯用洗剤の特徴

1） 洗濯用石けん

石けんには，固形状，粉末状のものがある。固形石けんは純石けん分（脂肪酸塩）だけのものもあるが，洗浄力を増すためにけい酸ナトリウムが配合されている。粉末石けんは，純石けん分が55～80％，残りは主に炭酸ナトリウム，けい酸ナトリウムなどのアルカリ剤である。

石けんは，洗浄力が大きいが，水中でアルカリ性を示すため，アルカリに弱い毛や絹などの洗濯には適さない。冷水には溶けにくく，また布に吸着しやすく，黄ばみの原因になるので，温水を使い，すすぎを十分に行うなどの注意が必要である。石けんは硬度成分（多価金属イオン）と結合して水に不溶性の金属石けんを生成するので，硬度の高い水の使用は避ける。

2） 洗濯用複合石けん

複合石けんは石けんの欠点である金属石けんの生成を防ぐために，純石けん分を主体とし，金属石けん分散剤としての働きをもつ界面活性剤を配合したものである。脂肪酸アルカノールアミド，2－スルホ脂肪酸塩，牛脂アルコールエトキシレートなどが配合される。複合石けんには，純石けん分に脂肪酸カリウムを用いて溶解性を高めた液状の製品もある。

3） 洗濯用合成洗剤

合成洗剤には，粉末状のもの，液体状のものなどがある。配合されている界面活性剤の30％以上を占めている石けん以外の界面活性剤は，水中で中性を示す。しかしながら表2－1（⇨ p.13）の合成洗剤の品質規格で示したように，pH値は6.0～11.0と広範囲である。したがって洗浄補助剤などを配合することによって中性や弱アルカリ性の各種の洗剤が作られている。

中性の洗剤は，毛・絹製品や，風合いを損なわずに扱いたい衣類用の洗剤で，軽質洗剤（ライトデューティ洗剤，light duty detergent）とよばれる。近年は，粉末のものより液体のものが多く市販されている。

弱アルカリ性の洗剤は，重質洗剤（ヘビーデューティ洗剤，heavy duty detergent）とよばれ，洗濯機洗い用の一般的な洗剤である。粉末洗剤と液体洗剤があるが，いずれも図2－3（⇨ p.12）に示したように1980年代の後半以降は省資源，環境保全に配慮した濃縮タイプ（コンパクトタイプ，compact type）の洗剤が主流となっている。粉末洗剤には，界面活性剤のほかに，アルミノけい酸塩，炭酸塩などの洗浄補助剤や，酵素，蛍光増白剤，漂白剤などの添加剤が加えられている。また，界面活性剤は，数種類を組み合わせて配合し，溶解性，

機能名
　水軟化剤
　金属封鎖剤
　アルカリ剤
　再付着防止剤
　分散剤
　泡調整剤
　漂白活性化剤
　工程剤　など

成分の表示
　蛍光剤，酵素，漂白剤は，「蛍光増白剤」「酵　素」「漂　白　剤」の用語を用いて表示する。

合成洗剤の形状
　粉末状，粒状，液体状のほかに，ペレット（錠剤）やシート状のものなども市販されている。

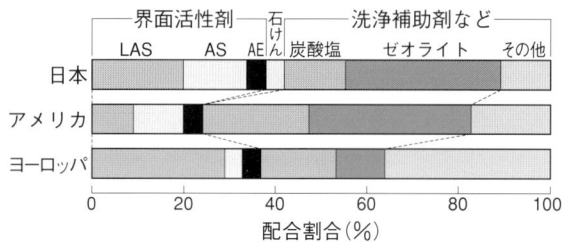

LAS：連鎖アルキルベンゼンスルホン酸塩
AS：アルキル硫酸エステル塩
AE：ポリオキシエチレンアルキルエーテル
石けん：脂肪酸塩
その他：酵素・漂白剤・漂白活性化剤・蛍光増白剤など

図2-4　標準的な粉末洗剤の配合組成（％）
出典）Arno Cahn ed.：Proceedings of the 4th World Conference on Detergents, AOCS press, p.162（1999）より作成

親水基
　hydrophilic group
疎水基
　hydrophobic group
親油基
　lipophilic group

同族体
　有機化合物では、CH_2の数だけが異なる分子式をもつ一群の化合物があり、それらの化合物は互いに同族体であるという。例えば、メタンCH_4、エタンCH_3CH_3、プロパン$CH_3CH_2CH_3$など。

異性体
　分子式が同じで構造式が異なる化合物のこと。例えば、LASはフェニル基Phがアルキル基の炭素1, 2, 3…の位置にそれぞれ結合した異なる化合物をつくる。

$$\overset{1\ \ 2\ \ 3}{C-C-C-C}\cdots C$$
$$\ \ \ \ \ \ \ |$$
$$\ \ \ \ \ \ Ph$$

耐硬水性、洗浄性を高めている場合が多い。図2-4には、欧米および日本の代表的な粉末洗剤の組成例を示した。洗剤組成は、洗濯用水の硬度や洗濯習慣などによって異なり、日本の洗剤は比較的界面活性剤の含有量が多いが、アメリカではアルカリ剤の配合量が多く、ヨーロッパでは図中のその他に含まれる漂白剤の配合量が多くなっている。

2.3　界面活性剤の種類と特徴

　界面活性剤は、分子の構造中に親水基と疎水基とをもち、水にも油にも親和性をもつ（両親媒性）物質である。そのため第4章（⇒p.43）で述べるように、界面活性剤は、水の表面や水と油の界面など、2つの相の界面に集まって界面の性質を変え、湿潤、乳化、分散、発泡、可溶化などの諸作用、および洗浄作用を行う。

　界面活性剤には各種のものがあるが、水溶液中での親水基のイオン性によって陰イオン（アニオン）界面活性剤、陽イオン（カチオン）界面活性剤、両性イオン界面活性剤、非イオン（ノニオン）界面活性剤の4種に分類される。これらのうち、洗剤には陰イオン系と非イオン系とが広く用いられ、陽イオン系はドライクリーニング用洗剤や柔軟処理剤などに用いられる。

（1）陰イオン界面活性剤

　陰イオン界面活性剤（anionic surfactant）は水に溶けると負のイオンとなるもので、洗剤には最も多く用いられてきた。このうち、脂肪酸塩（石けん）は弱酸の強塩基塩であり、水中で加水分解してアルカリ性を示すが、石けん以外の界面活性剤は強酸の強塩基塩で、加水分解を受けにくく中性を示す。陰イオン界面活性剤は、カルシウムなどの陽イオンと結合しやすいため、一般に硬度成分（多価金属イオン）の影響を受けやすいが、特に石けんは耐硬水性が悪い。

　洗剤には、それぞれ適した疎水性基の大きさ（アルキル鎖長）をもつものが使われるが、工業的につくられたものは単一成分のものは少なく、原料や合成法によって同族体や異性体の混合したものであることが多い。

1）脂肪酸塩（石けん）

　石けん（soap）は高級脂肪酸のアルカリ塩で、一般にナトリウム塩は固体、カリウム塩は液体の石けんが作られている。次式のように油脂を水酸化ナトリウムなどのアルカリで分解（けん化）し

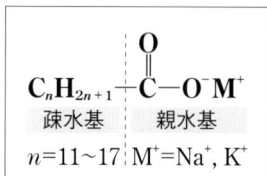

$$\begin{array}{l}
\mathrm{R_1COOCH_2} \\
\mathrm{R_2COOCH} \quad + \quad 3\mathrm{NaOH} \quad \longrightarrow \quad \mathrm{R_2COO^-Na^+} \quad + \quad \mathrm{CHOH} \\
\mathrm{R_3COOCH_2} \\
\end{array}$$

油脂（トリグリセリド）　　　　　　　石けん　　　グリセリン

て得られる。石けんの製造はけん化法のほか，工業的には中和法やエステルけん化法により行われている。

　石けんの性質は原料油脂の脂肪酸組成によって影響され，脂肪酸の炭素数が増加すると石けんの界面活性は大きくなるが，溶解性は低下する。石けんの原料には，主としてパーム油，ヤシ油，牛脂，米ぬか油などが利用されるが，それらの油脂には，炭素数が12～18の飽和脂肪酸や，オレイン酸（炭素数：二重結合 18：1）のような不飽和脂肪酸が多く含まれ，洗浄力が大きく，溶解性のよい石けんが作られる。

　石けんは水に溶けて優れた洗浄性を示すが，低温では溶解しにくい。また，水中では(1)式のように加水分解し，低濃度では(1)式で生成した脂肪酸と石けん分子とが(2)式のように結合して不溶性の酸性石けんとして液中に懸濁している。(1)，(2)式からもわかるように，石けんの水溶液は弱アルカリ性（pH 10～11）を呈し，油脂汚れをけん化して落としやすくする。

$$\mathrm{R\text{-}COONa} + \mathrm{H_2O} \rightleftarrows \mathrm{R\text{-}COOH} + \mathrm{NaOH} \quad \cdots\cdots(1)$$

$$2\,\mathrm{R\text{-}COONa} + \mathrm{H_2O} \rightleftarrows$$
$$\mathrm{R\text{-}COONa \cdot R\text{-}COOH} + \mathrm{NaOH} \quad \cdots\cdots(2)$$

　石けんは耐酸性や耐硬水性に劣る。特に水中の $\mathrm{Ca^{2+}}$ や $\mathrm{Mg^{2+}}$ などの金属イオンと結合しやすく，水に不溶性の金属石けんを生成して洗浄力を低下させるばかりか，これらが「石けんかす」として布上に付着し，黄ばみの原因となる。この性質は石けんの最も大きな欠点であるが，逆に合成洗剤に配合して硬度成分の除去，泡立ちの抑制などの機能として生かされている。

　天然油脂を原料としているため，石けん分子の疎水基部分は直鎖構造であり，生分解性（微生物による分解性）に優れている。

2）アルファスルホ脂肪酸エステル塩（MES）

　パーム油，パーム核油，ヤシ油を原料として，メチルエステルとしたのちスルホン化して得られる。右式に示すように，エステルに隣接する炭素原子にスルホ基を導入した構造をもつ。分子量が増大すると界面活性が増すが，溶解性は低下する。一般に洗濯用洗剤には炭素数12～18の脂肪酸が利用される

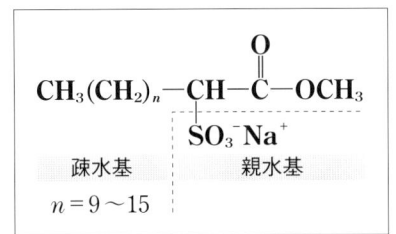

油脂中に含まれる主な脂肪酸（炭素数：二重結合）組成
　パーム油
　　16：0（43.1％）
　　18：0（4.5％）
　　18：1（40.7％）
　　18：2（9.7％）
　ヤシ油
　　12：0（47.0％）
　　14：0（18.0％）
　　16：0（9.5％）
　　18：1（6.9％）
　牛　脂
　　16：0（26.6％）
　　18：0（18.2％）
　　18：1（41.2％）

生分解性
　フェニル基がアルキル鎖の末端にある構造のものの方が中央部に結合したものに比べ容易に分解する。

MESの親水基
　メチルエステルのスルホン化は複雑で，生成物にはMESの $\mathrm{-CH_3}$ が $\mathrm{Na^+}$ に置き換わった α-スルホ脂肪酸二ナトリウムも副生する。その場合には，$\mathrm{-COONa}$ の部分も親水基になる。

が，日本では炭素数14～16のスルホ脂肪酸エステルが使われている。

洗浄性に優れ，特に耐硬水性が大きい。石けんと同様に生分解性もよい。

3）直鎖アルキルベンゼンスルホン酸塩（LAS）

LASは，ベンゼンをアルキル化して直鎖アルキルベンゼンとし，これをスルホン化したのち，アルカリで中和してつくられる。

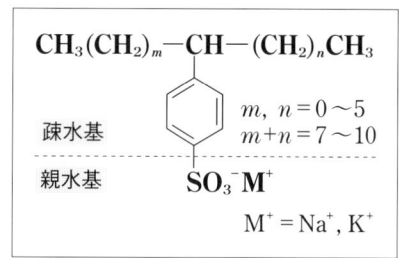

洗浄力は，アルキル基の炭素鎖長が10～14の範囲で最大になるので（図2-5），一般に原料にはアルキル基の炭素鎖長が10～14のパラフィンやオレフィンが利用される。アルキル化の反応では，左式に示すようにベンゼンが炭素鎖の任意の位置に結合するため，生成したLASはフェニル基の位置が異なる異性体の混合物となる。工業的につくられているものは種々の異性体や同族体の混合物であるが，洗浄性能は分子量が同じであればほぼ同様である。

LASは，酸，アルカリおよび熱に対して比較的安定である。耐硬水性は石けんより優れているが，水の硬度が高くなると洗浄力はかなり低下する。LASは脱脂力が強く，油脂汚れの洗浄に高い効果を与えるので，耐硬水性を補うために水中のCa^{2+}，Mg^{2+}などの金属イオンを捕捉する洗浄補助剤を配合して重質洗剤（⇨ p.15）に使われ，主要な界面活性剤の一つである。また，安価であること，他の陰イオン・非イオン界面活性剤と共用できるなどの利点があり，家庭用の洗剤に広く利用される。

生分解性は，アルキル基の炭素数やフェニル基の位置に影響されるが，一般に他の界面活性剤と比較して劣る（⇨ p.26，図2-10）。

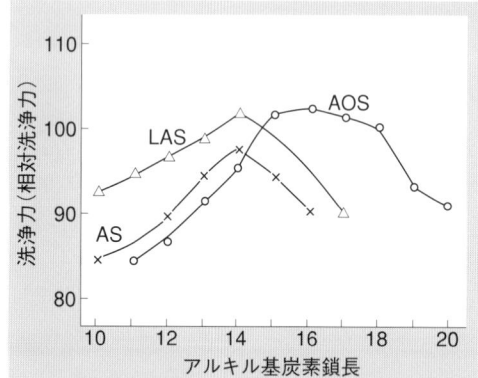

洗浄条件：洗浄時間10分，洗浄温度25℃，浴比1：30，Terg-O-Tometer，硬度3°DH，配合組成：活性剤0.033%，STPP 0.050%，けい酸ナトリウム0.017%，硫酸ナトリウム0.050%，洗浄力は下記配合組成の相対値として示す。LAS（アルキル基C_{12}）0.04%，STPP 0.10%，けい酸ナトリウム0.03%，硫酸ナトリウム0.03%

図2-5　アルキル基炭素鎖長と洗浄力
出典）山根厳美：工業化学，73，723，(1970)

4）アルキル硫酸エステル塩（AS）

ASは，炭素数12～18の高級アルコールに硫酸，無水硫酸を作用させて硫酸エステルとし，これをアルカリで中和してつくられる。洗剤用としては，ナトリウム塩が主である。高級アルコールには，石油からの合成アルコールや各種の天然油脂を原料としたアルコールが利用されるが，とくにパーム核油やヤシ油からは，炭素数12と14の飽和アルコールが得られ，これらの油脂は原料として広く用いられている。

ASは洗浄性に優れ，泡立ちもよい。アルキル基がC_{12}，C_{14}のものは溶解性

もよいが，熱酸・熱アルカリ水溶液中では不安定で，熱強酸中では次式のように加水分解する。

$$R\text{-}OSO_3Na + H_2O \longrightarrow R\text{-}OH + NaHSO_4$$

石けんに比べて耐硬水性はあるが，水の硬度が高くなると金属塩を析出し，洗浄力も低下する（図2-6）。また，ASは生分解性も優れている。

家庭用洗剤に広く用いられているが，LASなどの他の界面活性剤と組み合わせて粉末洗剤に用いられることが多い。また，台所用洗剤やシャンプー，歯磨などにも利用される。

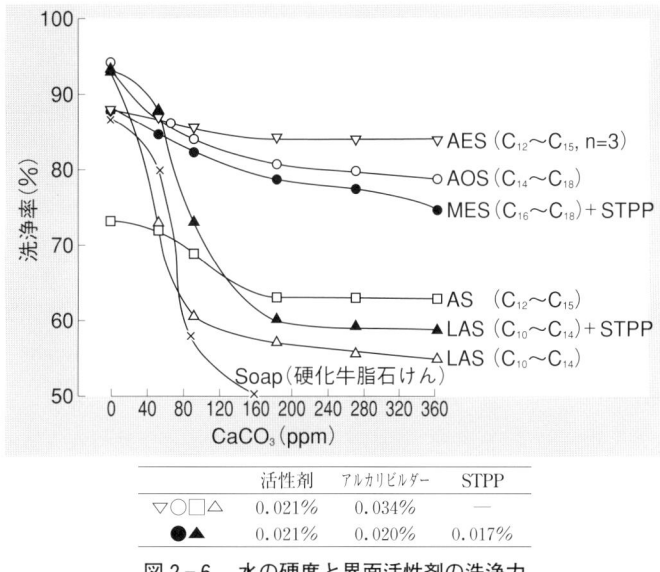

図2-6 水の硬度と界面活性剤の洗浄力
出典）I. Yamane, *J. Am. Oil Chem. Soc.,* 55, 81 (1978)

5） アルキルエーテル硫酸エステル塩（AES）

AESは高級アルコールに酸化エチレン（C_2H_4O）を反応させたアルキルポリエチレンエーテルを硫酸化し，アルカリで中和してつくる。高級アルコールはASと同じ原料から得られる。洗剤には主としてアルキル基の炭素数が12～14，nが2～3（平均モル数）のものが使われている。

$$CH_3(CH_2)_m\text{-}O(CH_2CH_2O)_nSO_3^-M^+$$
疎水基　　　　親水基
$m = 11\sim17$　$n = 0\sim10,\ M^+ = Na^+,\ NH_4^+$

AESは，LASやASと同様に洗浄性が良く，とくに固体粒子汚れに対して優れた洗浄力を示す。水に対する溶解性はASより大きく，水の硬度による影響を受けにくい。LAS，ASと並んで主要な界面活性剤であり，他の界面活性剤と組み合わせて広く洗剤に用いられている。

6） アルファオレフィンスルホン酸塩（AOS）

AOSは，炭素数14～18のα-オレフィンを無水硫酸でスルホン化し，水酸化ナトリウムで中和してつくられる。生成物は，アルケンスルホン酸塩（60～65%）とヒドロキシアルカンスルホン酸塩（35～40%）の混合物である。AOSは洗浄力，起泡力に優れ，分子内に二重結合や水酸基を含むので溶解性がよい。LASやASに比して耐硬水性があり，硬水中での洗浄力の低下が少ない。生分解性も優れている。

アルケンスルホン酸塩
$$CH_3(CH_2)_m\text{-}CH=CH\text{-}(CH_2)_n\text{-}SO_3^-M^+$$
ヒドロキシアルカンスルホン酸塩
$$CH_3(CH_2)_m\text{-}CH\text{-}CH_2\text{-}(CH_2)_n\text{-}SO_3^-M^+$$
$$\phantom{CH_3(CH_2)_m\text{-}C}OH$$
疎水基　　　　親水基
$m+n = 9\sim15$　$M^+ = Na^+$

日本では，LASに次いで洗濯用洗剤に多く用いられている。

（2） 陽イオン界面活性剤

陽イオン界面活性剤（cationic surfactant）には，アミン塩やアンモニウム塩などがあり，親水基部分が水中で陽イオン（カチオン）に電離する。陰イオン界面活性剤とは反対のイオン性であるので，"逆性石けん"ともよばれる。一般に，陽イオン界面活性剤の洗浄力は低く，洗濯用洗剤としては使われないが，柔軟剤，帯電防止剤，はっ水処理剤や染色助剤などに広く使われている。また，陽イオン界面活性剤には殺菌作用をもつものがあり，殺菌消毒剤としての用途もある。図には代表的なものとして第四級アンモニウム塩を示した。

第四級アンモニウム塩は，繊維柔軟仕上げ剤としてすすぎ時の処理剤として使われる他，洗濯と同時に柔軟性を付与する柔軟剤配合洗剤にも用いられている。

第四級アンモニウム塩
4個のアルキル基またはアリール基（R）が窒素原子に結合して生じるR_4N^+型イオンを含む化合物。

（3） 両性イオン界面活性剤

両性イオン界面活性剤（amphoteric surfactant）は，分子内に陰イオンと陽イオンの2つの親水基を有しており，一般に酸性では陽イオン，アルカリ性では陰イオンが親水基になるので広いpH領域で利用することができる。主に，ベタイン型（右図）やアミノ酸型とよばれるものが使われる。アルキルベタインは，洗浄力が大きく，耐硬水性があり，皮膚に対して低刺激性であることなど界面活性剤として優れているが，価格が高いので，ベビー用シャンプーなど特殊な用途に利用され，洗濯用洗剤には用いられていない。

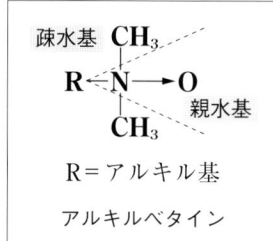

（4） 非イオン界面活性剤

非イオン界面活性剤（nonionic surfactant）は，親水基に酸化エチレン（CH_2CH_2O）などのエーテル型酸素を含むポリエチレングリコール型と，いくつかの水酸基（-OH）を集めた多価アルコール型の2つが主である。これらは水溶液中で電離しないので電解質の影響を受けにくく，アルカリ・酸・硬水に対しても陰イオン界面活性剤よりはるかに安定である。また，陰イオン・陽イオン界面活性剤と併用できるため，組合せによっては優れた相乗効果を得ることができる。

低起泡性のものが多く，一般に安全性，低刺激性でもある。低温での溶解性が良く，低濃度で優れた洗浄性を示し，洗濯用洗剤には，ポリオキシエチレンアルキルエーテルが広く用いられている。

ポリオキシエチレンアルキルエーテル（AE）

炭素数8以上の高級アルコールに酸化エチレンを反応させてつくる。一般に，生成物は酸化エチレン基の数（ポリオキシエチレン鎖長）が異なるものの混合物である。

$$\underset{\text{疎水基}}{CH_3(CH_2)_m} + \underset{\text{親水基}}{O(CH_2CH_2O)_nH}$$
$$m = 7 \sim 17 \quad n = 3 \sim 15$$

AEは，低濃度での洗浄力が高く，とくに油性汚れの洗浄性が優れている。耐硬水性，生分解性に優れ，洗濯用洗剤としては液体用，LASなどの陰イオン界面活性剤と併用して粉末用洗剤に用いられている。

界面活性剤としての機能には，親水基と疎水基の大きさのバランスが重要であり，これをHLB（親水親油バランス）という。陰イオン界面活性剤では，親油基（疎水基）の炭素数や対イオンを変化させることによってHLBを制御するが，非イオン界面活性剤の場合には，同じ親油基に対しても水酸基や酸化エチレン基の数を変えて親水基の大きさを調節し，HLBの異なる種々の界面活性剤をつくることができる。特にAEでは，同族の疎水基に対して親水基も自由に変化させることが可能である。HLBの概念は，もともとアメリカのグリフィン（Griffin）により非イオン界面活性剤を乳化剤として選定するときの指標として提示されたものであるが，酸化エチレン基をもつものについては，次式のように親油基と親水基の分子量より算出される。

HLB
hydrophile-
lipophile balance

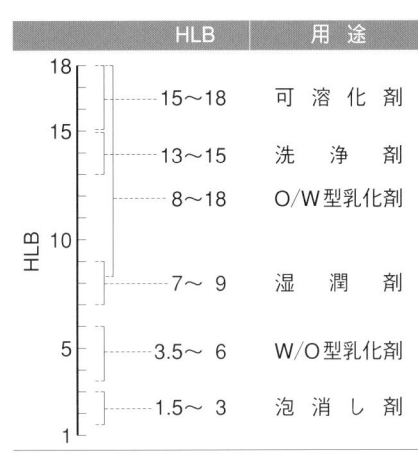

図2-7　HLB値と最終用途の関係

$$HLB = 20\frac{M_H}{M}$$

M_H：親水基部分の分子量
M：界面活性剤の分子量

グリフィンによるHLBの値は，1～20に数値化されており，HLBと性能，用途は図2-7に示すようである。洗剤にはHLBが13～15のものが適することがわかる。

また，非イオン界面活性剤の水溶液は，温度を上昇させると濁りを生じる。これは親水基と水分子との間の水素結合が切断して界面活性剤分子が析出するために起こる現象であり，そのときの温度を曇点（または曇り点）（cloud point）という。図2-8にはAEの曇点を示したが，疎水基の炭素数が同じでも酸化エチレン基（EO）の数が増すほど曇点は高くなるため，水への溶解性は向上する。

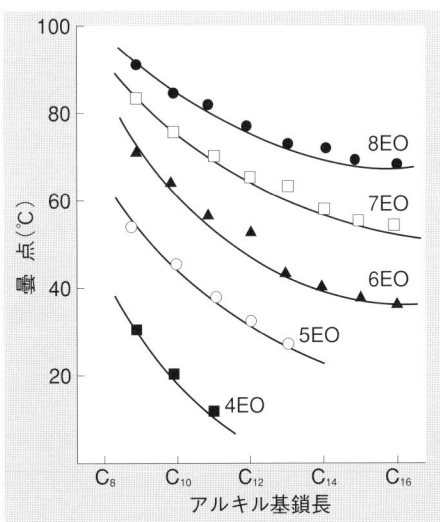

図2-8　ポリオキシエチレンアルキルエーテルの曇点（1％溶液）
出典）荻野圭三：『表面の世界』，裳華房，p. 82（1998）

2.4　配合剤の種類と機能

　洗剤には，主剤である界面活性剤の洗浄性能を向上させる働きをもつ洗浄補助剤（ビルダー）と，仕上がりの効果を高めたり，商品の付加価値を高めるために配合される各種の添加剤とが配合されている。これらを総称して配合剤という。

（1）洗浄補助剤（ビルダー）

　ビルダー（builder）は，そのもの自体は界面活性を示さないが，界面活性剤と併用することによって，洗剤の洗浄性能を著しく高める物質であり，洗剤の品質表示法では「洗浄補助剤」と称する。洗剤におけるビルダーの作用機構は複雑であり，十分に解明されているとは言い難いが，少なくとも，① アルカリ緩衝作用，② カルシウムなどの金属イオンを捕捉する作用，③ 分散作用の3つが重要である。

　アルカリ緩衝作用は，洗浄溶液中に油性汚れなどの酸性の汚れが加わっても，溶液のpHを一定のアルカリ性に保つ働きで，アルカリによる洗浄効果を維持する。金属イオンの捕捉作用は，水中の硬度成分や，汚れに含まれるCa^{2+}，Mg^{2+}などの金属イオンを取り込んでその活性を封じ，界面活性剤の洗浄作用を助ける働きである。また，分散作用は，凝集状態で付着している固体粒子汚れを分散して洗浄効果を高める働きである。

　これらの作用が総合されたときビルダー作用が有効に働くといわれ，かつて汎用されていたトリポリりん酸塩などのポリりん酸塩は，この3つの機能を併せもつ優れたビルダーであったが，現在は，これらのいずれかの機能をもつ物質を2ないし3種類複合配合している。

1）炭　酸　塩

　炭酸ナトリウム$Na_2CO_3 \cdot 10H_2O$，炭酸水素ナトリウム$NaHCO_3$，セスキ炭酸ナトリウム$Na_2CO_3 \cdot NaHCO_3 \cdot 2H_2O$などの炭酸塩（carbonate）が使用される。炭酸ナトリウムはアルカリ性が強く，アルカリによって皮脂汚れ中の遊離脂肪酸を石けんに変え，汚れを落としやすくする。また，炭酸イオンは水中の硬度成分と結合して沈殿するので，硬水を軟化する働きもある。

$$CaSO_4 + Na_2CO_3 \longrightarrow CaCO_3\downarrow + Na_2SO_4$$

2）けい酸塩

　メタけい酸ナトリウムNa_2SiO_3などのけい酸塩（silicate）は，水溶液がアルカリ性を示し，アルカリ緩衝作用，分散作用，金属面の腐食を抑制する作用がある。また結晶性層状けい酸塩は，アルカリ緩衝作用のほかに多価金属イオンとイオン交換する機能をもち，多機能性洗浄補助剤としての働きがある。

3） ポリりん酸塩

正りん酸 H_3PO_4 を数分子縮合したポリりん酸（polyphosphate）のナトリウム塩で，トリポリりん酸ナトリウム $Na_5P_3O_{10}$，ピロりん酸ナトリウム $Na_4P_2O_7$ などがある。水溶液は弱アルカリ性で，金属封鎖作用（下式にトリポリりん酸ナトリウム（STTP）の金属封鎖作用を示す）のほか，アルカリ緩衝作用・分散作用を示す優れた洗浄補助剤（ビルダー）であり，合成洗剤の洗浄力を高める効果が大きい。しかし，りんが水質汚濁の原因物質の一つであるため，現在は次項のアルミノけい酸塩がその代替品として用いられている。

金属封鎖作用
水溶液中で金属イオンと可溶性の錯塩を形成し，金属の活性を抑制する作用。

$$\begin{bmatrix} OOOOO \\ -O-P-O-P-O-P-O-P-O-P-O- \\ OOOOO \end{bmatrix}^{5-} 5Na^+ + Ca^{2+} \longrightarrow \begin{bmatrix} OOO \\ -O-P-O-P-O-P-O- \\ OOO \\ \diagdown|\diagup \\ Ca \end{bmatrix}^{3-} 3Na^+ + 2Na^+$$

4） アルミノけい酸塩（ゼオライト）

Na－A 型ゼオライトとよばれる $Na_{12}[(AlO_2)_{12}・(SiO_2)_{12}]・27H_2O$ の組成をもつアルミノけい酸塩が用いられている。アルミノけい酸塩は，一般にゼオライト（zeolite）ともいい，水に不溶性の白色結晶で，酸性白土を原料とする天然品，けい酸ナトリウムとアルミン酸ナトリウムの反応による合成品とがある。洗剤に配合する場合は，洗濯物への付着や排水管への堆積防止のため，洗濯液中で安定な懸濁液となるように微粉末にして使用する。

ゼオライトの結晶は，3次元に発達した右図のような骨格構造をもち，骨格の間に一定サイズの空洞ができるため，分子篩として用いられる。また，空洞の中央にナトリウムイオン Na^+ を内蔵し，この Na^+ が水中の Ca^{2+} や Mg^{2+} とイオン交換を行う（下式にゼオライトAの金属捕捉機構を示す）。アルミノけい酸塩がりん酸塩の代替品として有効に働くのは，このイオン交換作用による硬水軟化の働きをもつためである。

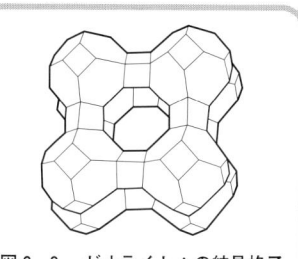

図2-9 ゼオライトAの結晶格子

$$\begin{bmatrix} OO \\ || \\ -O-Si-O-Al^{(-)}-O- \\ || \\ O2Na^+O \\ || \\ -O-Al^{(-)}-O-Si-O- \\ || \\ OO \end{bmatrix} + Ca^{2+} \longrightarrow \begin{bmatrix} OO \\ || \\ -O-Si-O-Al^{(-)}-O- \\ || \\ OCa^{2+}O \\ || \\ -O-Al^{(-)}-O-Si-O- \\ || \\ OO \end{bmatrix} + 2Na^+$$

アルミノけい酸塩は，金属捕捉作用のほかに，イオン交換して Na^+ を液中に放出するのでアルカリ緩衝作用を示し，洗浴の汚れによる酸化防止も防ぐことができる。しかし，洗浄補助剤としての効果はりん酸塩より劣る。

5）硫　酸　塩

硫酸ナトリウム Na_2SO_4 は，界面活性剤の繊維への吸着量を増し，さらに界面活性剤の臨界ミセル濃度（cmc）を引き下げ，溶液中の汚れを分散保持するなどの洗浄補助剤（ビルダー）としての働きがある。また，洗剤製造時に噴霧乾燥法によって溶解性の良い中空粒子をつくるなどの工程剤としての機能がある。

臨界ミセル濃度
⇨ p. 45

（2）その他の添加剤

1）再付着（再汚染）防止剤

洗浄過程で，繊維から脱落した汚れが再び繊維に付着する現象を，再付着あるいは再汚染といい，再付着の防止にはCMC（カルボキシメチルセルロース）などの再付着防止剤（soil antiredeposition agent）が用いられる。CMC は，高分子電解質の一種であり，水中では負の電荷をもち，洗浴中で汚れの周りに吸着して負の電位を高め，繊維と汚れの間の反発力を強めて再付着を防止する。再付着防止剤として約1％程度が洗剤に添加されている。

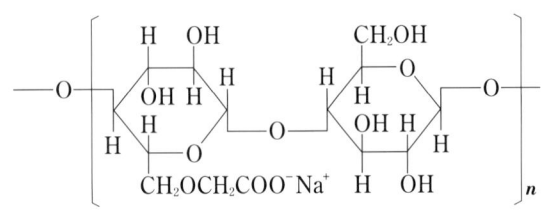

CMC の化学構造

2）酵　素　剤

汚垢成分中のたんぱく質汚れや皮脂汚れは，洗剤だけでは十分に除去されにくい。これらの汚れに対する洗浄効果を上げるために，加水分解酵素が使用される。酵素（enzyme）には基質特異性があり，たんぱく質にはプロテアーゼ，脂質にはリパーゼ，でんぷんにはアミラーゼ，繊維素にはセルラーゼが用いられている。表2-7に，洗剤に用いられる酵素と対象となる基質，汚れおよびその酵素反応について示した。

酵素剤は，主に弱アルカリ性の洗剤に配合され，プロテアーゼはアルカリ性細菌やアルカリ性放線菌に由来するものが適する。また，リパーゼには，酵素

表2-7　加水分解酵素とその基質

酵　素	基　質	天　然　汚　れ	酵　素　反　応
プロテアーゼ	たんぱく質，ポリペプチド	血液，牛乳，卵白，表皮角質細胞	アミド結合，ペプチド結合の加水分解
リパーゼ	トリ，ジ，モノグリセリド	人体皮脂，動植物油脂	エステル結合の加水分解
セルラーゼ	セルロース	非結晶性セルロース食物繊維	β-1,4-グルコシド結合の加水分解
アミラーゼ	アミロース，アミロペクチン	でんぷん	α-1,4-グルコシド結合の加水分解

出典）J. H. Van. Ee. O. Misset, E. J. Baas. ed.：Enzymes in Detergency, Marcel Dekker Inc.（1997），藤井富美子：『洗濯と洗剤の科学』，放送大学教育振興会，p. 64（1998）

リパーゼ，糸状菌リパーゼ，細菌リパーゼのような微生物リパーゼと，膵臓リパーゼとがあるが，この場合も洗剤に配合されているものはアルカリリパーゼである。これらは，それぞれ目的とする汚れを分解するが，セルロース分解酵素であるセルラーゼは，汚れに直接作用するのではなく，繊維の微細組織をゲル化して，繊維内部に取り込まれた汚れを除去したり，繊維表面の毛羽立ちを取り除いて色調を鮮明にするなどの働きをする。

最近の洗剤には，数種の酵素が配合されているものが多い。酵素は，限られた条件で作用するので，酵素活性が十分に発揮されるように，洗浄温度，液性，処理時間などに注意して使用する。

3）漂 白 剤

漂白剤（bleaching agent）は，しみの除去，黒ずみ黄ばみの防止のために洗剤に配合され，過ホウ酸ナトリウム $NaBO_3・4H_2O$ や過炭酸ナトリウム $2Na_2CO_3・3H_2O_2$ が洗剤配合用に用いられている。過ホウ酸ナトリウムは，高温で漂白効果が得られるので，洗浄温度の高い欧米で用いられ，日本では低温で漂白活性をもつ過炭酸ナトリウムが用いられる。これらの過酸化物系漂白剤は，白色衣料のほか着色衣料の漂白にも利用できるが，漂白力が弱いため漂白活性化剤が併用される。

漂白（⇨ p.89）

4）蛍光増白剤

洗浄過程で脱落した蛍光増白剤（fluorescent whitening agent）を補い白さを回復させるために配合される。蛍光増白剤は染料としての性質をもち，洗剤にはセルロース系繊維に染着性があり，低温で速染性のあるものが用いられる。

増白（⇨ p.92）

5）そ の 他

洗剤には，以上述べた添加剤のほかに，洗剤としてのさまざまな性能を向上させるために，必要に応じて増泡剤または制泡剤，泡安定剤，粘度調整剤，溶剤などの機能をもつもの，さらに色素・香料などが添加されている。

2.5 洗剤と環境問題

洗濯は，衣服に付着した汚れを除去して衛生的で快適な衣服環境を得るために行われるが，見方を変えれば汚れや洗剤を下水を通して水環境に捨てることであり，河川や湖沼などの水域に流入した洗剤は水質汚濁の原因の一つにもなっている。

界面活性剤などの有機物は，下水や河川などを流下する間に微生物の働きにより酸化分解されて無機物に還元され浄化される。しかし，流入する有機物の量が多くなると自然界での浄化作用だけでは間に合わず，河川などの水域は汚濁する。また，りんや窒素などのような水棲生物の栄養源となる物質が流入すると，湖沼などの流れの少ない水域では富栄養化による水質汚濁が起こる。また，難分解性の物質では，環境水の安全性等の問題も生じやすい。

図2-3（⇨ p.12）に示した洗剤の変遷からも明らかなように，これまでに洗剤に関して生じた環境問題には，界面活性剤の生分解性と，りん酸塩洗浄補助剤に起因する富栄養化による水質汚濁とがある。これらに対しては次に述べるように対策が講じられているが，環境保全，省資源からみて，洗剤による汚濁負荷をできるだけ軽減することは今後も重要な課題である。

（1） 富栄養化

水の滞留しやすい湖沼などで，周囲から流入する物質により窒素やりんなどの栄養分が増大する現象は富栄養化（eutrophication）といわれる。これは自然界で徐々に起こるが，汚水の流入により短時間で著しい富栄養化が進み，水質汚濁の問題となった原因物質の一つに，合成洗剤に配合されているポリりん酸塩が挙げられ，規制されることになった。

欧米諸国でも問題となったが，日本では1980（昭和55）年の「琵琶湖富栄養化防止条例」に端を発して全国的に無りん洗剤への転換が図られた。しかし，洗剤以外の流入源があり，この規制だけでは完全に解決されず，さらに汚水処理の高次処理化などが進められている。

（2） 界面活性剤の生分解性

合成洗剤の使用量が急速に伸びた1950年ころから1960年代にかけて，合成洗剤による河川や井戸水の発泡問題が起こった。合成洗剤に最も多く使われていたアルキルベンゼンスルホン酸塩（ABS）のアルキル基が生分解性（biodegradability）をもたない分枝鎖状構造であり，環境中で生分解せずに蓄積して問題となったものである。

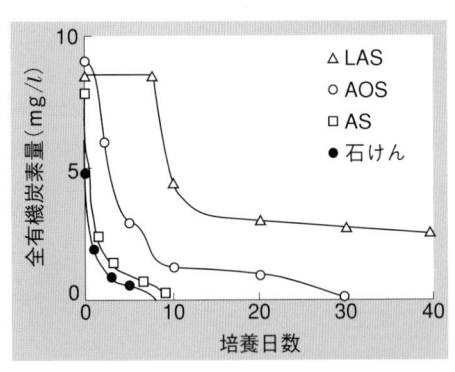

その後，ABSは生分解性のある直鎖アルキルベンゼンスルホン酸塩（LAS）に切り替えられた。生分解性を有しない界面活性剤はハードタイプ，生分解性を有する界面活性剤はソフトタイプというところから，この洗剤の改善はソフト化といわれた。現在使われている界面活性剤は，すべて生分解性であるが，界面活性剤の種類によって生分解の容易さは異なる。LASは他の界面活性剤に比べると生分解速度が遅く，図2-10にみられるように，環境水中の濃度が高くなると残存しやすい傾向がある。現在もより一層生分解性に優れた界面活性剤の開発が続けられている。

また，蛍光増白剤は，配合量は微量ではあるが，界面活性剤に比べると生分解しにくい物質である。

全有機炭素量は有機物質が無機物質に分解する程度を示す。活性剤濃度20 ppm，20℃における実験の結果で，河川中に検出されるより高い濃度での実験があるが，LASは最終的な分解に時間がかかる。

図2-10　リバーダイアウェイ法による陰イオン界面活性剤の生分解

(3) 市販洗剤の環境負荷

　生分解性に優れた界面活性剤であっても，多量に排出すると，浄化作用のために水中の酸素消費量が増加し汚濁が起こる。有機物の汚れの指標にはBOD（生物化学的酸素消費量）[*1]やCOD（化学的酸素消費量）[*2]が用いられるが，特に生活排水中や河川中での汚れの量を示す場合にはBODを用いて表す。一般に，石けんは生分解性に優れているが，合成洗剤に比べてBODが高い。また，市販洗剤は，界面活性剤の配合量や標準使用量（使用量の目安）の異なる製品が作られており，使用時にどれだけBOD負荷を与えることになるかは，それぞれの製品によって異なる。

　表2-8は，品質表示の目安量に従って使用した場合に，1回の洗濯（洗濯液は30 l）で排出する洗剤のBOD負荷量を粉末石けんと合成洗剤について比較したものであるが，粉末石けんは合成洗剤に比べて界面活性剤の配合量，標準使用量とも多く，汚濁負荷が大きい。また，同時にBODとTOD（全酸素消費量）[*3]の比から5日後の生分解率が求められているが，合成洗剤にも石けんに匹敵する生分解性を示すものもある。

　環境保全，省資源，省エネルギーの観点から合成洗剤のコンパクト化が行われているが，さらに安全性，生分解性に優れ，少量で洗浄効果の得られる洗剤が求められている。

表2-8　市販洗剤の標準使用量当たりの有機物負荷量

洗　　剤		界面活性剤含有量（％）	標準使用量（g/40 l）	BOD（g）	BOD／TOD（分解率，％）
粉末石けん	A	70	40	38.8	65.8
	B	59	40	33.3	65.2
	C	60	40	34.8	65.5
	D	61	40	34.1	64.2
合成洗剤	E	28	20	5.86	46.2
	F	38	20	6.14	39.2
	G	38	20	7.72	44.5
	H	24	20	5.72	58.0
	I	35	30	11.3	51.5
	K	39	20	6.30	38.6
	L	24	20	4.94	49.4
	M	40	20	7.64	44.2
	N	34	15	4.75	38.2

界面活性剤含有量および標準使用量は，品質表示法に基づく表示による。
出典）阿部幸子：青山学院女子短期大学紀要，第51輯1～7（1997）

*1　BOD：biochemical oxygen demand の略。生物化学的酸素要求量ともいう。水中に含まれる有機物が微生物の働きによって二酸化炭素や水などの無機性酸化物に分解される過程で消費される酸素の量を示し，通常は20℃，5日間に消費される酸素量で表す。
*2　COD：chemical oxygen demand の略。
*3　TOD：total oxygen demand の略。完全に酸化分解するのに必要とされる酸素量。

(4) "環境にやさしい"洗剤の開発とエコラベル

洗剤の"環境に対するやさしさ"の度合いには，環境に排出された洗剤成分の生分解性や環境負荷量を考えるだけではなく，原料調達から，製造過程，使用時，使い終わって廃棄されるまでのすべての段階における環境負荷量を軽減し，環境中の生物に対する安全性を考慮することが大切である。最近では，そのような目的にLCA（Life cycle analysis）という手法が用いられるようになってきた。LCAを適用して環境により優しい製品を開発した場合には，消費者が安心してその製品を使うことができるように合格証や案内ラベルなどの表示も必要である。EC（欧州共同体）では，このようなコンセプトにより，洗濯用洗剤に対応させた新しいエコラベルを提示している。

ECエコラベル[*1]は，定められた生態学的な基準と使用適合性基準の審査に合格したものに与えられる。生態学的な基準には，成分の生態学的な基準のほかに，包装基準，"環境にやさしい"使用案内の基準，酵素など製造時の安全基準が含まれる。成分の生態学的基準は表2-9に示されるが，8つの基準に対する数値を洗剤成分データベースに基づいて算出し，スコアに換算した総計が45を超えるものを合格とする。また，使用性能基準では，標準的な洗浄試験を重質洗剤の場合に25サイクル，軽質洗剤では15サイクル行い，汚れ除去性，しみ除去性，白さ，布地の損傷，色落ち，移染等についての基準を満たすようになっている。

ECエコラベルは欧州で市販されているコンパクトタイプの衣料用洗濯洗剤にのみ適用されるものであるが，このような考え方に沿った洗剤の開発が広く行われるようになってきている。

LCA

Life cycle assessmentともいう。LCAは，製品の「ゆりかごから墓場まで；from cradle to grave（原料の選定から廃棄物としての処理まで）のライフサイクルを通じた環境影響を把握し，評価する手法。

ECエコラベル

表2-9　洗濯洗剤のスコア／重み付け-計算システム

基準＼スコア	4	3	2	1	ハードル値	重み付け係数	合計（最大）
全化学物質	60	70	80	90	100	3	12
毒性臨界希釈容量	1500	3500	5500	7500	10000	8	32
りん酸塩	0	7.5	15	22.5	30	2	8
不溶性無機物	10	15	20	25	30	0.5	2
溶解性無機物	10	25	40	55	70	0.5	2
好気的難分解性有機物	1	2	3	4	8	1	4
嫌気的難分解性有機物	1	4	7	10	15	1.5	6
生物化学的酸素消費量	20	40	60	80	130	2	8
合計							74

単位はg/wash，毒性臨界希釈量の場合のみl/wash
ハードル値：いずれの基準においても，この値を超えてはならない。必要最低スコアは45。
出典）Official journal of the European Communities, L 187/55, 20. 7. 1999

[*1]　Official journal of the European Communities, L 187/52－67, 20. 7. 1999

第3章 洗濯機

　電気洗濯機が開発されるまでは，洗濯は家事労働の中で最も過酷な作業の一つであった。桶に水を汲み入れ，それに汚れた衣類を浸して，手でもんだり，洗濯板にこすりつけて汚れを落とす。その後さらに絞りとすすぎを繰り返す作業は厳寒の中では一段とつらい労働であったに違いない。それだけに日本に本格的に電気洗濯機が普及し始めた1955（昭和30）年ころ，洗濯機は「三種の神器」などとよばれ，家事労働軽減の担い手として主婦の憧れの的であった。それから約20年間で，ほぼ一家に1台の割合にまで普及してくるとともに，種々の改良が加えられ，今では多機能・大容量の全自動タイプのものに置き換わってきている。

1. 洗濯における機械力の歴史

　エジプト・ベニハッサンの墳墓の壁画に，BC 2000 年ころの洗濯の様子が描かれた部分がある。そこには，もみ洗い，たたき洗い，すすぐ，絞るなどの洗濯の動作が見られる。わが国でも，平安時代の「倭名類聚抄」や「扇面法華経」などの中に，たらいを用いた手もみ洗いや足踏み洗いの様子を見ることができる[1]。

　しかし，前述のように，洗濯は極めて厳しい家事労働であったため，他の家事に比べて早くから機械化が進められた[2]。最初に洗濯機の特許がとられたのはイギリスで，1691年のこととされているが，その機構も実用化の程度もよくわかっていない。本格的な洗濯の機械化の試みは，同じくイギリスで18世紀末，産業革命と同じころに行われ，19世紀になってシリンダー型洗濯機が完成した。それは，大小一組の同心円状の入れ子になった2つのシリンダーによって構成され，内側のシリンダーはハンドルによって可動するようになっている。外側の固定されたシリンダーに洗剤液を入れ，内側のシリンダーに被洗物を入れて回転させることで汚れを除去するシステムである。この内側シリンダーは，1880年代に孔がたくさん空いたものになり，被洗物はよりぬれやすくなった。このタイプの洗濯機は，ドラム式洗濯機として，現在もヨーロッパの家庭や商業クリーニング（乾式，湿式ともに）において用いられている。

　他方，アメリカでは，羽根状の棒で桶の中の水を攪拌して洗濯する構造の，攪拌式洗濯機が考え出された。基本的なデザインは，丸い桶の胴体にハンドル

ドラム式洗濯機
　回転式ドラム式洗濯機ともいう。

を取り付け，そのハンドルを回転すると，桶の中に取り付けられている攪拌用の羽根が回転するという仕組みであった。当初（1870年ころ）は手動式であったが，1878年にモーターで駆動する洗濯機の特許がとられて，このタイプの洗濯機の機械化はほぼ完成した[2]。

2. 世界の洗濯機の現状

電気洗濯機を洗浄方式から分類すると（JIS C 9606），「噴流式」「渦巻き式」「攪拌式」「ドラム式」の4種類であるが，現在使用されているのは噴流式を除く3種である。国によって生活習慣が異なり，さらに気候や水質，住宅事情，国民性なども反映されるため，用いられる洗濯機の種類は異なっている。アメリカでは攪拌式が主流で中温洗濯が行われ，ヨーロッパでは一般に水の硬度が高く煮洗いの習慣があったため，ドラム式を用いた高温洗濯が行われた。日本や中国，東南アジアでは常温の水を用いた渦巻き式洗濯機の使用が一般的である。これら3種の洗濯機の概略を図3-1に示した。

> JISの表記は，
> 渦巻式
> かくはん式

2.1 渦巻き式洗濯機

パルセーター（回転翼）を洗濯槽の底部に設け，反転回転することによって渦巻き状の水流をつくり洗浄する方式である。この方式は機械力が強く短時間で洗浄効果が上がること，構造が比較的簡単であるため安価なこと，設置場所を取らないことなどの特徴があり，わが国で普及した。一方，水流が激しく布地の損傷が大きいという欠点もあったが，さまざまな改良が加えられて今日に至っている（⇨ p.32）。

2.2 攪拌式洗濯機

丸型の洗濯槽の中央部に取り付けられた3～4枚の攪拌羽根（アジテーター，攪拌翼）を往復運動させて攪拌し，被洗物と被洗物，被洗物と攪拌羽根などと

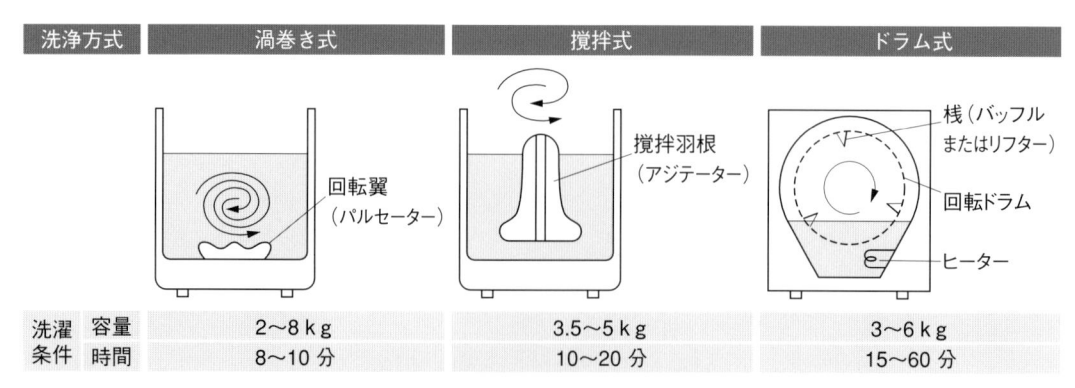

洗浄方式	渦巻き式	攪拌式	ドラム式
	回転翼（パルセーター）	攪拌羽根（アジテーター）	桟（バッフルまたはリフター）／回転ドラム／ヒーター
洗濯条件 容量	2～8 kg	3.5～5 kg	3～6 kg
時間	8～10 分	10～20 分	15～60 分

図3-1　洗濯機の洗浄方式と洗濯条件
資料）ライオン家庭科学研究所：生活科学シリーズ『衣料の清潔』，p.12（1997）

の擦れ合いによって洗浄する方式である。撹拌は比較的緩やかであり，渦巻き式に比べて布の傷みや洗いむらが少ない特徴がある。しかし，構造が複雑で価格が高いこと，洗濯時間が長くかかることなどの理由で，わが国ではこれまであまり普及しなかった。

2.3　ドラム式洗濯機

円筒形の洗濯槽の中に，周囲に多数の孔を空けた円筒形の回転ドラムを内蔵し，このドラムに被洗物を入れて回転する。ドラムの内側にはバッフル（または，リフター，桟（さん））があり，ドラムを回転させると洗濯物はバッフルに引っかかって持ち上がり，上部に達すると落下して液面にたたきつけられて洗浄される。この方式はたたき洗いの応用であり，少ない洗液で洗濯ができるが，家庭用の小型のものでは落下距離が短いため洗浄力が小さく，これを洗浴温度で補うために温水や熱水で洗濯できるように設計されている。布の傷みが少ない，節水型である，さらには乾燥機能を併せてもたせやすいなどの理由から，最近わが国でも，洗濯・乾燥機能を併せもった全自動洗濯機として市販されるようになってきた。

3. 日本における洗濯機の変遷と最近の動向

3.1　洗濯機の普及

日本における洗濯機の変遷を図3-2に示す。日本の洗濯機は，1922（大正11）年アメリカから輸入された円筒形の撹拌式のものが最初である。その後，

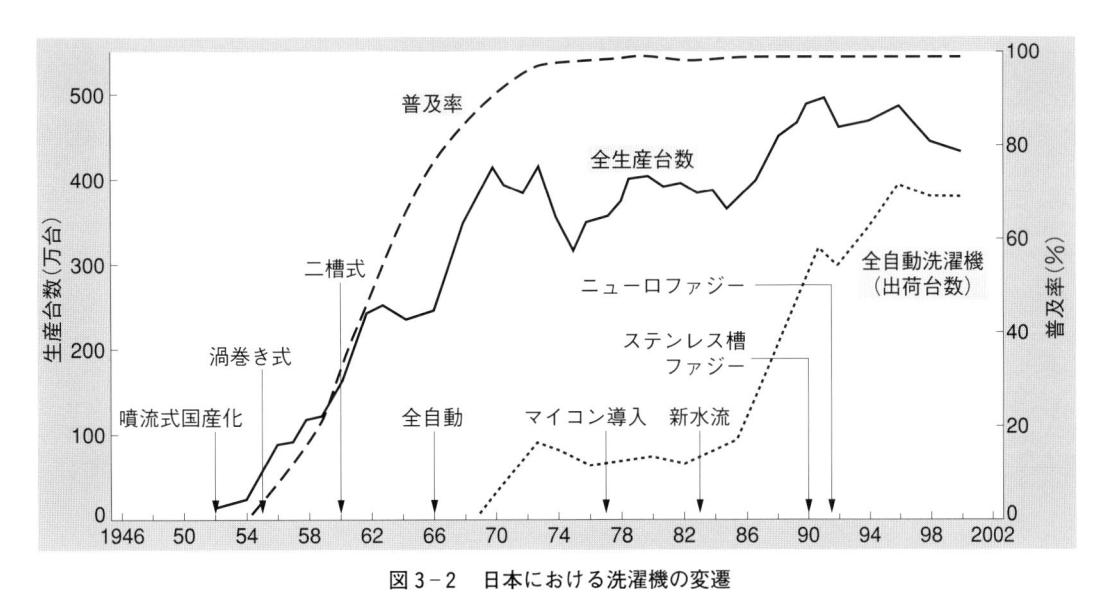

図3-2　日本における洗濯機の変遷

資料）西尾　宏：洗濯の科学，39(3)，p.24（1994），（1995年以降の出荷は）社団法人日本電機工業会，（普及率は）内閣府消費動向調査による。

この技術を導入して，1930（昭和5）年には国産の1号機（ローラー式脱水機付き攪拌式）が製造されたが，この時代の生活水準から考えると非常に高価であったこともあって一般には普及しなかった。

本格的な洗濯機の普及は，第二次世界大戦後に噴流式洗濯機（洗濯槽の側面にパルセーターを設置したタイプ）がイギリスから輸入され，1952（昭和27）年に国産化されたことが契機となったのである。このタイプの洗濯機は，機構が簡単で安価であったが，水が飛び跳ねる，布がよじれるなどの欠点があった。この点を改良した現在の渦巻き式の原型と考えられる洗濯機（自動反転渦巻き式）が1955（昭和30）年に誕生したあとは，わが国の洗濯機の生産量は年々増加していった。また各家庭に対する普及率をみると，1956（昭和31）年には10％台であったものが，1965（昭和40）年には70％になり，1970（昭和45）年には90％を超え，さらに現在では100％近く（99.3％）までになった。

3.2 構造・機能の進展

洗濯機の構造・機能面では，渦巻き式の発売当初（1955年）は洗濯槽だけの一槽式であったが，1960（昭和35）年にはそれまでのローラー式の手絞り方式に代わって遠心脱水槽を付けた二槽式洗濯機が出された。

1966（昭和41）年に，洗濯物と洗剤を入れ，スイッチをセットすると洗濯槽に自動的に給水され，洗濯・すすぎ・脱水までの工程を自動的に進めて終了する方式の全自動洗濯機が開発され，以来多機能化・大容量化の傾向をたどってきている。全自動洗濯機は1970年代まではあまり普及しなかったが，有職主婦の増加や家事の合理化願望などの社会的要求によって，1983（昭和58）年には普及率は32％を超え，それ以後，急速に増加し，2001（平成13）年度には82％を占めるに至っている。

この間，1974（昭和49）年には渇水対策として節水タイプの洗濯機が発売されたのに続いて，1976（昭和51）年には，洗濯槽をプラスチック製にしたものが出現し，それまで白一色であった洗濯機に色付きの機種も出現した。さらに1977（昭和52）年には，制御方式が機械式からマイクロコンピューター（マイコン）を用いた電子制御に変わり，1983（昭和58）年には，半導体技術の進歩とマイコンソフトの拡大によって各種の新水流洗濯機が開発された。1985（昭和60）年ころからはマイコンの導入が本格化して細かな制御が可能となり，多くの種類の洗濯コースが設定されるようになり，さらに各種センサーの開発によって，水流，水位，機械力の強弱，洗濯・すすぎ時間などが自動的に設定できるようになった。

全自動洗濯機の近年の動向としては，① 布がらみ・布損傷を少なくする新水流，② 洗濯コースの多様化，③ 容量の大量化，④ 各種センサー機能の設置，⑤ 静音化，⑥ 省資源，環境負荷の軽減対策などを挙げることができる。

各種のセンサー機能としては，布量センサー（布量に合った水量，水流，洗濯時間などを設定），水位センサー，水温センサー（水温に応じた洗濯時間，水流を設定），濁度センサー（洗濯・すすぎの終了を判断）などが組み込まれている。図3-3に布量センサーの実施例を示した。これは，市販全自動洗濯機3機種について，被洗物重量とそれを洗剤洗いしたときに実際に使用された水量との関係を示したものである。また，1990（平成2）年ころから，ファジー理論を洗濯機に応用して，従来人間の経験と勘で設定していた洗濯条件を，各種センサーとファジー制御によってあらかじめ設定しておいたコースの中から選び，運転するようにもなり，さらにはマニュアル操作を組み合わせ各家庭に合った洗濯条件をプログラムすることができるようになってきた。

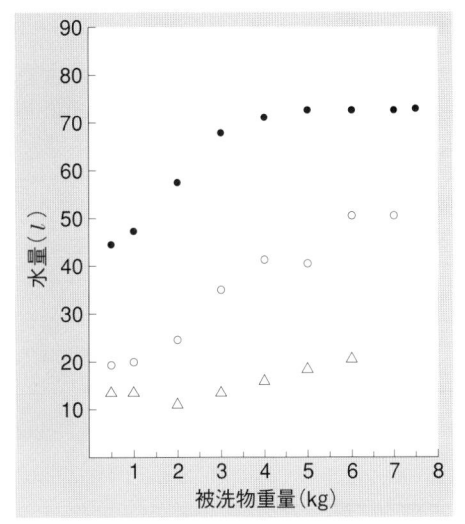

　● : 1992年製渦巻き式（標準洗濯容量7.5kg）
　○ : 2001年製渦巻き式（標準洗濯容量7.0kg）
　△ : 1998年製ドラム式（標準洗濯容量6.0kg）

図3-3　市販全自動洗濯機の浴比（例）
被洗物重量と洗剤洗いに使用する水量との関係
資料）片山倫子による実験データ（未発表）

　静音化は人々の生活パターンの変化に伴い，洗濯の時間帯が深夜や早朝になったことに対応するためのものであり，パルセーターとモーター部を直接減速ギアでつなぐダイレクトドライブモーターと称するインバーター制御モーター（消費電力が少ない）の導入などで対応している。

　省資源，環境負荷の軽減対策としては，近年の水資源の不足や環境意識の高まりなどから，節水を目指したシャワーすすぎの機能や風呂の残り湯を使うための自給式ポンプを備えたもの，従来は商業洗濯（ドライクリーニング）に託していたドライマーク付きの衣料が洗えるコースを設置した機種なども増えている。

　また，1990年ころからは，洗濯槽の裏側で繁殖するカビによる洗濯物の黒ずみ防止のための抗菌剤をコートした洗濯槽やパルセーター，さらにカビの発生しにくいステンレス槽が出現した。このステンレス槽はプラスチック槽より脱水時に回転数が上げられるので，脱水効率の向上にもなった。

　1998（平成10）年には，水軟化装置付き洗濯機が，さらに2001（平成13）年夏には，水道水中に含まれる次亜塩素酸ナトリウムを電気分解して利用することにより洗剤を使わない洗濯コースを設けた洗濯機も登場した。また，従来からの渦巻き式に加えて，洗濯から乾燥まで1台で実施するドラム式洗濯機の製造・販売を国内の電気メーカーが相次いで開始するなど，洗濯機も多様化の時代に入ってきた感がある。

文献

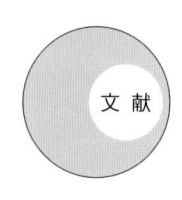

1) 花王生活科学研究所:『清潔な暮らしの科学,生活編』,花王生活科学研究所,pp. 158-165(1989)
2) 柏木 博:『日用品の文化誌』(岩波新書619),岩波書店,pp. 16-23(1999)

●参考文献
・西尾 宏:洗濯の科学,39(3),pp. 24-31(1994)
・㈳日本電機工業会調査資料(2001)
・内閣府経済社会総合研究所編:平成13年度版家計消費の動向-消費動向調査年報-,財務省印刷局(2001)
・伊藤眞純:㈳日本繊維製品消費科学会,第8回消費科学総合シンポジウム-21世紀の生活を創造する科学を目指して-,pp. 21-24(2001)

第4章 汚れ除去のメカニズム

　水を使って洗濯する湿式洗濯において，繊維に付着した汚れを水中に移して清浄にしていく洗浄過程の解析については，すでに多くの研究がなされているが，繊維の種類，加工の種類，汚れの種類などが多種多様化しているために，個々の状況についての完全な解明には至っていない。

　洗浄には媒体（水），洗剤，機械力が必要で，おおよそ次のような経路をたどるものと考えられる。

　汚れた繊維が洗浄液の中に浸かると，洗浄液でぬれ始め，繊維と汚れの界面に洗浄液が徐々に浸透していく。油性汚れは乳化によって除去され，固体粒子汚れは離脱・分散によって除去されていく。

1. ぬ　　れ

　水だけではぬれ（wetting）が不十分で物をすばやくぬらすことが困難であるが，水に洗剤を添加すると物をぬらしやすくなる。この現象は一般にぬれの尺度の一つである接触角によって説明されている。

接触角
contact angle

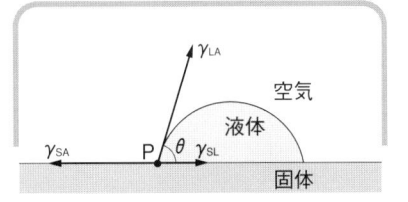

　繊維などの固体上に水滴がついている状態を図4-1に示した。ここでは水滴はこれ以上広がらず繊維（固体：S），水滴（液体：L），空気（気体：A）の3相が接する点（P）において水滴の液面に引いた接線と固体面との角が，ある一定値（θ）で止まっているものとする。この角度θを接触角という。接触角（θ）は，その値が小さいほど，その液体（L）はその固体（S）をぬらしやすく，固体（S）からいうとその液体（L）にぬれやすいことになる。

　図のように水滴が静止した状態，つまり，平衡状態にあるときには，P点に作用する力としては固体の表面張力（γ_{SA}），液体の表面張力（γ_{LA}），固体と液体との界面に働く界面張力（γ_{SL}）とがあり，これらが点Pにおいてつり合っていると考えると3力の間にはヤングの式といわれている(1)式の関係が成立する。これを接触角に関する式に書き換えると(2)式が得られる。

$$\gamma_{SA} = \gamma_{SL} + \gamma_{LA} \cos \theta \quad \cdots\cdots\cdots(1)$$

$$\cos \theta = \frac{\gamma_{SA} - \gamma_{SL}}{\gamma_{LA}} \quad \cdots\cdots\cdots(2)$$

γ_{SA}：固体の表面張力
γ_{LA}：液体の表面張力
γ_{SL}：固体と液体の界面張力
θ：接触角

図4-1　平衡状態にある固体表面上の液滴

ジスマン
W. A. Zisman
臨界表面張力
critical surface tension

同じ繊維の上に精製水による水滴を落とした場合と洗剤水溶液の水滴を落とした場合にどちらが繊維をぬらしやすいか，つまり接触角が小さくなるかをこの(2)式を用いて考える。

(2)式の右辺にある γ_{SA} は固体（S）の表面張力である。固体の表面張力は直接測定することは難しいが，ジスマンの臨界表面張力として知られている値（γ_C）を一つの目安として考えることができる。臨界表面張力は，化学構造・特性，表面張力等が既知の種々の液体を，液滴として検体である平滑な固体の上に滴下しP点から引いた液滴との接線が作る接触角 θ を測定し，$\cos\theta$ をグラフにプロット（ジスマンプロット，図4-2）してできた直線と $\cos\theta = 1.0$ との交点の γ_{LA} 値から推定する。

表4-1は4種の高分子フィルム（固体）上に，エタノール/水系，混合グリコール系，ポリグリコール系，ASTM系，その他の液体を滴下して測定した接触角（θ）を示している。

例えばエタノールと水との混合比を10/90, 30/70, 50/50, 60/40, 70/30, 80/20, 90/10と変えた場合の混合液の表面張力はそれぞれ51.3, 36.1, 30.0, 28.0, 27.2, 25.6, 24.0 mN/m

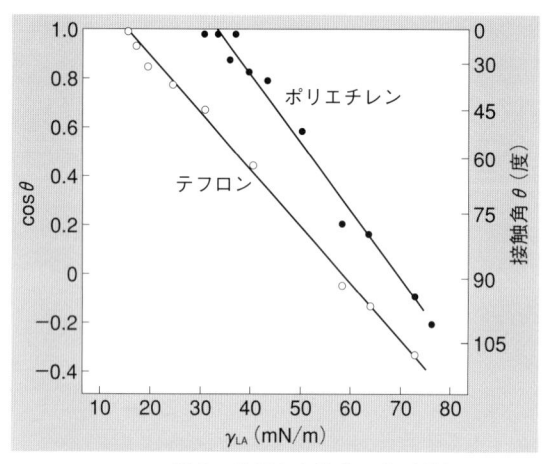

γ_{LA}：θ の測定に使用した液体の表面張力
図4-2　ジスマンプロット
出典）『洗濯と洗剤の科学』，㈶放送大学教育振興会，p. 38（1998）

表4-1　高分子に対する液体の接触角（θ）

液体	容量比	γ_L [mN/m]	各高分子に対する接触角			
			テフロン	ポリエチレン	PET*	ナイロン 6・6
エタノール/水系						
水		72.2	112	95	71	65
エタノール/水	10/90	51.3	107	84	59	43
	30/70	36.1	83	80	55	25
	50/50	30.0	69	35	31	16
	60/40	28.0	55	24	16	12
	70/30	27.2	53	15	11	拡張
	80/20	25.6	51	7	拡張	
	90/10	24.0	49	拡張		
混合グリコール系						
エチレングリコール		48.3	87	69	45	34
エチレングリコール/2-エトキシエタノール	80/20	39.6	73	56	38	18
	60/40	36.9	69	49	30	拡張
	40/60	32.9	53	36	13	
	20/80	30.4	50	21	拡張	
2-エトキシエタノール		28.6	47	拡張		

＊ポリエチレンテレフタレート（polyethylene telephtalate）
出典）J. R. Dann, *J. Colloid Interface Sci.*, 32, p. 302（1970）

●第4章　汚れ除去のメカニズム

であるが，この液滴をテフロン，ポリエチレン，ポリエステル，ナイロン6・6に滴下していくと，固体の種類および液滴の種類によって接触角が異なり，液体の表面張力の低下に伴い接触角が小さくなり，あるところからは液が拡張するようになっていく。接触角が測定可能であった液体の表面張力とその接触角からジスマンプロットにより接触角が0になるような液体の表面張力を外挿する方法で求めることになる。

このような方法で求めた衣料用等に汎用されている固体高分子の20℃における臨界表面張力を表4-2に示した。ここではγ_{SA}（固体の表面張力）はどちらも同じ繊維では同値である。(2)式の右辺の分子にあるγ_{SL}は固体と液体との間に働く界面張力である。これは繊維に界面活性剤が吸着すると一般には値が小さくなる。

(2)式の右辺の分母にあるγ_{LA}は液体（L）の表面張力である。液体の表面張力は吊り板法をはじめ種々の方法により測定することが可能である。界面活性剤水溶液の表面張力，例えばオレイン酸ナトリウム水溶液（0.4 vol%）の表面張力は，24.9 mN/m（⇨ p.45，表4-5）で，水の表面張力 72.2 mN/m（表4-1）に比べると非常に小さい。したがってγ_{LA}（液体の表面張力）は洗剤が加わると著しく減少し，その結果として(2)式の右辺が大きくなり，接触角（θ）が小さくなる。つまり，界面活性剤が入ると精製水よりも固体をぬらしやすくなることになる。

液　　　体	容量比	γ_L [mN/m]	各高分子に対する接触角			
			テフロン	ポリエチレン	PET*	ナイロン6・6
ポリグリコール系						
グリセロール		64	105	83	60	57
ポリグリコールE-200		43.5	80	60	20	15
ポリグリコール15-200		36.6	77	30	拡張	拡張
ポリグリコールP-1200		31.3	68	14		
ASTM系						
ホルムアミド		58.3	91	81	53	48
ホルムアミド/2-エトキシエタノール	99/1	56.4	91	78	52	41
	74.7/25.3	43.0	84	65	41	28
	48.5/51.5	36.5	75	49	33	19
	35.0/65.0	34.2	71	42	23	9
	19.0/81.0	31.3	60	32	拡張	拡張
	2.5/97.5	28.8	43	拡張		
その他の液体						
ヨウ化メチレン		51.2	85	46	23	25
α-ブロモフタレート		44.8	76	33	7	9

図4-3はポリエチレンとテフロンに対して，種々の界面活性剤水溶液から調製した液滴をのせて測定した接触角により得られたジスマンプロットである。界面活性剤の濃度が増すにつれて γ_{LA} が小さくなり，接触角 θ が小さくなる傾向がみられる。図中で，途中の折れ曲がり点は各界面活性剤の臨界ミセル濃度（⇨ p.45）に相当している。

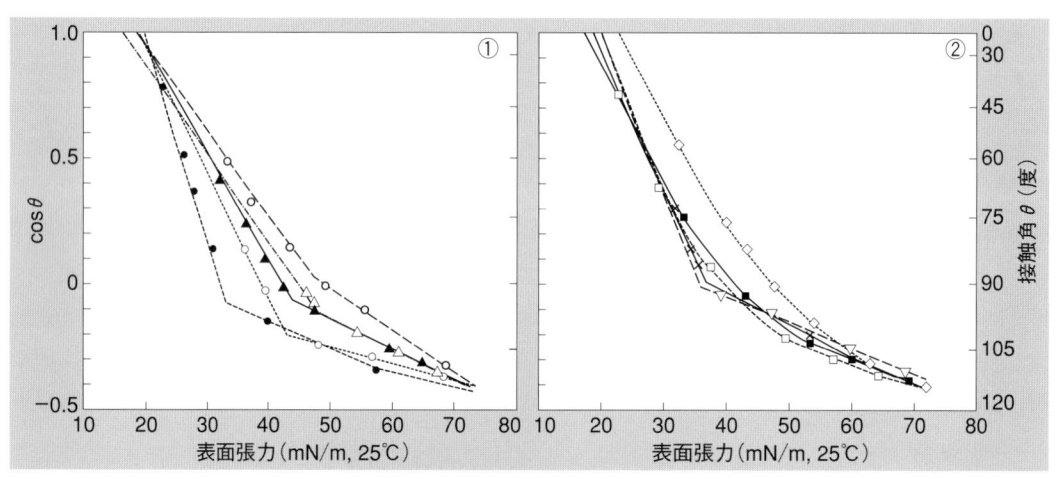

POE
図4-3のPOEはポリオキシエチレン（polyoxyethylen）の略。
$\bar{P}=20$ は，$(C_2H_4O)_p$ の p が20の意味で付加モル数を表す。

界面活性剤水溶液によるテフロンのぬれ

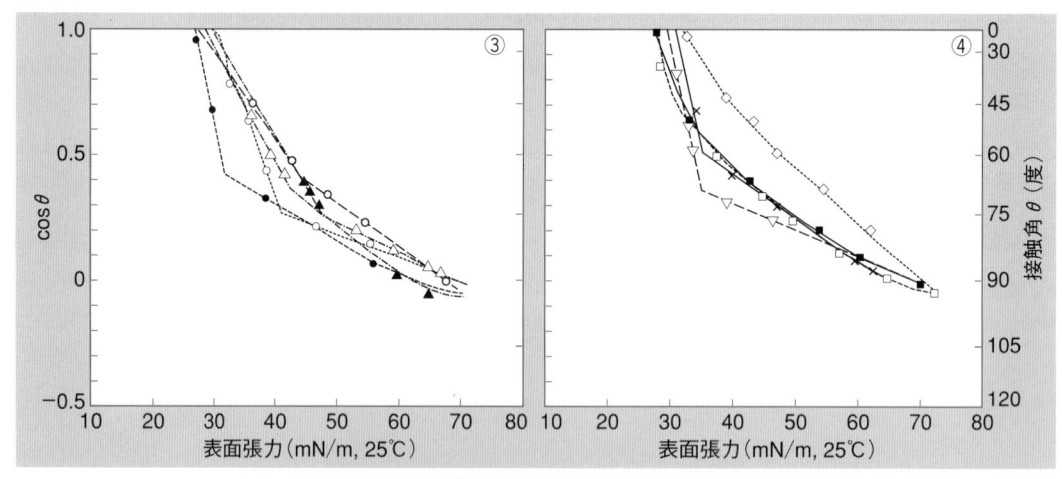

界面活性剤水溶液によるポリエチレンのぬれ

①③ ーー○ーー ジ-N-ブチルスルホこはく酸ナトリウム
　　 ーー●ーー ジ-N-オクチルスルホこはく酸ナトリウム
　　 ーー△ーー p-デシルベンゼンスルホン酸ナトリウム
　　 ーー▲ーー ジノニルナフタレンスルホン酸ナトリウム
　　 ーー□ーー ラウリル硫酸エステルナトリウム

②④ ーー▽ーー セチルトリメチルアンモニウムブロミド
　　 ーー×ーー POEノニエルフェニルエーテル（$\bar{P}=20$）
　　 ーー□ーー エタノール
　　 ーー■ーー 1-ブタノール
　　 ーー◇ーー 1,4-ジオキサン

図4-3　高分子に対する液体の接触角

出典）吉田時行ほか：『新版　界面活性剤ハンドブック』，工学図書，p.208, 210（2000）

表4-2　固体高分子の臨界表面張力

高　分　子	γ_c (mN/m)	高　分　子	γ_c (mN/m)
ϕ'-オクタノールのポリメタクリル酸エステル	10.6	ポリスチレン	33
ポリヘキサフルオロプロピレン	16.2	ポリビニルアルコール	37
ポリテトラフルオロエチレン	18.5	ポリメタクリル酸メチル	39
ポリトリフルオロエチレン	22	ポリ塩化ビニル	39
ポリフッ化ビリニデン	25	ポリ塩化ビニリデン	40
ポリフッ化ビニル	28	ポリエチレンテレフタレート	43
ポリエチレン	31	ポリヘキサメチレンアジポアミド（ナイロン6・6）	46
ポリトリフルオロクロロエチレン	31		

出典）H. W. Fox, W. A. Zisman：*J. Colloid Sci.*, 5 , p. 514（1950）
　　　W. A. Zisman：*Ind. Eng. Chem.*, 55, p. 18（1963）

2. 油性汚れの除去

図4-4は油性汚れの除去過程を示したD. J. Shawによる模式図である。

①は油性汚れで覆われた繊維の表面を表している。この繊維の表面が水に浸漬された状態が②であるが，水は表面張力が大きいためにぬれの作用が不十分であり，表面に付着した油性汚れの形状はほとんど変化しない。つまり，水だけではほとんど汚れを取り除くことができない。

ところが洗剤を添加した界面活性剤の水溶液になると，③のように界面活性剤分子の疎水性の部分は汚れの表面および繊維の表面上に並んで吸着するので，汚れが繊維に付着している力を弱めることになる。さらに機械力が加えられると，汚れは繊維から除去される。

界面活性剤分子は汚れが除去されて清浄になった繊維の表面および汚れの周囲にも吸着するため，汚れは④のように溶液中に分散された状態を保つようになると説明されている。

図4-5は，実際に油性汚れが付着した布を洗剤水溶液に浸漬した時生じた現象を示したものである。①は油性汚れの付着した繊維を洗剤水溶液に浸漬したところ，②は油性汚れが次第に浮き上がり，③，④で球状となっ

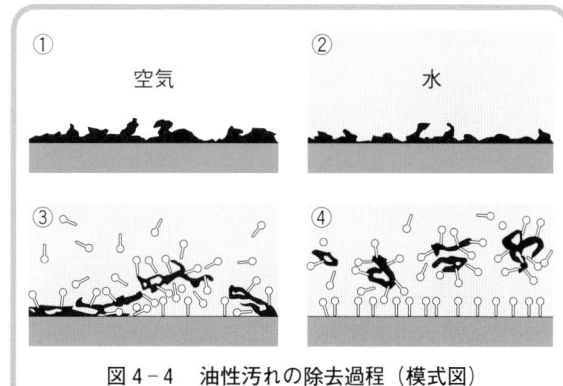

図4-4　油性汚れの除去過程（模式図）
出典）D. J. Shaw（北原文雄，青木幸一郎訳）：『コロイドと界面の化学』，広川書店（1972）

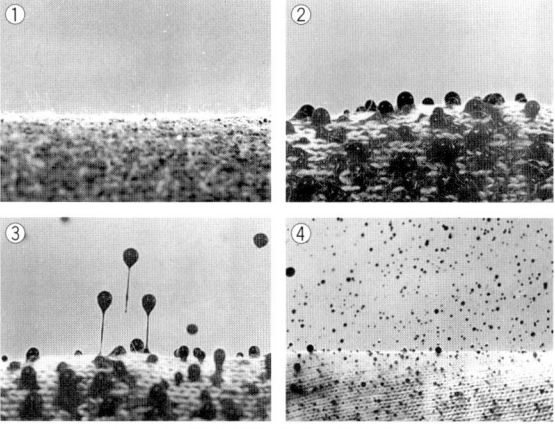

図4-5　油性汚れのローリングアップ
資料）ライオン株式会社家庭科学研究所提供（2002. 2）

て繊維から離れやすくなるローリングアップ (rolling up：巻き上げ) とよばれる現象が見られている。図4-6は，水中にある繊維に接触角45°で付着している油がローリングアップによって徐々に接触角を増大し180°に達するまでを模式的に示したものである。

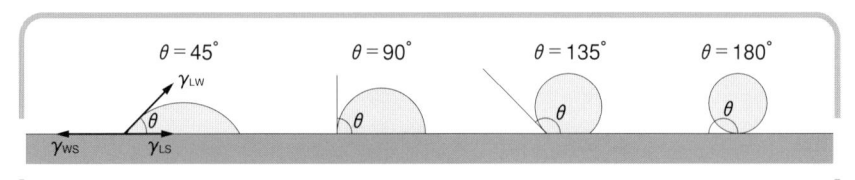

γ_{WS}：水／繊維（固体）の界面張力
γ_{LW}：水／油（液体）の界面張力
γ_{LS}：油（液体）／繊維（固体）の界面張力
θ：水中における油（液体）／繊維（固体）の接触角

図4-6　ローリングアップの模式図（左から右へ進行する）

ここで左端の $\theta=45°$ について，水と油と繊維の3相における接点に働く3つの力 γ_{LW}, γ_{WS}, γ_{LS} に着目する。

この3相の接点に油を巻き上げる力として作用する力 (R) は，θ を小さくする力，つまり油をぬれ広がらせる力 (γ_{WS}) と θ を大きくする，つまり油をぬれ広がらせまいとする力 ($\gamma_{LW}\cos\theta + \gamma_{LS}$) との差として(3)式で表される。

$$R = \gamma_{LS} - \gamma_{WS} + \gamma_{LW}\cos\theta \qquad\qquad \cdots\cdots\cdots(3)$$

(3)式で，$\cos\theta$ は，$0<\theta\leq90$ のときは正の値であるが，$90<\theta\leq180$ のときは負の値となるので，R を大きくするためにプラスに作用するのは，油と繊維の接触角が90°までであるが，R が非常に大きければ，θ が180°またはそれに近い値まで油が巻き上げられ，繊維との付着力が減少して離れやすくなり，乳化，可溶化が生じることになる。洗剤を使って油性汚れを除去することを念頭におき，(3)式の R に関与する力についてみると，γ_{LS} は油と繊維の組合せによって決まる値であるが，γ_{WS} は界面活性剤が繊維に吸着すると著しく低下し，γ_{LW} も油への界面活性剤の吸着により著しく低下する。そこで θ が90°以上になり $\cos\theta<0$ になった場合でも，$\gamma_{LW}\cos\theta$ が非常に小さい値になるために，R が大きい値をとりやすくなるのである。

実際の系では繊維の親水性，疎水性，油性汚れの極性・非極性，繊維と油性汚れの組合せなどによって R が異なり，除去機構は一様ではない。親水性の強い繊維表面に，パラフィンのような非極性油がついている組合せなどは，ローリングアップによる除去が容易であるが，疎水性のポリプロピレンと脂肪酸や高級アルコールなどの極性油との組合せ，さらにポリプロピレンと非極性油の流動パラフィンとの組合せでは油が完全に巻き上げられず，繊維に残留しやすい。

表4-3 綿，ナイロン，ポリエステル繊維と油性汚れとの水中接触角と洗浄除去率

繊維	接触角（度）		0.2% オレイン酸ナトリウム 0.1% Na₂CO₃ による洗浄除去率（%）			流動パラフィン（0.01% Lissapol. N）		オリーブ油（0.01% Lissapol. N）	
	水/繊維	油*/繊維（水中）	流動パラフィン（39℃）	オリーブ油（49℃）	オリーブ油（49℃）	水中接触角（度）	洗浄除去率（%）	水中接触角（度）	洗浄除去率（%）
綿	47	108	90	86	93	>150	79	70	72
ナイロン	70	94	94	92	98	147	62	56	40
ポリエステル	75	66	38	53	40	142	53	<30	13

＊流動パラフィン
出典）丸茂秀雄：『高分子の表面化学』，産業図書，p.210（1970）

表4-3に，綿，ナイロン，ポリエステル繊維と油性汚れとの水中接触角と洗浄による除去率を示した。接触角（水/繊維）は空気中で繊維についている水滴のθを表し，接触角（油/繊維（水中））は水中で繊維についている油滴のθを表している。綿は水中でぬれやすく，水中では油性汚れがつきにくく，結果として油性汚れの除去が容易である。一方ポリエステルは綿より水にぬれにくいが水中では油性汚れがつきやすく，界面活性剤を使っても油性汚れが除去しにくい。油性汚れが極性油の場合には，界面活性剤との複合体が油水界面または油相中に形成され，これが油の除去に結びつく。また可溶化や乳化も油性汚れの除去に関係しており，界面張力の低下した油性汚れの表面は，わずかな機械力によっても界面活性剤分子によって取り囲まれ，乳化されて取り除かれる。

図4-7にはポリプロピレン膜上での極性油のローリングアップ過程を示し，表4-4にはポリプロピレン膜上での極性油の除去機構を示した。

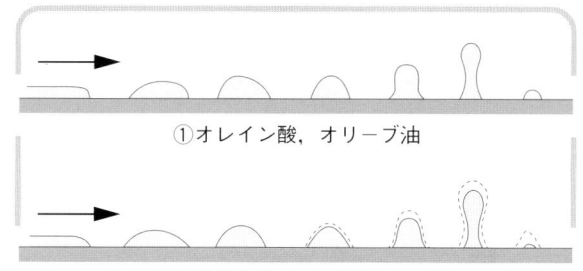

図4-7 ポリプロピレン膜上での極性油のローリングアップ過程
出典）荻野ほか：*Bull Chem. Soc. Japan*，49，1703，(1976)

表4-4 ポリプロピレン膜上での極性油の除去機構

油性汚れ	接触角（度）		0.15% NaDBS水溶液中における			
	空気中	水中	接触角（度）	複合体形成	ローリングアップ	ローリングアップによる除去時間（分）
オレイン酸	27.5	7.0	81.7	○	○	26.9
オリーブ油	28.3	5.0	81.0	×	○	34.5
ラウリルアルコール	17.0	38.0	67.0	○	○	222.2
オレイルアルコール	26.8	6.9	54.5	○	×	—
流動パラフィン	18.0	0.0	26.5	×	×	—

出典）（図4-7と同じ）

3. 固体粒子汚れの除去

固体粒子汚れを除去するためには，固体粒子汚れが繊維から離脱しやすくすると同時に，離脱した固体粒子が繊維に再付着しないようにしなければならない。このために，洗剤を使ったり機械力を加えることによって，繊維と汚れ，および汚れ同士の反発力を高めることが必要となる。図4-8，4-9には，基質からの汚れ粒子の離脱，粒子-基質系のポテンシャルエネルギー曲線を示した。

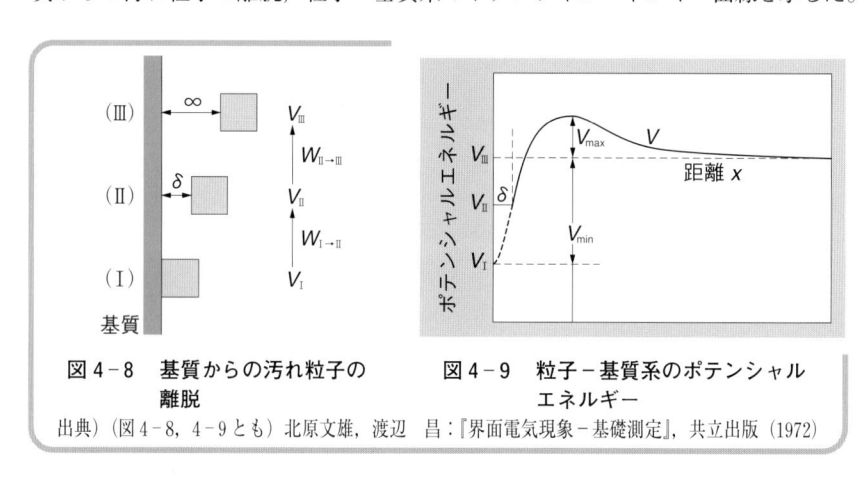

図4-8　基質からの汚れ粒子の離脱

図4-9　粒子-基質系のポテンシャルエネルギー

出典）（図4-8，4-9とも）北原文雄，渡辺　昌：『界面電気現象-基礎測定』，共立出版（1972）

Lange[1]によると，固体粒子汚れが付着している基質を水中に入れると，図4-8のIのように汚れ粒子と基質が水にぬれる。基質と粒子の間に界面活性剤が吸着し，さらに水が浸透しIIのように粒子が距離δだけ離れる。これに機械力が加わると粒子と基質の距離はさらに大きくなりIIIのように粒子と基質の相互作用がなくなる。このときの全仕事量は，I，II，IIIそれぞれの状態のポテンシャルエネルギーV_I，V_{II}，V_{III}がわかれば計算できることになる。$W_{I \to II}$，$W_{II \to III}$をそれぞれI→IIおよびII→IIIの過程における仕事量とすると，$W_{I \to II}$はファンデルワールス力に逆らって粒子を基質から離すのに必要な仕事Wと，粒子-水および基質-水の界面における接着エネルギーqとの和によって表され（$W_{I \to II} = V_{II} - V_I = W - q$），$W_{II \to III}$は，ファンデルワールス力からの寄与と電気二重層からの寄与との2つの相互作用によって決まる。洗剤水溶液中では界面活性剤などが汚れ粒子や基質に吸着すると$W_{I \to II}$や$W_{II \to III}$の量が変化する。基質から汚れ粒子を脱離させるためには，図4-9のポテンシャル障壁（$V_{max} + V_{min}$）を乗り越えなくてはならない。

一般に，多くの固体表面は，水中で正または負のいずれかに帯電している。これは，水中にある正負イオンのいずれか一方を優先的に吸着するか，固体表面に存在する電離基の解離によるものである。もし固体表面が負に帯電していると溶液全体が電気的中性を保つためには，固体表面の電荷と同じ量の陽イオンが溶液中に存在することになる。この陽イオンの一部は負の電荷をもった固

ファンデルワールス力
分子間にはたらく弱い力。

体表面近くに引き付けられているが，残りの陽イオンは熱運動のため，溶液内に拡散して存在している。このような電荷をもった固体表面の構造を**拡散電気二重層**（図4-10）という。この拡散電気二重層の厚さは電解質濃度や温度によって変化する。低塩濃度または高温では厚くなり，高塩濃度または低温では薄くなる。

　拡散電気二重層をもった固体と固体が接近すると，二重層が重なり斥力が生ずる。この斥力は，固体表面の電荷が大きいほど大きく，二重層の厚さが厚いほど大きい。もし，溶液中に陰イオン界面活性剤のような吸着されやすいイオンが存在すると，その吸着によって固体表面の電荷が高くなり，斥力は大きくなる。

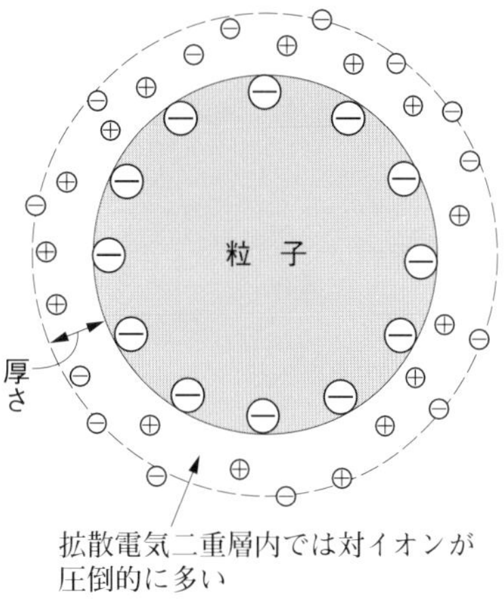

　繊維や汚れ粒子についてみると，綿など多くの繊維やカーボンブラックなどの固体粒子汚れも，洗浴中では負の電位を示し，洗浴がアルカリ性であるほど負の電位は増大する。汚れた繊維では，汚れ粒子と繊維との間にファンデルワールス力などの引力が働いており，これを洗浴中に浸すと，繊維と汚れ粒子表面の負の電荷に基づく拡散電気二重層の重なりにより斥力を生じ，引力に対抗する。この斥力は，洗浴中から汚れ粒子や繊維が陰イオン界面活性剤を吸着することによって高められる。洗浴中にカルシウム Ca，マグネシウム Mg，鉄 Fe などの多価イオンが存在すると，これらは斥力を弱め，洗浄性を減少させる。またトリポリりん酸ナトリウムなどの金属イオンを封鎖する作用のある洗浄補助剤（ビルダー）を洗浴に添加すると，カルシウムイオンなどの洗浄妨害イオンを封鎖して，斥力の低下を防ぐと同時に，弱アルカリとして繊維や粒子の負の電位を高め，汚れ粒子の除去が容易となる。

　このような斥力により，汚れ粒子と繊維の間の付着力は弱められ，また機械力も加わって汚れ粒子は繊維から離脱して容易に分散する。汚れ粒子は界面活性剤の吸着により保護されるため，繊維への再付着が防止される。

図4-10　拡散電気二重層
出典）日本化学会編：『現代界面コロイド化学の基礎』，丸善（1997）

洗浄補助剤（ビルダー）
⇨ p.22

4. 界面活性剤水溶液の性質

　2つの相の界面，例えば水（液相）と空気（気相）の界面（一般には水の表面という）へ，ある物質が集まって界面の性質を著しく変える現象を界面活性といい，界面活性を示す物質つまり界面へ集まってくる物質を界面活性物質という。界面活性物質の中で，ごく低い濃度においても溶媒の表面張力を著しく低下させるものを特に界面活性剤とよぶ。石けんは代表的な界面活性剤であり，その他の洗剤，乳化剤，湿潤剤，分散剤などは界面活性剤を主成分としている。

　界面活性剤にはイオン性（陰イオン，陽イオン，両性イオン）のものと非イオ

界面活性
surface activity
表面張力
surface tention
界面活性剤
surface active agent, surfactant

AS：アルキル硫酸エステルナトリウム
　　$C_nH_{2n+1}OSO_3Na$

AE：ポリオキシエチレンデシルエーテル
　　$H(CH_2CH_2O)_n\!\!>\!\!O$
　　$C_{10}H_{21}$

ン性のものとがある。どの界面活性剤にも共通している点は，構造中に親水性部分と親油性（疎水性）部分とをもつために，水と油の両方に対して強い親和性（両親媒性構造）をもつことである。

4.1　表面張力と界面張力

イオン性界面活性剤（例：AS）および非イオン性界面活性剤（例：AE）水溶液の，表面張力に及ぼす界面活性剤濃度の影響を図4-11に示した。いずれの場合にも，界面活性剤濃度が増すにつれて表面張力が低くなった後に，界面活性剤それぞれについて濃度がある値に達すると表面張力はほぼ一定となる。この現象は界面活性剤のイオン性・非イオン性に関係なく出現する。

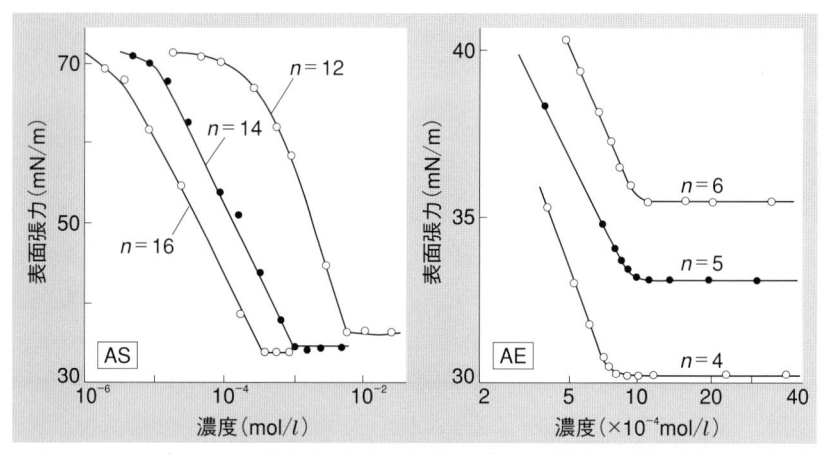

図4-11　AS（アルキル硫酸エステルナトリウム）およびAE（ポリオキシエチレンデシルエーテル）の表面張力-濃度曲線（20℃）
出典）北原文雄，玉井康勝ほか編：『界面活性剤』，講談社，p.48（1979）

ASではアルキル硫酸エステルナトリウムの親油基が長いものほど，AEではポリオキシエチレンデシルエーテルの親水基が短いものほど表面張力を下げる働きが強い。表面張力が一定になる界面活性剤濃度は同じ親水基をもつ同族列の界面活性剤でみると親油基の長いものほど低濃度になる。

界面活性剤水溶液の表面張力-濃度曲線は，共存する無機電解質の影響も受ける。図4-12は，ドデシル硫酸エステルナトリウム（SDS）水

SDS：ドデシル硫酸エステルナトリウム
　　$C_{12}H_{25}OSO_3Na$

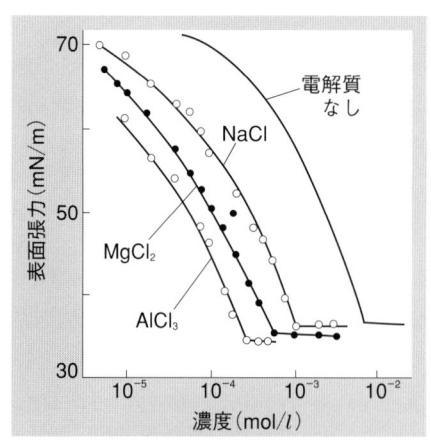

図4-12　SDSの表面張力-濃度曲線に及ぼす無機電解質の影響
出典）（図4-11と同じ），p.52

溶液の表面張力-濃度曲線に及ぼす無機電解質の影響を示したものである。

気体と液体という2つの相の界面に表面張力が存在しているように、一般に混ざり合わない2つの相の界面には必ず界面張力が存在し、相の一方が気体のときには前述のように表面張力とよんでいる（⇨ p.35）。したがって、表面張力と界面張力は本質的には同じである。

図4-13にはアルキル硫酸エステルナトリウム（AS）水溶液の n-ペンタンに対する界面張力を示した。

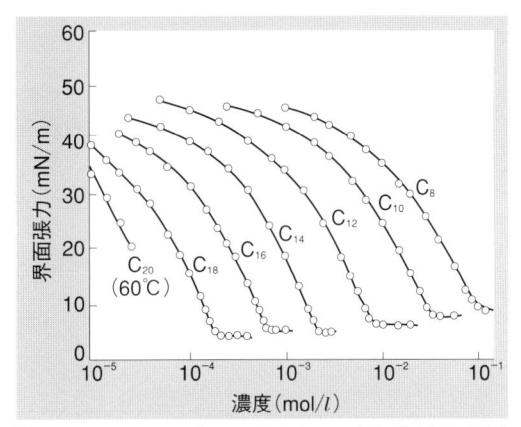

図4-13　n-ペンタンに対するAS水溶液の界面張力（C_8からC_{18}については50℃）
出典）早崎　泰：『新版　界面活性剤ハンドブック』、工学図書, p.86（1987）

表4-5　各種界面活性剤水溶液の表面張力および界面張力

界面活性剤	濃度(vol%)	pH	表面張力*(mN/m)	界面張力* (mN/m)	
				対パラフィン油	対工業用オレイン酸
オレイン酸ナトリウム	0.4	10.0	24.9	1.9	5.7
ドデシル硫酸エステルナトリウム	0.4	7.6	33.0	9.0	0.2
ジオクチルスルホこはく酸エステルナトリウム	0.4	4.7	27.4	3.5	1.2
POEオクチルフェニルエーテル	0.4	6.5	30.4	2.8	3.2
PEG脂肪酸エステル**	0.4	4.2	30.1	4.2	3.9

＊温度25〜26℃　＊＊PEG；ポリエチレングリコール（polyethyleneglycol）
出典）（図4-13と同じ）, p.115

表面張力の変化と同様に、界面張力が一定になる界面活性剤濃度は同じ親水基をもつ同族体の界面活性剤では親油基の長いものほど低濃度になる。表4-5に各種界面活性剤水溶液の表面張力および界面張力を示した。

グラフ上で、表面張力-濃度曲線が折れ曲がる点、つまり表面張力が一定になり始める濃度を**臨界ミセル濃度**（cmc；critical micelle concentration）とよぶ。cmcにおいては、図4-14に示した洗浄力、油の溶解度をはじめ、電気伝導度、粘度、浸透圧、濁度、その他のいろいろな性質が急変することが知られている。

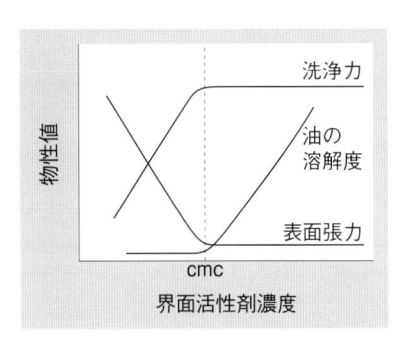

図4-14　界面活性剤水溶液の濃度と物性値の変化
出典）北原文雄：『界面活性剤の話』、東京化学同人, p.55（1997）

4.2　ミセル形成

界面活性剤の水溶液において表面張力が下がるのは、界面活性剤が水の表面で親油基を水から離すように配向し、親水基を水の方に向けて配向した吸着状態になるために、結果として高い表面張力を有する水の表面が低い表面張力を有する炭化水素と類似の表面に変わるためである。また、ある濃度以上になる

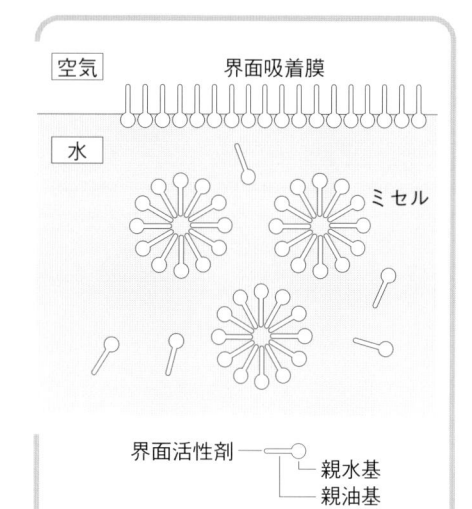

と，溶液内部には界面活性剤分子の会合体（ミセル：micelle）ができるようになる。図4-15は，cmc以上の濃度に調製した界面活性剤水溶液における界面吸着とミセルの模式図である。また，ドデシル硫酸ナトリウム（SDS）と同じ親油基 $CH_3(CH_2)_{11}-$ をもつ陰イオン，陽イオン，非イオンの各種界面活性剤について各々のcmc（mol/l）およびcmc付近における溶液中のミセル粒子の量（ミセル量）および会合数を表4-6に示した。

洗濯に使われている界面活性剤がつくるミセルの内部は親油基の集まりであるが，ここには油性汚れなど，水に溶けにくい物質も少量ではあるが溶かすことができる。これを可溶化（solubilization）という。図4-16にアルキル基の炭素数が7から13までの脂肪酸カリウムによる染料1-o-トリルアゾ-$β$-ナフトールの可溶化の例を示した。

図4-15　界面吸着膜とミセル
出典）松浦良平：油化学，34(67)，1985

親水基
- $-OSO_3^-$
  硫酸エステル
- $-N(CH_3)_3^-$
- $-COO^-$
  脂肪酸（解離）
- $-SO_3^-$
  スルホン酸エステル
- $-NH_3\cdot H^+$
  アミン
- $-NC_5H_5^+$
  ピリジニウム
  （↗）

表4-6　親油基一定鎖長の界面活性剤の性質（20～30℃）

界面活性剤	cmc（mol/l）	ミセル量	会合数（n）
$CH_3(CH_2)_{11}SO_4Na$	0.0081	18,000	62
$CH_3(CH_2)_{11}N(CH_3)_3Br$	0.0144	15,000	50
$CH_3(CH_2)_{11}COOK$	0.0125	11,900	50
$CH_3(CH_2)_{11}SO_3Na$	0.010	14,700	54
$CH_3(CH_2)_{11}NH_4Cl$	0.014	12,300	56
$CH_3(CH_2)_{11}NC_5H_5Br$	0.016	17,700	54
$CH_3(CH_2)_{11}N(CH_3)_2O$	0.00021	17,300	76
$CH_3(CH_2)_{11}O(CH_2CH_2O)_6H$	0.000087	180,000	400

出典）（図4-11と同じ）p.78

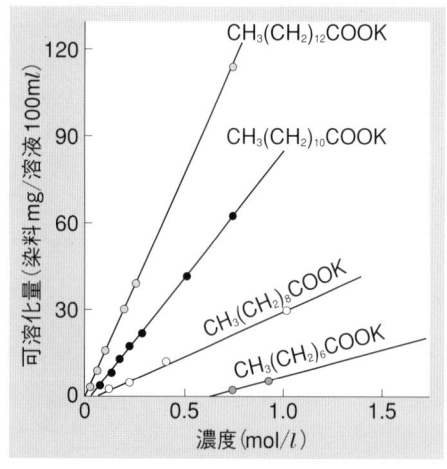

図4-16　脂肪酸カリウムによる染料（1-o-トリルアゾ-$β$-ナフトール）の可溶化
出典）（図4-11と同じ）p.80

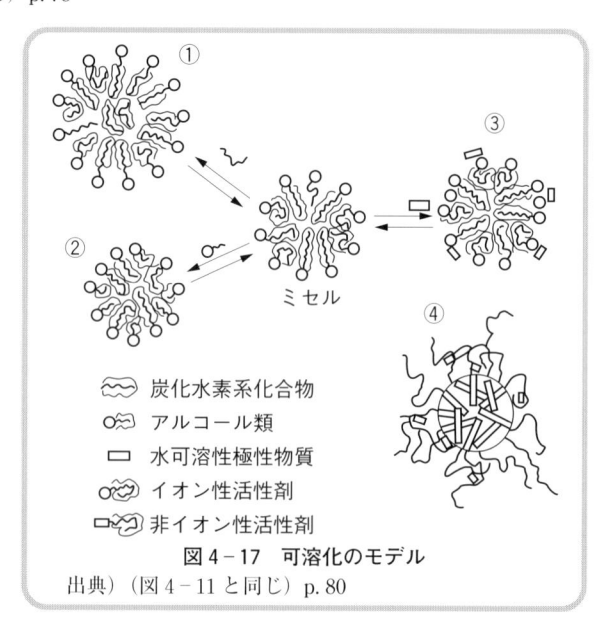

図4-17　可溶化のモデル
〜 炭化水素系化合物
∽ アルコール類
□ 水可溶性極性物質
〜 イオン性活性剤
〜 非イオン性活性剤
出典）（図4-11と同じ）p.80

●第4章　汚れ除去のメカニズム

ミセルの中に可溶化される物質の種類によって可溶化能に差がある。図4-17に可溶化のモデルを示した。①はミセル中心への可溶化，②は界面活性剤分子間への可溶化，③はミセル表面への可溶化，④は非イオン界面活性剤のエチレンオキシド中への可溶化である。非イオン界面活性剤は陰イオン界面活性剤に比べて会合数が大きいため，やや大きなミセルをつくるので，可溶化能が大きいことが知られている。

$-N(CH_3)_2\rightarrow O$
アミンオキシド
$-O(C_2H_4O)_nH$
ポリオキシエチレン

4.3　界面活性剤の水に対する溶解性

界面活性剤は水に溶けて初めて界面活性を呈するので，洗浄作用に効力を出すためには，水にすばやく大量に溶けることが要求される。各種界面活性剤の水に対する溶解度と温度との関係は，界面活性剤の種類によって異なる。

陰イオン界面活性剤は昇温につれて溶解度が大きくなり，一定温度以上で急に溶解度が増加する。この温度をクラフト点（Krafft point）という。図4-18は脂肪酸ナトリウムの水に対する溶解度を示したものである。陰イオン界面活性剤のミセルはクラフト点以上の温度で安定になる。この温度以下では溶解している界面活性剤のイオン濃度がcmcに達していないが，この温度でcmcに達してミセルが生成し始めるため，見掛け上溶解度が急増するのである。イオン性界面活性剤はこのクラフト点以上で使わないと，溶解度が小さく役に立たない。クラフト点は界面活性剤の結晶内の解離基間の結合の強さに依存するので，炭化水素鎖の長さが増すと高くなり，また対イオンの種類で違ってくる。

一方，ポリオキシエチレン型などの非イオン界面活性剤水溶液は，昇温によりエチレンオキシド基の酸素に配位している水分子がはずれて溶解度が減少するため，液は不透明になる。液が濁り始める温度を曇り点，または曇点（cloud point）といい，これは親水基の大きさやHLB値（親水親油バランス，⇨ p.21）によって変わり，共存する電解質の影響も受ける。したがって非イオン界面活性剤は，曇り点以下の温度で洗浄する方が有効である。表4-7には非イオン界面活性剤のHLBと曇り点との関係を，また図4-19には曇り点に及ぼす電解質の影響を示した。

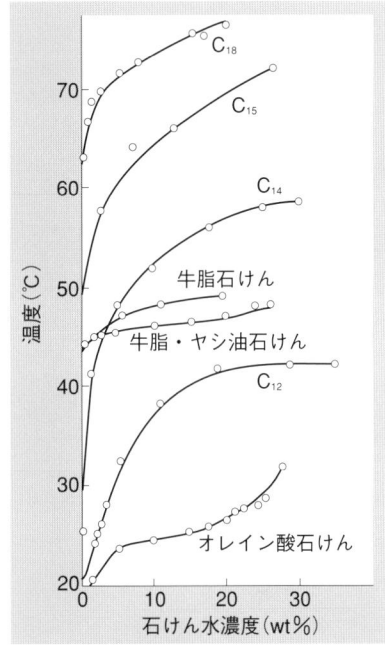

図4-18　脂肪酸ナトリウムの水に対する溶解度
出典）（図4-13と同じ）

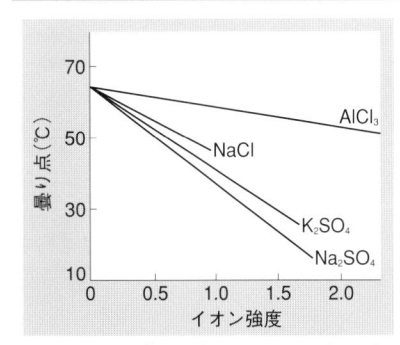

図4-19　ポリオキシエチレンオクチルフェノールエーテル（2％水溶液）の曇り点に対する電解質添加の影響
出典）（図4-13と同じ）p.53

ポリオキシエチレン
ノニルフェノール
エーテル

C_9H_{19}

〔ベンゼン環〕

$O-(C_2H_4O)_nH$

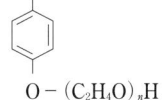

表4-7 APE（ポリオキシエチレンノニルフェノールエーテル）のHLBと曇り点

ポリオキシエチレンノイルフェノールエーテル		HLB*	曇り点（℃）
$n=8$	$C_9H_{19}C_6H_4O(C_2H_4O)_8H$	12.2	23.8
10	$C_9H_{19}C_6H_4O(C_2H_4O)_{10}H$	13.2	62.5
11	$C_9H_{19}C_6H_4O(C_2H_4O)_{11}H$	13.7	73.6
13	$C_9H_{19}C_6H_4O(C_2H_4O)_{13}H$	14.5	90.0
17	$C_9H_{19}C_6H_4O(C_2H_4O)_{17}H$	15.5	99.5
30	$C_9H_{19}C_6H_4O(C_2H_4O)_{30}H$	17.1	109
35	$C_9H_{19}C_6H_4O(C_2H_4O)_{35}H$	17.5	109.5
50	$C_9H_{19}C_6H_4O(C_2H_4O)_{50}H$	18.2	111
86	$C_9H_{19}C_6H_4O(C_2H_4O)_{86}H$	18.9	109

＊GriffinによるHLB値　$HLB = \dfrac{E}{5}$，Eはオキシエチレン鎖長の含量（重量）

出典）（図4-11と同じ）

4.4　その他の性質

　水に溶けた界面活性剤は水や油など，液体の表面ばかりでなく，水と固体との界面にも吸着する．洗浄においては繊維や汚れにも界面活性剤が吸着するために，汚れのついた繊維に対してぬれの促進，油性汚れの乳化，固体粒子汚れの懸濁・分散などの現象を引き起こす．

　図4-20には，LASの各種繊維に対する吸着性を示した．陰イオン界面活性剤は毛やナイロンによく吸着するが，アセテートや綿には吸着量は少なく，特にポリエステルにはほとんど吸着しない．一方非イオン界面活性剤はある濃度以上になるとポリエステルによく吸着するようになる．

　図4-21に非イオン界面活性剤の付加モル数と羊毛布に対する吸着量との関係を示した．6モルまでは吸着量は多いが10モル以上では急に減少することが

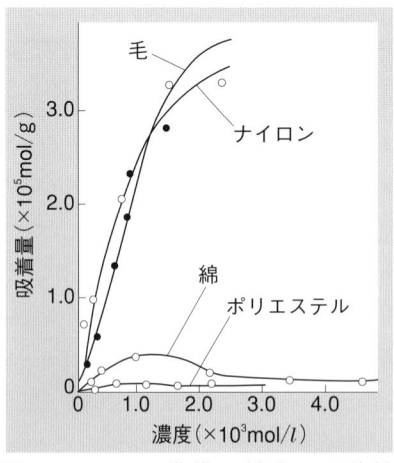

図4-20　LASの繊維に対する吸着性
（30℃）
出典）阿部芳郎：『洗剤通論』，近代編集社
（1985）

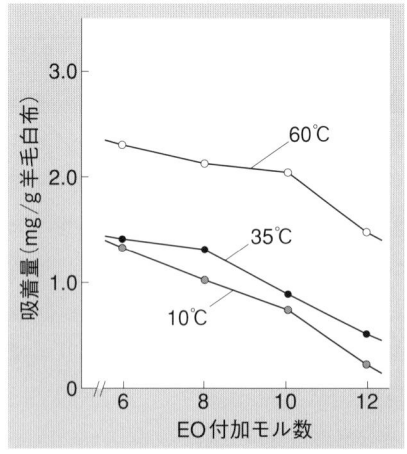

図4-21　非イオン界面活性剤の羊毛布に
対する吸着量（初濃度0.4 g/l）
10～60℃
出典）（図4-20と同じ）

図4-22 泡，エマルション生成のモデル図

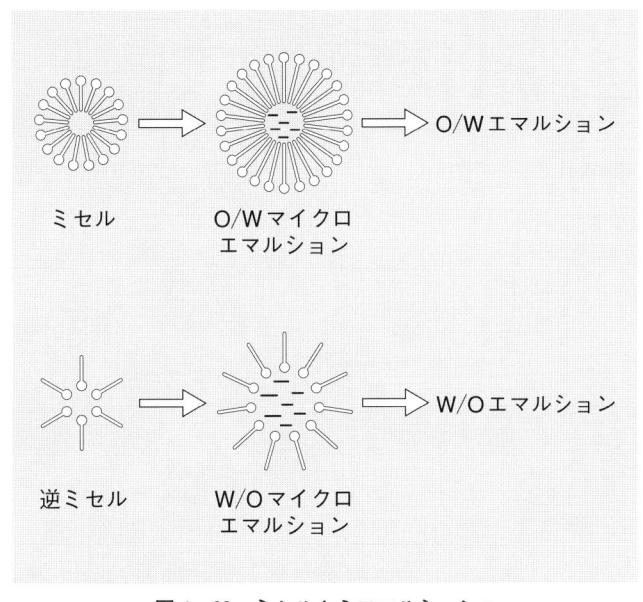

図4-23 ミセルからエマルションへ
出典）（図4-15と同じ）

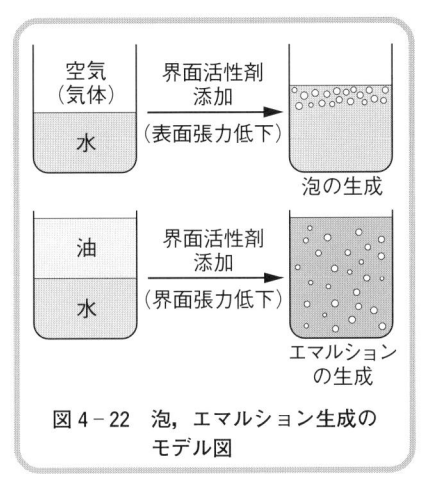

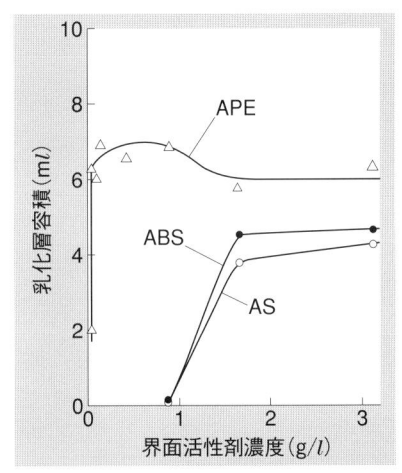

図4-24 陰イオン，非イオン界面活性剤の流動パラフィン乳化力
出典）亀ほか：油化学，12，173（1963）

わかる。

また泡および乳化の生成モデルを図4-22に，ミセルをもとにしてマイクロエマルション（または，ミクロエマルション），エマルションと次第に大きくなっていくようすを図4-23に，各種界面活性剤による流動パラフィンの乳化力の違いを図4-24に示した。

5. 機械作用

一般に洗浄は大量の溶媒（水，有機溶剤など），洗剤および機械力を組み合わせて行われる。布から汚れを除去するためには，洗剤（界面活性剤）の働きが有効であるが，常温程度の洗浴中に浸漬しておくだけでは，十分に汚れを除くことは望めず，外力（機械力）を加えることが不可欠である。

家庭の洗濯では，手でもんだり，電気洗濯機を用いて機械力を加えている。洗浄における機械作用に関しては，いろいろな研究が行われているが，実際の洗濯時の機械力と結びつけるには，まだ困難な点が多い。

洗浄力と機械力との関係について注目されてきた論文に1970年代に発表された機械力に関する柏らの報告[2]および小林らの報告[3]がある。柏らの報告は攪拌型の洗浄力試験機（Terg-O-Tometer）を用い，回転数を変化させることに

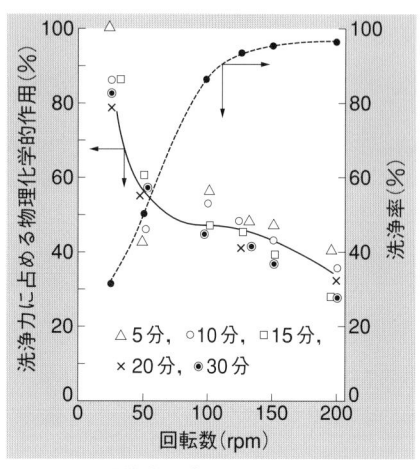

図4-25 洗浄力に占める洗剤の物理化学的作用と機械作用の割合（ターゴトメーター使用）
凡例：△5分，○10分，□15分，×20分，◉30分
出典）柏一郎ら：油化学，20，304（1971）

よって機械力を変え，洗剤濃度，温度，水の硬度，浴比は一定とした条件下で5～30分間の洗浄力試験を実施した。洗剤を使用せずに水のみで得られた洗浄率と，洗剤を用いた場合の洗浄率との差から，汚れ除去に寄与する洗剤の物理化学的作用と洗濯機などによる機械作用（mechanical action）との割合を検討したものである。図4-25にその結果を示した。

機械力が極端に少ない条件では，洗剤の作用に負うところが多いが，機械力が大きくなるに従って，すなわち回転数が増すにつれて，洗剤の物理化学的作用の寄与が減少していく。家庭用撹拌式電気洗濯機の回転数に相当すると考えられる条件下（100～150 rpm，10分間）では汚れ除去に寄与する洗剤の物理化学的作用が40～50％であることから，家庭洗濯では洗剤の力と機械力がほぼ同程度の寄与をしていると推定している。

小林ら[3]は，全自動洗濯機（渦巻き式，一槽式）の機械力構成を分析し，摩擦力（布とプラスチック），摩擦力（布と布），摩擦力（布と水），曲げ力，引張り力，衝突力に着目し，図4-26に示した各力の単体機械力発生装置のモデルをつくり，この各種装置によりカーボンブラック，流動パラフィン，牛脂極度硬化油から調製した日本油化学協会法人工汚染布に対する洗浄力実験を試み，各単体機械力と洗浄率および布の損傷との関係を調べた。

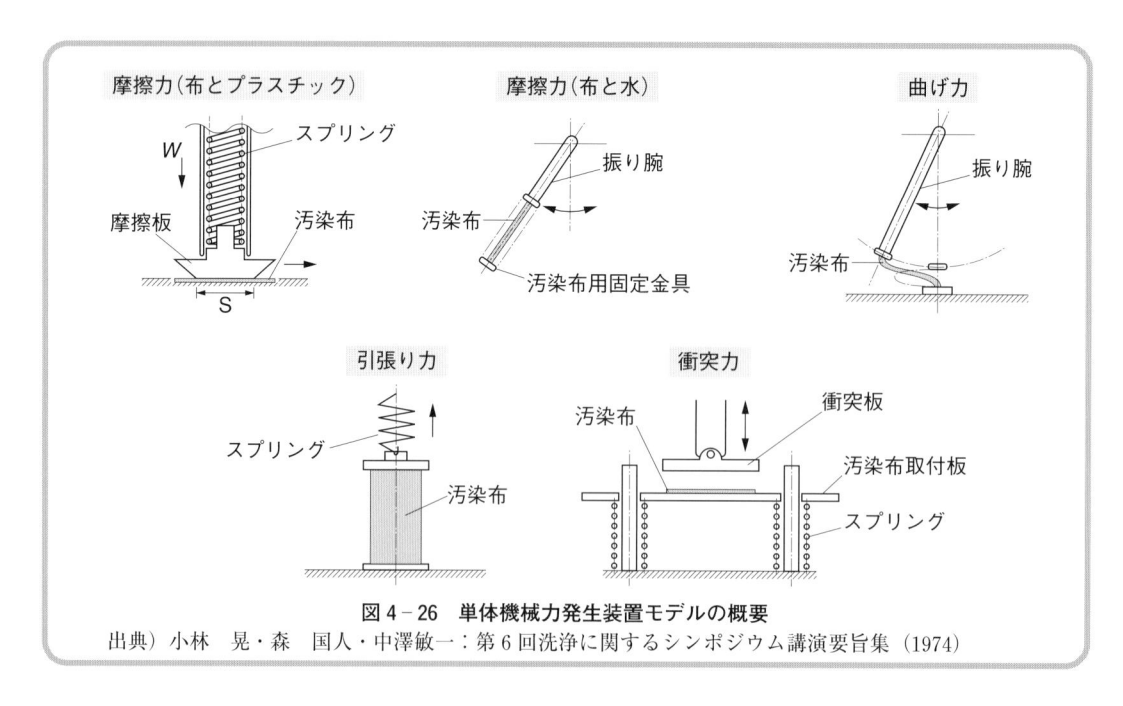

図4-26 単体機械力発生装置モデルの概要
出典）小林　晃・森　国人・中澤敏一：第6回洗浄に関するシンポジウム講演要旨集（1974）

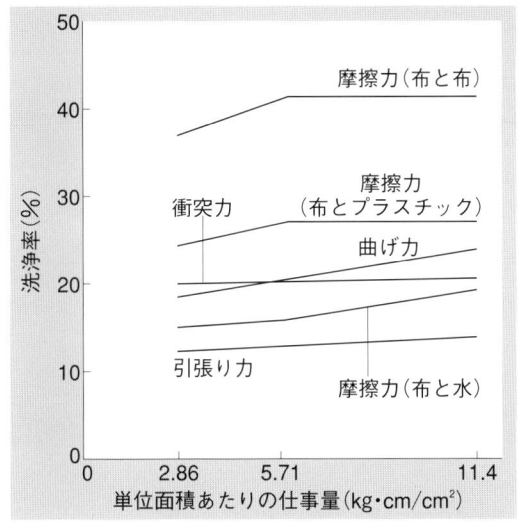

図4-27 各種単体機械力が布に与える仕事量と洗浄率
出典）（図4-26と同じ）

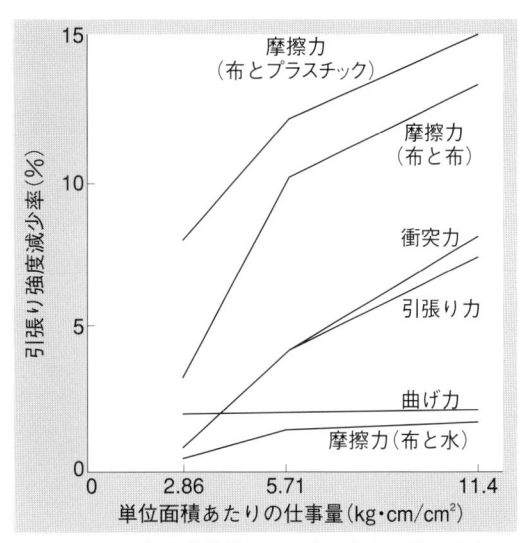

図4-28 各種単体機械力が布に与える仕事量と布の損傷
出典）（図4-26と同じ）

洗浄率は汚染布の表面反射率変化から算出し，布の損傷は30℃での水洗いを15サイクル繰り返した試料についてショッパー型引張り試験機による引張り強度を測定し，この強度の変化率から算出した。各々の機械力について比較するために，各機械力の仕事量を一定にした上で洗浄率および布の損傷を求める方法をとっている。

図4-27，図4-28はそれぞれ各種単体機械力が布に与える仕事量と洗浄率，および布の損傷を示したものである。布と布との摩擦力および布とプラスチックとの摩擦力は洗浄率が高く，洗浄に有利ではあるが布の損傷も著しかった。曲げ力や布と水の摩擦力は，洗浄力は中程度であったが布の損傷は少なかった。これらの結果をもとに布の損傷が少なく高洗浄率の得られる洗濯機としては，布に対していかに曲げ力を与えるかが重要であると結論づけている。

一般に，機械力が増せば洗浄力は増大するが，布の損傷も大きくなることはいうまでもない。したがって，両者のかねあいを考えることが必要であり，できるだけ布を損傷せずに，有効な機械力を加えることができるような工夫が求められている。

また，機械力が増すと洗剤の泡立ちも大きくなり，そのための機械力の損失も大きい。また，機械力と汚れの再付着との関連も無視することはできず，汚れ濃度が増すと機械力の寄与率が大きくなり，洗浴中に存在するナイロン，ポリエステル類に対しては汚れが再付着しやすくなる等の現象が確認されている。

近年，機械力の評価として汎用されるようになったMA値（⇨ p.63）を導入する等の試みにより，実用条件とのかかわりの中で機械力に関する解明を期待したいところである。

文献

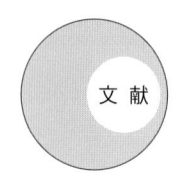

1) H. Lange ; "Solvent Properties of Surfactant Solutions", ed. by K. Shinoda, 117-188, Marcel Dekker Inc., New York（1967）
2) 柏　一郎・平林　隆・角田光雄・大場洋一：油化学, 20, pp. 304〜309（1971）
3) 小林　晃・森　国人・中澤敏一：第6回洗浄に関するシンポジウム講演要旨集, pp. 31〜36（1974）

第5章 洗浄力の試験法

　衣類は繰り返し着用するものであるから，日常の衣生活を円滑に行うためには効率の良い洗濯方法が求められる。

　しかしながら着用する衣類についてみると，素材，加工，構成，裁縫等がさまざまであり，着用によって付着する汚れの種類，付着量の多少，付着部位，付着後の変性なども一様ではない。

　洗濯に使う水は各国（または各地）の給水事情によって硬水であったり軟水であったりする。洗濯に不可欠な洗剤についてみても，成分を構成する物質の種類，組成などが多種多様である。特に洗濯については従来からの攪拌式，ドラム式，渦巻き式に見られたそれぞれの基本的な機械力による洗浄に加え，別の装置を付加した機種が種々登場するようになったが，付加した装置によってどのくらい洗浄力が増加したかについては明確に示されていない。

> 洗濯機
> 第3章（⇨ p.30）

　しかしながら，日常的に洗濯を行っている生活者にとっては，少量で汚れがよく落ち，自然環境を汚染することが少なく，人体に対して安全で，しかも安価な「洗剤」に関する情報，および，衣類を傷めずに汚れをよく落とし，消費電力量および水の使用量が少なく，人体に対して安全性が確保されており，しかも長期間安定に使用することができる「洗濯機」に関する情報が不可欠である。

　そこで市場に出回っている多種の洗剤の性能を比較したり，機能の異なる多種の洗濯機を比較検討するためには，それぞれの目的にあった試験方法が必要である。現在いくつかの試験方法が規格化されているが，それぞれ一長一短があり試験法として確立されているとは言い難い状況にある。

1. 洗濯のモデル化

　試験の目的に応じては，試験に供される被洗物（衣類および汚れ），洗剤，洗濯機，洗濯用水，洗濯条件等についてのモデル化が必要になってくる。

1.1　被　洗　物

洗剤に関する洗浄力試験を目的とした実験における被洗物としては，
① 　着用後の衣類等をそのまま用いる場合
② 　模擬洗濯物（図5-1）または白布等に汚染布を縫いつけて被洗物とする場合

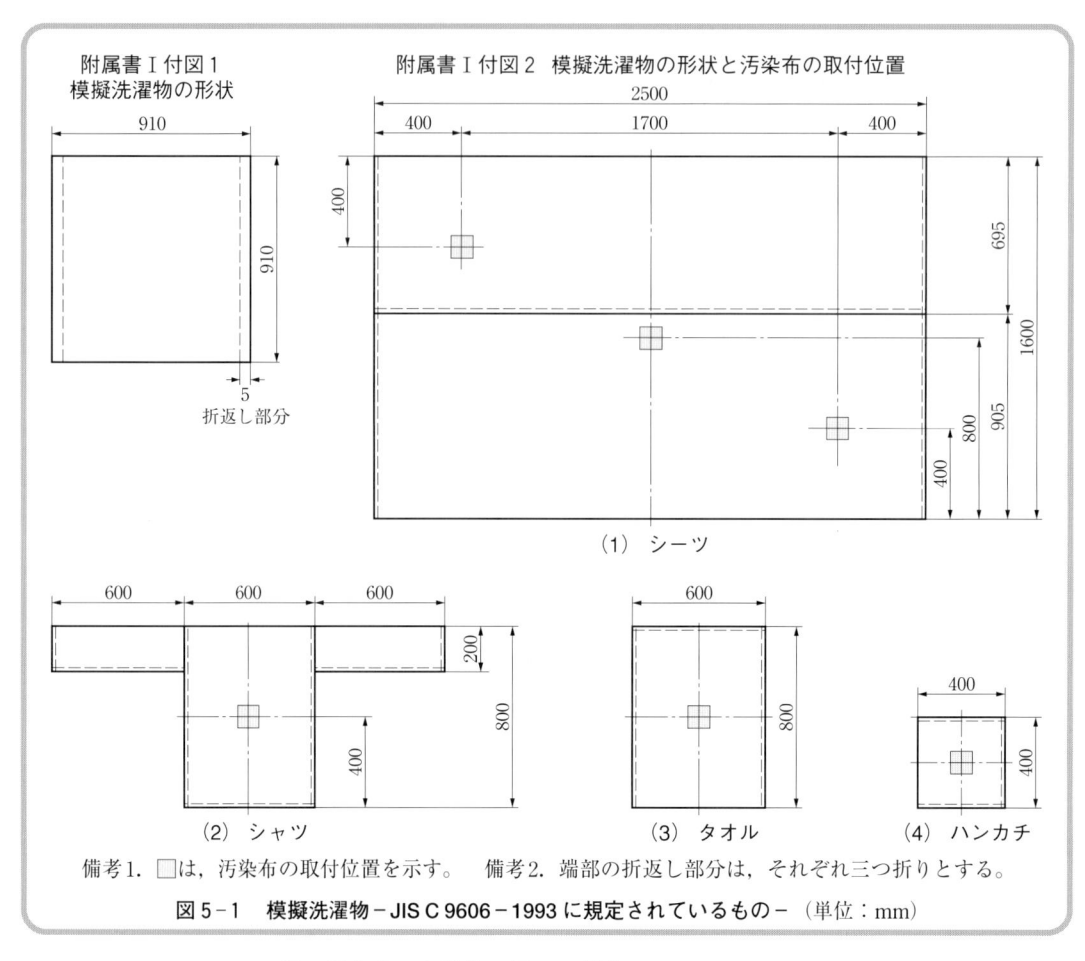

図5-1 模擬洗濯物－JIS C 9606-1993 に規定されているもの－（単位：mm）

附属書I付図1 模擬洗濯物の形状
附属書I付図2 模擬洗濯物の形状と汚染布の取付位置

(1) シーツ
(2) シャツ
(3) タオル
(4) ハンカチ

備考1. □は，汚染布の取付位置を示す。　備考2. 端部の折返し部分は，それぞれ三つ折りとする。

　③　汚染布のみ単独で用いる場合

がある。

　汚染布としては，あらかじめ白布等を衣類に縫いつけておき，着用後に汚れた白布を取り外して，

　①　これを被洗物とする場合（例えば襟垢布など）
　②　試験の目的に応じた汚れの成分を組み合わせ，それらを白布（被洗物として望ましい素材の白布）に均一に付着させたもの（人工汚染布[*1]）を汚染布とする場合

等がある。

---

*1　人工汚染布とは，一定の組成のモデル汚れ成分を綿または他種の組成からなる白布に対して均一に付着させたものをいう。多数の汚染布を一度に調製することができ，汚れの程度（例えば表面反射率）を機器（表面反射率計）によって計測し，数値化することが容易である。また，得られた結果に対して，洗浄にかかわった因子を解析することも可能である。しかしながら，汚れ成分の種類により同一の洗剤に対しても洗浄性の評価が異なったり，着用して汚れた衣料を洗った場合と異なる評価が得られる場合があるなどの短所がある。したがって種類の異なる洗剤間の洗浄力を比較するために人工汚染布を利用することは避けなければならない。

●第5章　洗浄力の試験法

また，被洗物の損傷や機械力を評価することを目的とする洗浄力試験に対しては，上記の被洗物の他に，
① 羊毛収縮試験布を加えた試験
② MA 試験布を加えた試験

などを実施する場合もある。さらに被洗物の重量を調節する場合にはこれらの他に補助布を加える。

　被洗物として，①を採用している例としては，アメリカで規格化されている「管理された条件下で衣料を実際に着用または使用後洗濯する方法」（ASTM D-2960-98；American Society for Testing and Materials）（通称，バンドルテスト法）がある（⇨ p. 61）。

　日本工業規格の合成洗剤試験方法 JIS K 3362 の 9.1 衣料用合成洗剤の洗浄力評価法では汚染布として①を採用している。これは2枚に裁断した試験布を縫い合わせたもので襟布を作り，これを作業着またはワイシャツなどの着衣の襟の折り目をまたいでボタンまたは両面テープを用いて固定し，2日から7日間着用させて作製した襟垢布を用いる。縫い目を中心としてできるだけ左右均等に汚染されているものを選別し，さらに汚れの程度に応じて大汚れ，中汚れ，小汚れの3段階に区分し，それぞれの段階の襟垢布を5枚ずつ，計15枚を用意した後，縫い目を解き2組に分け，試験に用いる。

　汚染布として②の人工汚染布を用いると，再現性の良い洗浄力試験が容易にでき，定量的に洗浄力をとらえることができるので一般的な方法として実施されている。人工汚染布として市販されている外国製のものは汚れの種類や付け方，試験布の組成や加工等，多種多様であるが，日本国内で調製されているものは湿式人工汚染布として㈶洗濯科学協会から販売されているもののみである。表5-1に代表的な人工汚染布の一覧表を示した[*1]。

　羊毛収縮試験布の例としては，ウールマーク試験方法「羊毛繊維製品の洗濯性能」で緩和寸法変化率およびフェルト寸法変化率を測定する A1 標準布がある。

　デンマークの技術研究所（Danish Technological Institute Clothing and Textile Institute）の MA 試験布（The Mechanical Action Test Piece）は機械作用を推定する試験布の代表例である。家庭用洗濯機用の試験布は，400 mm×400 mm の平織り綿白布に直径 35 mm の丸い穴が5個空いている試験布である（⇨ p. 63）。

MA 試験布
⇨ p. 63

緩和寸法変化率
　製造工程中に受けた歪の解除に伴う寸法変化率のこと。ISO 6330 7A の洗濯サイクルによって評価する。

フェルト寸法変化率
　水洗い洗濯によって羊毛繊維が次第にからみ合い発生する不可逆的変化率。

[*1] 実験の目的により，個々のモデル汚れを用いた人工汚染布が用いられている。例えば，固体粒子汚れの洗浄性を調べるためには，カーボンブラック，酸化第二鉄，フェリックオキシネート，ガラス球，ポリスチレンラテックスなどを用いた例が報告されている。また，たんぱく質汚れには卵白，牛乳，血液，ゼラチンなど，油性汚れには各種脂肪酸，油脂などのモデル汚れを付着させた人工汚染布が用いられている。

表5-1 市販人工汚染布の例

作成機関	汚染布	汚垢成分	汚染方式	表面反射率
(財)洗濯科学協会 （日本）	湿式人工汚染布	オレイン酸 28.3，トリオレイン 15.6， コレステロールオレート 12.2， 流動パラフィン 2.5，スクアレン 2.5， コレステロール 1.6，ゼラチン 7.0， 赤黄色土 29.8，カーボンブラック 0.5	湿式	40±5
Testfabrics Inc. (U.S.A)	汚染綿布（405）	鉱油，植物油，オレイン酸，カーボンブラック，水，その他捺染糊など	捺染 （片面）	27±2
Eidgenossiche Materials Prufungs Anstalt （EMPA Switzerland）	EMPA 101 111 112 114 116	EMPA標準汚垢（オリーブ油，カーボンブラック） 血液 ココア，砂糖，ミルク 赤ぶどう酒 血液，ミルク，カーボンブラック	湿式	15±2 13±2 24±2 45±3 10±2
Wascherei Forschung Institute of Krefeld （Germany）	WFK 10 C 10 F 10 K 10 L	WFK標準汚垢（カオリナイト，カーボンブラック，黒色酸化鉄，黄色酸化鉄） ココア コーヒー 赤ぶどう酒	スプレー （片面）	41±1 53±2 54±4 55±1

出典）永山升三：繊維製品消費科学，22，p.269（1981）

1.2 標準洗剤

市販品の洗剤の洗浄力を試験する場合には当然のことながら市販品を用いるが，その洗剤の洗浄力が一定の水準に達しているかどうかを判定するためには，基準となる洗剤の組成を定め，これとの比較試験をしなければいけない。

例えば，前述の合成洗剤試験方法 JIS K 3362 では 9.1 の 10）洗浄力判定用指標洗剤としては，直鎖アルキルベンゼンスルホン酸ナトリウム，けい酸ナトリウム，炭酸ナトリウム，カルボキシメチルセルロースナトリウム，および硫酸ナトリウムを 15：5：7：1：55 に混合して調製したものと，ゼオライトとを 83：17 に混合したものを用いる。

1.3 標準洗濯機

個々の市販洗濯機について洗浄力を試験する場合には機種によるばらつきや，マイコンのコントロールによるばらつき等のため相当幅があり，その機種での実験結果の域を出ない場合があるので，再現性等について十分に検討する必要がある。標準洗濯機として代表的なものは，国産としては日本工業規格「電気洗濯機」JIS C 9606（8.12 脱水性試験，8.13 すすぎ性試験，8.14 洗濯性能試験 ⇒ 資料編 p.138－141）に規定されている攪拌式の標準洗濯機（図5-2）があり，国外の標準洗濯機としては ISO に規定されているドラム式の Wascator FOM 71MP（図5-3）などがある。

実際の洗濯機の規模を縮小しモデル化した洗浄力試験機としては図5-4 に示した2機種（回転ドラム型に類似したランダオメーター（Launder-O-meter）と，

図5-2　標準洗濯機 - JIS C 9606 - 1993 - （単位：mm）

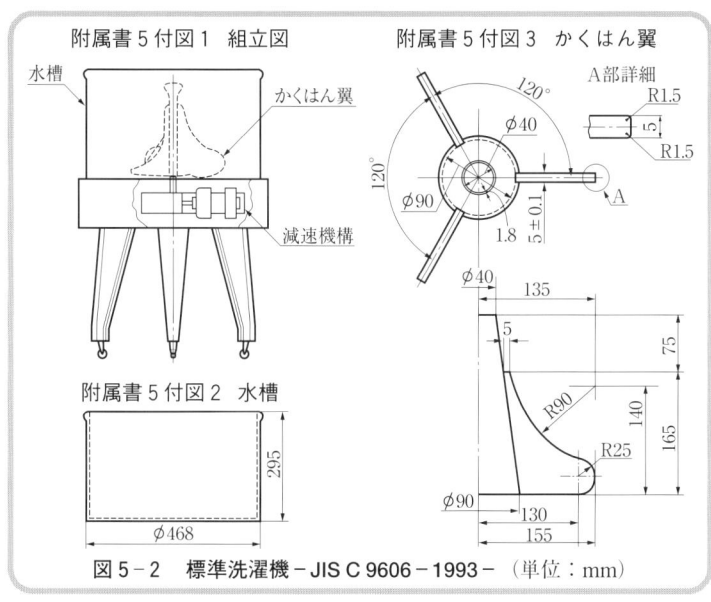

図5-3　標準洗濯機 - FOM 71 MP - Lab（Wascator）-

攪拌式に類似したターゴトメーター（Terg-O-Tometer））がある。前者は試験中に布折れが生じたりするためにばらつきが大きくなりやすく精度が良くないが，後者は攪拌式ではあるがデータの再現性が良いため洗浄力試験機として汎用されている。

Launder-O-meter　　　Terg-O-Tometer

図5-4　洗浄力試験機

1.4　洗濯用水

各家庭に供給されている上水道の平均硬度は国内の80％の地域で4度以下の軟水であることから，塩化カルシウムで調製した硬度5度の洗濯用水による洗浄力試験が一般的である。

1.5　洗濯条件

洗浄力に寄与する因子として，洗剤の種類および濃度，洗濯時間および温度，機械力の種類，一度に洗濯する被洗物の量と洗濯液量との比率，洗濯の繰り返し回数などが考えられる。洗浄力試験ではこれらの条件を設定してから実施する。

1. 洗濯のモデル化

2. 汚染度の表示法

2.1 表面反射率に基づく表示法

布上に汚れが付着すると黒ずみや白度低下を生じ，視覚的に汚染の度合い（汚染度）を知ることができる。汚染度の評価には，表面反射率の測定による方法が最もよく行われている。表面反射率 R（reflectance）は，図5-5に示すような入射光の強度 I_0 と反射光の強度 I との比として(1)式で表され，完全な白は100％，完全な黒は 0 ％と定義される。

$$R\,(\%) = 100 \times \frac{I}{I_0} \qquad\qquad\cdots\cdots\cdots(1)$$

図5-5 物体表面での光の反射

図5-6 人工汚染布の汚れ（フェリックオキシネート）の付着量と表面反射率の関係
出典）日本繊維機械学会編：『最新被服学』（1968）

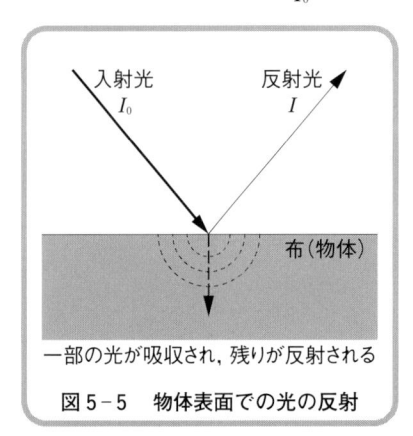

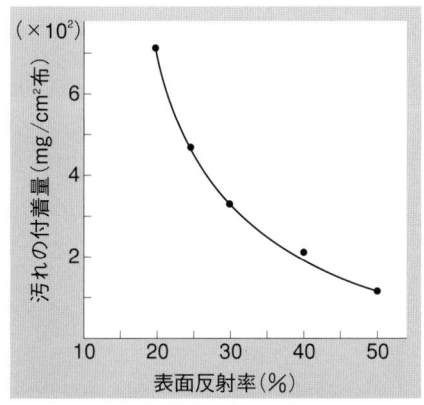

表面反射率 R と布の汚染度との関係を調べると，必ずしも直線関係は得られない。例えば，図5-6に，黒色のフェリックオキシネート粒子を汚れに用いた場合の表面反射率と汚れの付着量との関係を示したが，汚れの付着量が増すと表面反射率は低下するが，両者の間に直線関係は成立していないことがわかる。

また，一般には汚れ粒子の投影面積が表面反射率の低下に寄与するので，付着量が同一でも，粒子が小さくなると，比表面積が増加し，粒子が大きい場合より表面反射率は低くなる。つまり絶対的な付着量が少なくても粒子が小さい場合には，汚染度は大きくなってしまう。

Utermohlenら[*1]は，一定の形状の汚れ粒子が白布の表面に付着しているとき，表面反射率 R と汚れの付着量 G との間には(2)式の対数関係が成立すると報告している。

$$R = -A \log G + B \qquad\qquad\cdots\cdots\cdots(2)$$

A，B は布の種類と汚れの種類との組合せによって決まる定数

[*1] Utermohlen, K. Durham：Surfactant Activiy and Detergency, Macmillan & Co, LTD（1961）

この式は限られた範囲まではよく合う実験式である。

また，(3)式は，表面反射率（この場合は，$R=I/I_0$）と汚れの付着量との関係をよく表す式として用いられている Kubelka-Munk の式である。

$$\frac{K}{S} = \frac{(1-R)^2}{2R} \quad \cdots\cdots\cdots(3)$$

　　K：ある単色光に対する光吸収係数（coefficient of reflectivity）
　　S：光散乱係数（coefficient of light scattering）

K は布上の光吸収物質（着色した汚れ粒子）の量に比例して増加する。汚れ粒子の形状が一定であれば，S は不変であるので，K/S は汚れの量に比例することになる。したがって，原白布，汚染布の K/S をそれぞれ $(K/S)_0$，$(K/S)_S$ とすれば，汚れの付着量 G は次式のようになる。

$$G = C\left\{\left(\frac{K}{S}\right)_S - \left(\frac{K}{S}\right)_0\right\} \quad \cdots\cdots\cdots(4)$$

　　C：測定に使用した単色光の波長によって定まる比例定数

図 5-7 は，床敷物からの塵汚れによる綿布の汚染性テストに用いた検量線の例を示したものである。K/S 値と汚れの定量値との間に，直線関係が得られている。

以上の汚染度の表し方の他に汚れの付着の程度を表す方法として，(5)式の汚染度（D. S.；degree of soiling）や(6)式の汚れ付加濃度（S. A. D.；soiling additional density）が簡便な方法として用いられている。

$$D.\,S. = 100 \times \frac{R_0 - R_S}{R_0} \quad \cdots\cdots(5)$$

$$S.\,A.\,D. = \log\left(\frac{1}{R_S}\right) - \log\left(\frac{1}{R_0}\right) = \log\left(\frac{R_0}{R_S}\right) \quad \cdots\cdots\cdots(6)$$

　　R_0：汚染前の白布の表面反射率
　　R_S：汚染後の白布の表面反射率

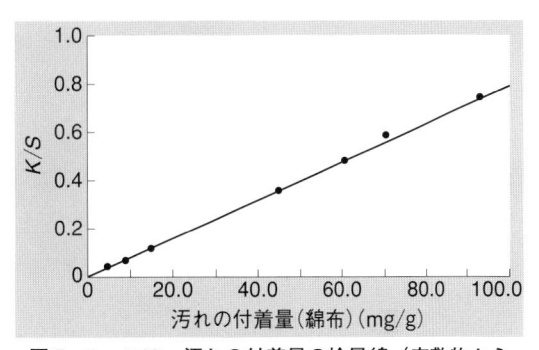

図 5-7 K/S－汚れの付着量の検量線（床敷物からの塵汚れによる綿布の汚染）
出典）W. S. Smith：*J. Am. Oil Chem. Soc.*, 45, p. 83, (1968)

2.2　化学的な分析法による表示法

汚れの特定成分の定量には，化学的な分析法が用いられる。油脂汚れは有機溶剤で抽出した後，単分子膜レンズ法，ガスクロマトグラフ法，液体クロマトグラフ法などにより定量することができる。酸化鉄やフェリックオキシネートなどには吸光光度分析法が利用され，無機質汚れは特定の元素をフレーム分析，原子吸光分析などにより定量することができる。これらの化学的な定量法においては，汚染度を試験布の単位面積当たりの汚れ重量で表示している。

3. 洗浄力の評価方法

洗浄力の評価は，視感判定のほか，表面反射率，汚れ成分の定量などによる方法が行われている。

3.1 視感判定による方法

バンドルテストや襟垢布を用いる洗浄力試験では，指標洗剤で洗浄したものと，供試洗剤で洗浄したものとを1対ずつ比較し，視感判定をする方法が行われている。この方法は，熟練した3人以上のパネラーによって行われる。

3.2 表面反射率による方法

洗浄前後の人工汚染布の表面反射率から，(7)式により洗浄率 D を算出する方法と，(3)式の K/S から(8)式により洗浄率 D を算出する方法がある。(8)式の方が一般的である。

$$洗浄率\ D(\%) = \frac{R_\mathrm{w} - R_\mathrm{S}}{R_0 - R_\mathrm{S}} \times 100 \quad \cdots\cdots(7)$$

R_0：原白布の表面反射率
R_S：人工汚染布の洗浄前の表面反射率
R_w：人工汚染布の洗浄後の表面反射率

$$洗浄率\ D(\%) = \frac{\left(\frac{K}{S}\right)_\mathrm{s} - \left(\frac{K}{S}\right)_\mathrm{w}}{\left(\frac{K}{S}\right)_\mathrm{s} - \left(\frac{K}{S}\right)_0} \times 100 \quad \cdots\cdots(8)$$

$\left(\frac{K}{S}\right)_0$：原白布の $\frac{K}{S}$ 値
$\left(\frac{K}{S}\right)_\mathrm{s}$：人工汚染布の洗浄前の $\frac{K}{S}$ 値
$\left(\frac{K}{S}\right)_\mathrm{w}$：人工汚染布の洗浄後の $\frac{K}{S}$ 値

3.3 汚れ成分の定量による方法

既知量の汚れを付着させた人工汚染布を洗浄後，残留している汚れ量を化学的に定量分析し，その差から除去量，除去率を算出する方法である。

表面反射率による方法では無色の汚れには用いることができず，また汚れ粒子の粒度により，表面反射率が影響を受けるので真の汚れ量と対応しない場合がある。これに対し，定量による方法は無色の汚れにも適用でき，真の除去量（除去率）が得られる利点がある。

4. 規格化されている洗浄力試験方法

4.1 実生活に近い方法での試験（バンドルテスト）（ASTM D-2960）

アメリカのASTM（American Society for Testing and Materials）で提唱されたバンドルテスト（bundle test）とよばれる試験方法で，次のように標準化されている。

成人の男女と1人以上の子どものいる家族10世帯を単位とするパネラーが着用した被服を，家庭用洗濯機で洗濯する。4人の家族の洗濯物として，表5-2の被服を各家庭にa，b同じものを2組ずつ配り，指示通りに着用してもらう。

表5-2の被服ほか，浴比を規定通りとするための補助布として，一定の被服を用いる。2組の被服のうち，1組を基準の洗剤(a)，他の1組を実験の対象とする洗剤(b)で洗濯し，着用・洗濯を少なくとも10サイクル実施する。

洗濯は，用水の硬度，温度，洗剤濃度などを一定とした条件下でよく管理して研究機関で行う。

洗濯後はアイロン仕上げを行い，視覚による評価を行う。

評価は布の色，手ざわり，におい，清浄度，白さ，つやの6項目について，a，bの洗濯物を比べ，aを基準とし，bがaと同じ場合に0，優れている場合に+1，+2，+3，劣る場合に-1，-2，-3，の評価尺度を用いる。

結果は統計的に処理し，a，bで用いた洗剤の差を検定する。

表5-2　バンドルテストに用いる被服

枕カバー（ポリエステル・綿混）	4枚
洗面用タオル（綿）	4枚
手拭用タオル（綿）	4枚
子ども用パンツ（綿）	3枚
シーツ（ポリエステル・綿混）	1枚
Tシャツ（ポリエステル・綿混）	3枚
ワイシャツ（ポリエステル・綿混）	2枚
スリップ，ナイトガウンまたはパジャマ（化繊）	2枚

4.2 襟垢布を用いる洗浄力評価方法（JIS K 3362-1998）

衣料用合成洗剤の洗浄力評価方法として採用されている試験方法である。

襟垢布を図5-8のように作成する。左右同程度に汚れているものを，汚れの程度に応じて3段階に分け，それぞれの段階の襟垢布を5枚ずつ，計15枚を1条件の試験に用いる。

左右15枚ずつ2組の襟垢布の一方を洗浄力判定用指標洗剤，他を試料洗剤で，

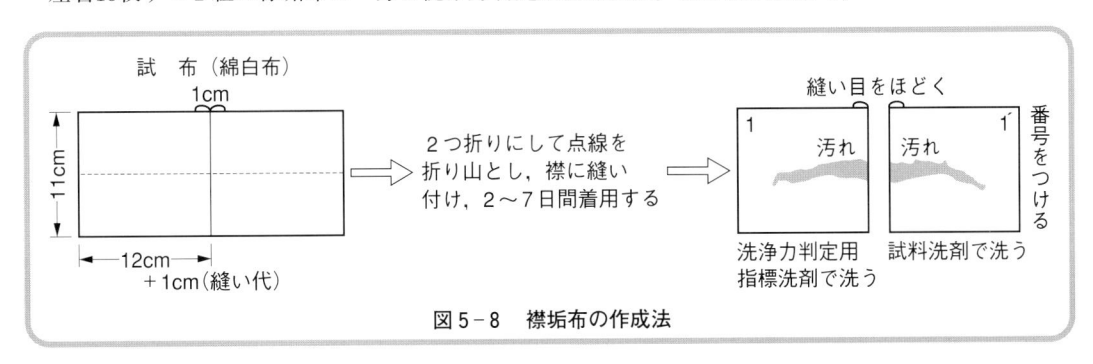

図5-8　襟垢布の作成法

表5-3 JIS K 3371 の条件

洗浄力判定用指標洗剤			洗剤条件	
	LAS（純分50%）	15部	洗剤濃度	洗浄力判定用指標洗剤は0.133%，試料洗剤は標準使用濃度とし，硬度5度の水に溶かす
	ゼオライト	17		
	けい酸ナトリウム	5	液量	1 l
	炭酸ナトリウム	7	温度	30℃
	CMC	1	時間	10分（回転速度 120±5 rpm）
	硫酸ナトリウム	55		
	蛍光増白剤*		すすぎ	硬度5度，温度30℃の水で3分2回

＊試験対象物に蛍光増白剤が含まれている時には蛍光増白剤 0.5 wt%を入れてもよい。

撹拌式洗浄力試験機（一般にはターゴトメーター）を使用し，表5-3の条件で洗浄する。すすいだのち風乾して，対照の布を再び縫いあわせ，アイロン仕上げをしたのち，洗浄力の評価を行う。洗浄力の判定は目視による。洗浄後縫いあわせた襟垢布について，洗浄力判定用指標洗剤で洗ったものに対する試料洗剤で洗ったものの洗浄性を5段階に視感判定し，シェッフェの一対比較法に準じた方法で解析し，有意差検定を行う。以下にその例を示す。

【解析例】 シェッフェの一対比較法

(1) 3人の判定者が15枚の襟垢布について，試料洗剤で洗ったものを洗浄力判定用指標洗剤で洗ったものと比較して，次のように評価する（1枚の襟垢布を別々に3人が評価）。

明らかに劣る場合	−2
やや劣る場合	−1
ほとんど差がない場合	0
やや勝る場合	＋1
明らかに勝る場合	＋2

評価点の度数（参考例）

	評価点（N）					評価点の合計（$\Sigma N_i f_i$）
	−2	−1	0	＋1	＋2	
度数（f）	0	5	16	21	3	22

(2) 評価点の度数（f）を求める。
(3) 平方和を求める。
  総平方和 （S_T）＝$\Sigma N_i^2 f_i$
  主効果の平方和 （S_A）＝$(\Sigma N_i f_i)^2/n$
  ただし，$n = \Sigma f_i$
  誤差の平方和 （S_E）＝$S_T - S_A$
(4) 自由度を求める
  主効果の自由度 （ϕ_A）＝$t-1$
  ただし，t：試料数（この場合は2）
  誤差の自由度 （ϕ_E）＝$\dfrac{1}{2}t(t-1)(n-1)$
  （この場合は44）
(5) 分散分析表を作り，F 検定を行う。

$$不偏分散（V）＝\frac{平方和（S）}{自由度（\phi）}$$

$$分散比（F）＝\frac{主効果（A）}{誤差（E）}$$

分散分析表（参考例）

要因	平方和（S）	自由度（ϕ）	不偏分散（V）	分散比（F）
主効果（A）	10.76	1	10.76	17.4
誤差（E）	27.24	44	0.62	
総計（T）	38.00	45		

$F^1_{44}(0.05) = 4.06$　$F^1_{44}(0.01) = 7.24$

分散比（F）が，
　$F^1_{44}(0.05) = 4.06$ より大きければ
　　有意水準5％で有意
　$F^1_{44}(0.01) = 7.24$ より大きければ
　　有意水準1％で有意
参考例では，試料洗剤で洗ったものの方が洗浄力は優れている（有意水準1％）

5. 洗濯時の機械力を評価する試験方法

洗濯時の機械力を測定する方法としては洗浴中に出たリントの乾燥重量から推定する方法（1957〜58年，ドイツ），切り放し帯状綿布の洗濯による重量変化から推定する方法（1957〜58年，デンマーク），羊毛布のフェルト化による収縮量として測定する方法（1971年，ベルギー），熱量測定による方法（1979年，ドイツ）等が実験室的に試みられてきたが，これらはいずれも実用条件には合わなかった。アメリカでは，小さな綿布でつくったジグザグにカットした試験布を用いて洗濯中の機械作用を試験する方法がリネンサプライ協会において実用化されていたが，この方法は洗濯後の変形を写した写真をもとに機械力を5段階評価するもので，定量的な測定はできなかった。

このアメリカの方法にヒントを得て，綿布に切り放しの小穴をあけた試験布を用いた機械力の測定方法が1978年から1981年にかけてデンマークのThe Technological Institute の洗濯技術部で検討された。その後同研究所はMA試験法を確立し，MA試験布として規格化した機械力測定用試験布を世界中に広く販売するに至っている。

デンマークのオリジナルの方法では，軽い汚れの綿製品（小型シーツ等）はMA値84，ひどく汚れた綿製品（病院の繊維製品等）はMA値106，軽い汚れのポリエステル綿混製品（看護婦の白衣等）はMA値74，中程度または強度に汚れたポリエステル綿混製品はMA値86の機械力で洗うというように被洗物に応じた機械力の標準値としてMA値を導入している。

具体的なMA試験法は，図5-9に示した

フェルト化
　湿潤状態の獣毛布（羊毛など）を揉んだり，たたいたりしたとき，布が次第に収縮して厚みが増し，毛羽が立つ現象。縮充ともいう。

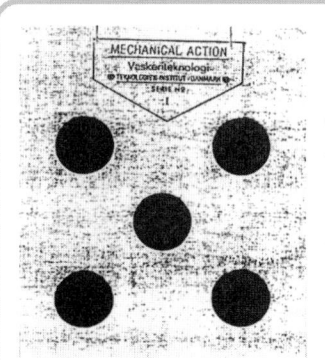

直径35mmの穴が打ちぬかれている。工業用洗濯機用の試験布は
　240mm×240mm
家庭用洗濯機用の試験布は
　400mm×400mm
の大きさである。

図5-9　MA試験布
出典）F. Szaraz：The mechanical action in Washing machines. MA-test pieces-in struction and application. p. 11（1982）

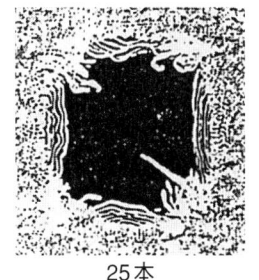

11本　　　17本　　　25本

洗濯後の各穴について，穴の中にはみ出してきた糸の本数を調べる。数える糸は両端が布の中にあり，切れずに橋かけ状で連結しているものとする。5つの穴すべての本数を加えたものをMA値とする。
図5-10　MA試験布の糸の数え方
出典）（図5-9と同じ），p. 15

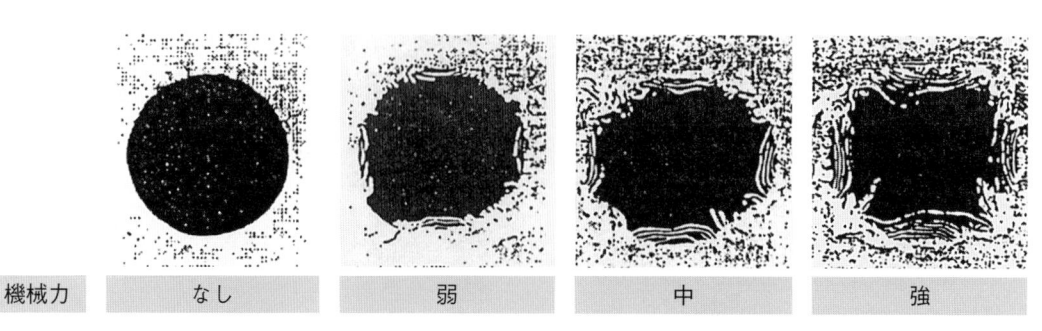

| 機械力 | なし | 弱 | 中 | 強 |

機械力が強いと穴の中にほつれ出てくる糸が多くなる。左端は洗浄前の試験布の穴で，右へいくほど強い機械力で洗濯した試験布の穴である。

図5-11 洗濯時の機械力の強さとMA試験布の変わり方

出典）（図5-9と同じ）p.12

　MA試験布を被洗物といっしょに洗濯した後，図5-10に示した糸の数え方により5穴すべてについて穴の中にはみ出した糸を数え，5穴分を合計した数値をMA値として算出する。このMA値は洗濯機による洗濯時間および機械力の強さによって変動する。

　例えば図5-11に示したように機械力の強さを変えると，穴にはみ出す糸の本数（MA値）が変動する。現在の動向としては，このMA試験法が洗濯中に被洗物が受けた機械力を評価する方法として公式に採用される場合が多くなっている。なお，前述の羊毛のフェルト化による収縮に関してはISO 6330に基づいた試験方法がIWS試験方法No.31（IWS TM31）「羊毛繊維製品の洗濯性能（緩和及びフェルト収縮）」として規格化されている。

第6章 家庭洗濯

　衣服は，着用しているうちに汚れが付着したり，型くずれが起こってくる。汚れた衣服は，種々の機能低下が起こり，着心地も悪い。洗濯は，被洗物の汚れを除去して，衣服の機能を回復するために行うのであるから，購入時の状態をできるだけ長く維持し，損傷を起こさないようにすることが重要である。したがって，洗濯の第一歩は，自分で洗えるものと専門家に任せた方がよいものとを判別することである。そのためには，家庭洗濯（洗濯機洗い，手洗い）と商業洗濯（ドライクリーニング，ランドリー，ウェットクリーニング，その他）の特徴を十分知っておくことが必要である。ここでは，家庭洗濯の基本的事項について解説し，商業洗濯については第7章で述べる。

1. 被 洗 物

　私たちの着用している衣服は，素材，加工，材料の組合せ，デザインなどが多種多様であり，被洗物の強度，染色堅牢性，汚れなどに留意しながら細心の注意を払って手洗いにしなければならないものが含まれている。

　表6-1は洗濯による衣服の機能性の低下と洗濯過程における要素との関係を示したものである。変形，風合いの変化，変退色，光沢の減退，加工効果の減退，強力の低下，破損などが生じる原因としては，洗濯・乾燥・仕上げの過程における，水，洗剤，蛍光増白剤，漂白剤，機械力，熱，日光などの影響が挙げられ，これらが複雑に影響しあって，損傷・劣化をもたらすものと考えられる。

表6-1　家庭洗濯による衣服の機能性低下

洗濯の要素	主 な 機 能 性 低 下
水	強力低下，ヤング率低下，収縮，しわ，風合い劣化，変退色など
洗　　剤	風合い劣化，黄変など
蛍光増白剤	変色
漂　白　剤	強力低下，変退色など
機　械　力	強力低下，伸び，ほつれ，しわ，風合い劣化など
熱	溶融，収縮，しわ，風合い劣化，変色など
日　　光	変退色，脆化（ぜいか）など

出典）杉原黎子：家政学シリーズ17『被服の機能性保持』（日本家政学会編），朝倉書店，p.88（1992）

脆化
　酸素，紫外線，熱，薬品，微生物などの影響で，強力や性能が低下する現象。

表6-2 各種繊維の洗濯に関係する諸性能

性能＼繊維*	綿	亜麻	羊毛	絹
乾湿強力比（％）	102〜110	108	76〜96	70
水膨潤度（％）（断面積の増加）	21, 40〜42		25〜26	19
熱の影響	125℃，5時間で黄変 150℃で分解 耐熱性良好	130℃，5時間で黄変 200℃で分解 耐熱性良好	130℃で熱分解し始める 要注意	235℃で分解 黄変あり 要注意
アルカリの影響	強い	強い	弱い	弱い（羊毛より若干良好）
塩素漂白の可否	可	可	否	否
溶剤**の影響	一般に不溶	一般に不溶	一般に不溶	一般に不溶
日光（紫外線）の影響	やや弱い	やや弱い	弱い（黄変，要注意）	弱い（脆化，要注意）

注：この表は標準的なもので，傾向をつかむためにまとめたものである。

　表6-2は，洗濯の諸要素に対する各種繊維の性能をまとめたものである。この中で乾湿強力比が100以下のものは，水でぬれると強力が低下するので，洗濯時の機械力に注意しなければならない。また，水膨潤度の大きい繊維は，洗濯によって収縮しやすいことを表している。熱に対して弱い繊維については，特に仕上げ時のアイロン底面温度が問題となる。耐薬品性については，しみ抜き剤，漂白剤のみならず，洗剤の液性も関係する。弱アルカリ性洗剤は中性洗剤に比べて洗浄性は優れているが，たんぱく質繊維に対しては次第に風合いが損なわれる。日光に対する性質では，繊維を構成する分子中のアミノ酸が紫外線を吸収して酸化分解し黄変を起こすたんぱく質繊維については，日陰での乾

表6-3 「弱い手洗い」が適する衣料品

	衣料品	性質	洗濯での注意
繊維の種類	毛製品（セーターなど）	熱水，摩擦で縮みやすい。アルカリに弱い。日光で黄変する	中性洗剤，ぬるま湯を使い，もみ洗い不可。陰干し
	絹製品（スカーフなど）	湿摩擦に弱い。色落ちしやすい。日光で黄変する	中性洗剤を使い，もみ洗い不可。陰干し
	麻製品（ブラウスなど）	縮みやすい。ぬれるとケバ立ち，白っぽくなる	もみ洗い不可
	レーヨン製品（ブラウスなど）	吸水すると弱くなる。縮みやすい	もみ洗い不可
	絹の風合いの合成繊維	目寄れ，糸ずれしやすい	もみ洗い不可
生地・デザイン	ニット製品	型くずれしやすい	力をかけない。平干し
	装飾品の付いたもの	フリル，レース，ビーズ等が傷みやすい	力をかけない
	ファンデーション，ランジェリー類	型くずれ，傷みやすい	力をかけない

資料）阿部幸子，有馬澄子ほか：『衣生活論』，同文書院，p.123（1991）

	レーヨン（S）	キュプラ（F）	アセテート（S）	ナイロン（S）	ポリエステル（S）	アクリル（S）
	60〜65	55〜70	61〜67	83〜90	100	80〜100
	50, 65〜67 113〜114	56〜62	6〜8	1.6〜3.2		
	260〜300℃で着色分解し始める	レーヨンに同じ	軟化点：200〜300℃ 溶融点：260℃	軟化点：180℃ 溶融点：215〜220℃	軟化点：238〜240℃ 溶融点：255〜260℃	軟化点：190〜240℃
	やや強い	やや強い	やや弱い	強い	強い	強い
	可	可	否	否	可	可
	一般に不溶	一般に不溶	アセトンに溶解	一般に不溶	一般に不溶	一般に不溶
	やや弱い	やや弱い	強い	やや弱い	強い	強い

＊S：ステープル，F：フィラメント，＊＊アルコール，エーテル，ベンゼン，アセトン，石油系クリーニング溶剤，塩素系クリーニング溶剤（テトラクロロエチレン）

燥が必要である。

表6-3は，特に注意して洗濯しなければならない衣料について，その扱い方をまとめたものである。

2. 洗濯条件と洗浄力との関係

2.1 洗濯時の洗剤の濃度と洗浄力

図6-1は，市販洗剤A，B，Cを用いて，洗剤の濃度と洗浄力との関係を調べた実験例である。洗剤の濃度が高くなるにつれて洗浄力も増加するが，ある濃度以上になると洗浄力はほとんど変わらなくなるか，もしくは増加の割合がごくわずかになる。このように，市販洗剤にはそれぞれ適正濃度が存在し，それ以上で使用することは，経済的にも，環境負荷の点からも，またすすぎ性

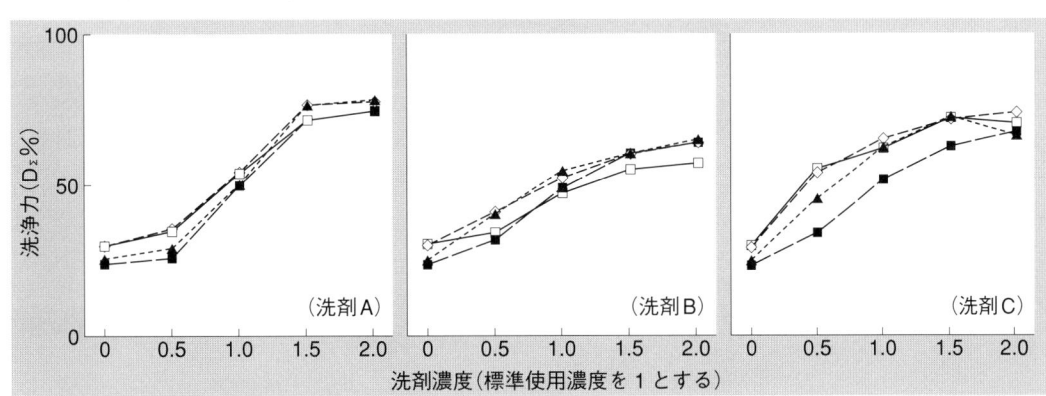

洗浄温度：─□─ 15℃，--◇-- 30℃，----▲---- 45℃，─■─ 60℃．

図6-1　洗剤濃度と洗浄力との関係（市販洗剤）

出典）片山倫子・阿部幸子ほか：日本家政学会誌，46(12)，pp. 1173-1177（1995）

においても，好ましくない。市販洗剤には，家庭用品品質表示法により，この濃度が「使用量の目安」として表示されている。

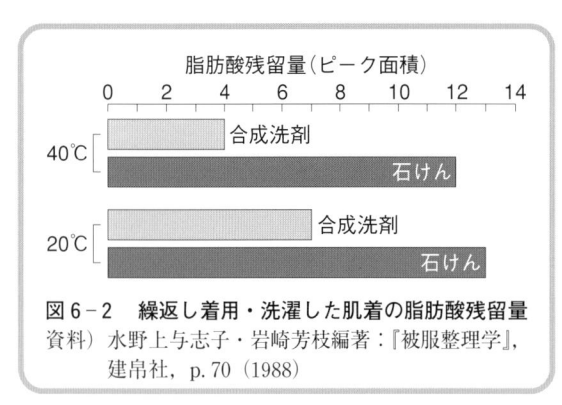

2.2　洗濯時の温度と洗浄力

図6-2は，着用して汚れた肌着を石けんと合成洗剤を用いて，20℃と40℃に温度を変えて洗濯する実験を繰り返し行ったときの，肌着に残留した脂肪酸量である。どちらの洗剤も高温の方が洗浄効果が高い。

図6-2　繰返し着用・洗濯した肌着の脂肪酸残留量
資料）水野上与志子・岩崎芳枝編著：『被服整理学』，建帛社，p.70（1988）

繊維に付着した汚れが洗浴中で除去される過程が，仮に化学反応によるものであるなら，反応温度（洗浴の温度）が高くなるほど反応速度（汚れの除去速度）は増大するはずである。しかし，実際の洗濯においては，繊維，汚れ，洗剤が複雑に関係しているため，温度効果は必ずしもプラスに働かずに，マイナスの効果をもたらす場合もある。その主なものは，次のようである。

○温度上昇によるプラスの効果
① 洗剤の溶解性が増す。
② 繊維や汚れへの界面活性剤の吸着速度が増加する。
③ 液状の油汚れでは，流動性が増すため，ローリングアップなどにより除去されやすくなる。固体の脂汚れも，融点以上に昇温することにより液状となり，除去されやすくなる。
④ 水溶性汚れや固体粒子汚れでは，洗浄液中への拡散が促進される。
⑤ 酵素や漂白剤が共存する場合には，これらの使用最適温度まで昇温することによって，有効に働くようになる。また，蛍光増白剤が共存する場合には，吸着量が増してその効果が発揮される。

○温度上昇によるマイナスの効果
① 合成繊維では，再付着が増す。
② 繊維の種類によっては，収縮・硬化・風合いの低下やしわの残留が起こる。
③ 加工剤の種類によっては，加工効果が減退する。
④ 界面活性剤（ポリオキシエチレン系非イオン界面活性剤）や配合剤（酵素）の中には，高温で効果が減退するものがある。
⑤ 水溶性たんぱく質汚れは，熱により凝固して除去されにくくなる。
⑥ 染色堅牢性の低いものは色落ちしやすく，また他の衣服に移染することもある。

これら各因子がどのような割合で関与しているかは定めにくいが，一般には，温度上昇は総合的に洗浄性の向上に寄与しているものと考えられる。

わが国は水質に恵まれ，低温での洗濯が一般化しているが，冬季には水温が

10℃以下にもなることが多いため汚れは被洗物に残留しやすい。酵素配合洗剤では酵素の至適温度で，また石けんの場合には十分溶解する温度での使用が望ましいなど，洗剤によって最適温度は多少異なるが，洗浄効果，経済性などを考えると，30〜40℃が最適の条件といえる。その点，風呂の残り湯は水に比べると温度が高いので高い洗浄性が期待でき，また節水にもなることから，近年改めて注目され，風呂の湯をくみ上げるためのポンプを備えた洗濯機も市販されている。欧米では，過去にペストが流行した経験から病原菌に対する殺菌処理を兼ねるためや，水の硬度が高いなどの理由から，一般家庭でも高温洗濯が行われてきたが，最近では，熱による被洗物の損傷や消費者の省エネルギー指向などから，中低温洗濯が主流となってきている[1]。

2.3　洗濯時間と洗浄力

　洗濯時間と洗浄力との関係については，一般に洗浄の初期には汚れが急激に離脱して洗浄力が大きく上昇し，その後しばらくは徐々に上昇するが，やがて目立った変化はなくなる。この現象から，汚れの離脱は時間とともに徐々に進むが，一方洗浴中に脱離した汚れは繊維に再付着し，この脱離と付着の速度が等しくなったところで見かけの洗浄力が一定になり，平衡状態に達すると考えることができる。

　適当な洗濯時間は，洗濯機の機械力や汚れの性状などによっても異なるが，必要以上に時間をかけた洗濯では布の損傷を招くことにもなるので，洗濯時間は，汚れの除去と被洗物の損傷の両面を考慮して決定しなければならない。パルセーター型の二槽式洗濯機では，7〜10分くらいで十分と考えられる。また，全自動洗濯機では，汚れ検知センサー（透過型光センサー）とマイクロコンピューターの導入によって，適切な洗濯時間が自動的に設定されるようになっている。

2.4　被洗物の重量と洗浄力

　洗濯時の被洗物と洗濯液との重量比を浴比といい，例えば，被洗物1kgを洗濯液30lで洗濯する場合の浴比は1：30と表す。

　洗浄性に対する浴比の影響は，洗濯機のタイプによっても異なり，パルセーター型のものは影響を受けやすい。浴比は大き過ぎても小さ過ぎても洗浄率は低下し，適切な浴比が存在する。それは，洗浴に対して被洗物が少な過ぎると被洗物は水の流動に従ってほとんど抵抗なく動いているだけであり，逆に被洗物が多過ぎるとパルセーターによる水の動きが十分伝わらず，両方とも機械作用をあまり受けていないためである。また，浴比が小さいと汚れ落ちのむらが大きくなる傾向にあるが，これも同様に機械作用の受け方によるものと考えられる。

全自動洗濯機では，大容量化が進む一方で，節水・環境負荷軽減のために浴比を下げる傾向にある。1980年ころには洗濯液が45 l，洗濯容量が3 kgのものが多かったが，1990年代になると洗濯液が60 l，洗濯容量が6 kgに，さらに最近では，洗濯液が46 l，洗濯容量が6.5 kgと変わってきている。低浴比時における洗浄力の確保については，パルセーターの大きさや形状の改良，被洗物の上から洗濯液を落下・循環させるなどの方法により少量の水でも被洗物全体に機械力がかかるような工夫によっている[2]。また，低浴比での洗濯を特徴とするヨーロッパのドラム式洗濯機が国産化されるようになってきた。しかし，低浴比の洗濯で洗剤必要量を水量に対して決めた場合，界面活性剤が汚れや衣類に吸着して洗濯液中の濃度が著しく低下するため，洗浄性の低下の原因にもなると考えられ，洗剤量は被洗物重量に基づいて決める方が妥当ではないかという考え方が提起された[3]。そのため，1997（平成9）年に改定された家庭用品品質表示法では，市販洗剤の「使用量の目安」に，被洗物重量当たりの洗剤量も併せて表示されるようになった。

3. 洗濯の手順と方法

3.1　洗濯の手順

　家庭洗濯の一般的な手順を図6-3に示す。このうちのいくつかの過程は，洗濯の目的や被洗物の状況などによって省かれることもある。

　洗濯前の準備として，ポケットの中の点検やごみ取りを行う。また，洗濯中にはかなりの機械力が加わるので，破損個所は修理しておく。洗濯のみでは除去しにくいひどい汚れやしみは，前もって除去しておくとよい。次に，被洗物を洗濯条件によって分別する。このとき，被服に付いている組成表示ならびに取扱い表示（資料編，⇨ p. 135）も参考にする。なお，二槽式洗濯機では洗濯液の繰り返し使用が可能である[4,5]ので，それを前提とした，洗濯の順序も考える。

　洗剤洗いの前にあらかじめ洗剤液中に被洗物を浸しておくことを予浸，そのまま引き続いて通常の洗濯を行う方法をつけ置き洗いという。予浸は，綿製品の場合には短時間であれば若干の効果があるが，長時間の浸漬では繊維の膨潤により汚れが繊維内部に侵入して，かえって洗浄効果を低下させ，また合成繊維では再付着が起こるので逆効果

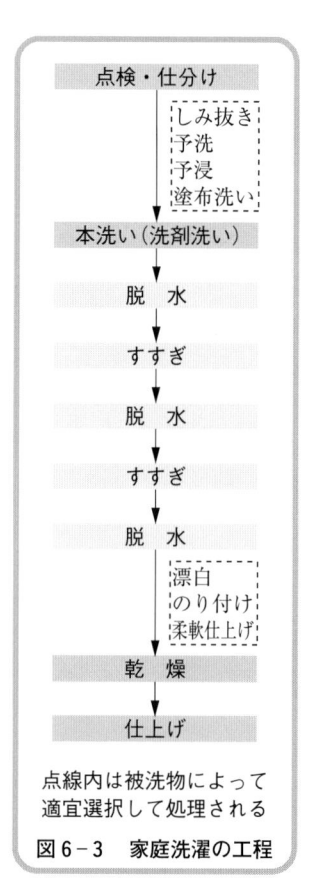

```
点検・仕分け
    ↓
 ┌─────┐
 │しみ抜き│
 │予洗　 │
 │予浸　 │
 │塗布洗い│
 └─────┘
    ↓
本洗い（洗剤洗い）
    ↓
  脱　水
    ↓
  すすぎ
    ↓
  脱　水
    ↓
  すすぎ
    ↓
  脱　水
    ↓
 ┌─────┐
 │漂白　 │
 │のり付け│
 │柔軟仕上げ│
 └─────┘
    ↓
  乾　燥
    ↓
  仕上げ
```

点線内は被洗物によって適宜選択して処理される

図6-3　家庭洗濯の工程

である。しかし，酵素配合洗剤を用いたつけ置き洗いは，洗浄効果を高めることができる（図6-4）。全自動洗濯機には，つけ置き洗いのコースがあるものも見られるが，再付着しやすいもの，色落ちしやすい衣料，絹・毛の製品などは避ける方がよい。

洗濯に先立って水だけで短時間洗うことを予洗という。あらかじめ水で除去できる汚れを除いておけば，洗剤が有効に使えるとも考えられるが，予洗のために用いる水の量，洗濯機の運転に要する電気エネルギー，予洗のための時間，被洗物の損傷や再付着などを考えれば，予洗で除去できる汚れ（例えば泥汚れが特にひどいとき）などの特別の場合を除けば，ほとんど必要ない。

3.2 洗剤洗い

本洗いともいう。布地の損傷を最小限にとどめ，高い洗浄効果が得られるような条件（洗剤の種類，洗剤濃度，洗浴温度，水質，浴比，機械力，洗濯時間など）を設定しなければならない。

手洗いは，洗濯機の普及により今日ではあまり行われなくなったが，繊維の種類，汚れの程度，布地の強度などに合わせて適宜強さを変えて洗うことができ，被洗物が少ないときや，ひどい泥汚れなどの洗濯にも適している。表6-4は，人工汚染布を用いて種々の手洗いを行ったときの洗浄性を比較したものである。手もみ洗いはつかみ洗いや押し洗いに比べて洗浄効果が高い。また，洗濯ブラシや洗濯板，たたき棒などの用具を用いる洗濯方法が比較的洗浄力が高いことから，これらをうまく利用すれば洗濯に費やす労力を少なくして高い洗浄効果をあげ得ることがわかる。

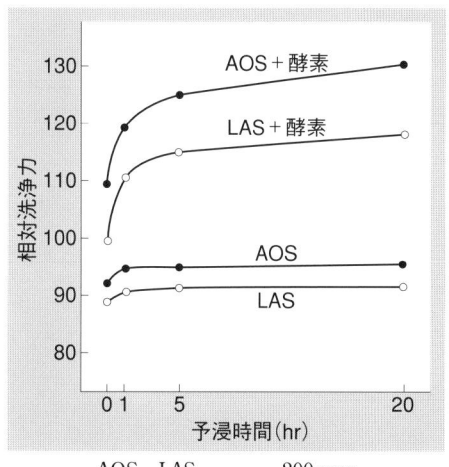

AOS, LAS	200 ppm
ピロりん酸塩	130 ppm
アルカリビルダー	106 ppm
Na_2SO_4	654 ppm
酵素	0, 6.7×10^{-3} AU/l
$CaCO_3$	90 ppm

図6-4 酵素配合洗剤によるつけ置き洗いの効果（25℃，10分洗浄）
出典）永山升三：繊維製品消費科学, 24(7), pp. 286-292 (1983)

表6-4 手洗い操作と洗浄率（%）

洗い方	実験者 1	2	3	平均
手もみ洗い	82.0	77.8	76.0	78.3
板もみ洗い	76.1	76.3	76.0	76.1
ブラシ洗い	83.7	87.7	84.7	85.4
たたき洗い	83.5	88.7	88.3	86.8
つかみ洗い	66.0	65.8	59.5	63.7
押し洗い	63.8	58.8	56.2	59.6

出典）西村久子，矢部章彦：家政学雑誌, 7, p. 138（1956）

二槽式洗濯機では，水流の強さ，浴比，洗剤濃度，洗濯時間などをすべて使用者が設定したが，全自動洗濯機では，使用者は「コース」を選ぶだけで，あとは被洗物の量や質，汚れ量，水温などをセンサーが検知して，マイクロコンピューターによって適切な水量（水位）や水流，洗剤量，洗濯時間などが自動的に設定される仕組みになっている。

着用した衣類の汚れの付着は，一般には一様ではない。このようなとき，手洗いでは汚れの状態を確かめながらそれに合った洗濯ができるが，機械洗いではそれは無理である。ワイシャツの襟や袖口のような部分的な汚れに対しては，

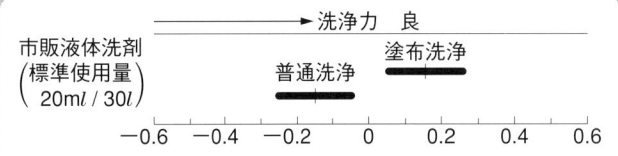

濃厚な洗剤液を塗布してから本洗いを行う「塗布洗い」が有効である（図6-5）。これは，洗剤の主成分である界面活性剤の乳化，可溶化機構や，液晶の形成，あるいはたんぱく質分解酵素の分解力などが効果的に働いたためと考えられる。こうした塗布洗いのための専用液体洗剤も市販されており，これには蛍光増白剤は配合されていないのでセルロース系の淡色衣料にも使うことができる。

二槽式洗濯機では，同一の洗濯液を繰り返し使用することができる[4,5]。図6-6，図6-7は，このときの洗浄性と汚染性を調べた結果の一部である。

【洗浄条件】 市販全自動洗濯機，洗浄温度20℃，水道水使用
浴比：1/20＝（綿肌着1.2kg＋ポリエステル/綿混紡ワイシャツ0.8kg）/40 l
洗濯8分→脱水1分→ためすすぎ2回→脱水・乾燥
汚染布　JIS K 3362-1990 7.1.4(1)に準じ作製したポリエステル/綿混紡襟垢布（11×13 cm）×15枚/浴（40 l）
塗布洗浄　襟垢布1枚あたり洗剤1.5 ml（×15枚，計22.5 ml）を汚れ部分に塗布し，その襟垢布15枚と，4.17 mlの洗剤を洗濯水浴に投入し洗浄
普通洗浄　洗濯水浴中に26.67 mlの洗剤をあらかじめ投入し，そこに襟垢布15枚を投入し洗浄
【評価条件】 JIS K 3362-1990 7.1.6の判定方法に準じて評価した

図6-5　塗布洗いの効果
出典）花王生活文化研究所　未発表データ（1999）

洗浄率は洗濯2～3回までは維持されるが，汚染率は合成繊維において著しく高くなっている。洗濯液の繰り返し使用は，省資源の上からも，洗剤による環境負荷を軽減する点からも有効であり，実際には，合成繊維の再付着に注意すれば，2～3回程度の使用は十分可能と思われる。

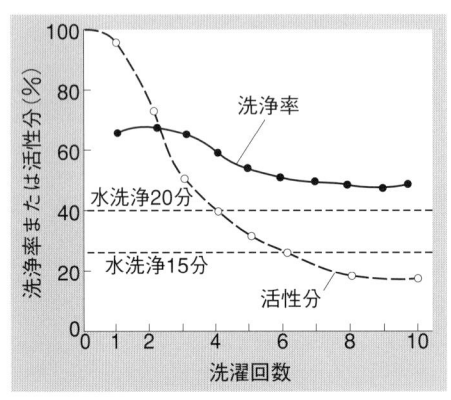

図6-6　洗濯液を繰り返し使用したときの洗浄率と活性分の変化
出典）林　雅子・矢部章彦ほか：繊維製品消費科学，6，p.23（1965）

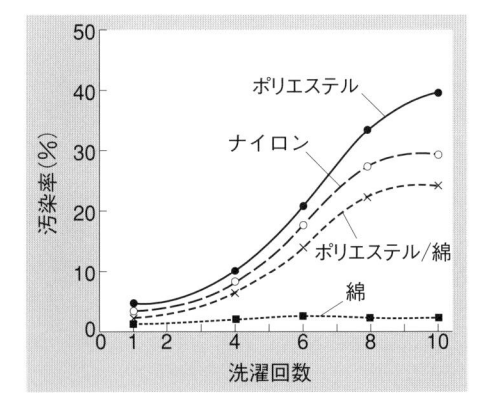

図6-7　洗濯液を繰り返し使用したときの各回ごとの汚染率
出典）林　雅子・矢部章彦ほか：繊維製品消費科学，7，p.11（1966）

3.3　すすぎ

すすぎは洗濯に使用した洗剤や，被洗物から洗濯液中に脱離した汚れを除去（希釈）するための操作である。

洗濯のために使用される水の量は生活用水の約25%を占めており，特にすす

ぎに使われる量が問題となる。また，すすぎは洗濯と同様に被洗物に機械力が加えられるために，すすぎ時間や回数が増すと布の傷みも増してくる。すすぎの終了は，一般に液の透明度や泡立ちの程度などから判断されることが多いため，市販洗剤にはすすぎ段階での起泡性を抑える工夫がなされている。また，全自動洗濯機では，すすぎ方式に節水のための工夫がなされており，一般には，二槽式洗濯機に比べてすすぎに使用する水の量は少ない。

すすぎの方法には，連続注水すすぎ（オーバーフロー式，流しすすぎ）と1回ごとに水を交換する非連続すすぎ（バッチ式，ためすすぎ）とがある。

すすぎの効果は，被洗物中に残留した洗濯液の希釈と洗濯中に吸着した界面活性剤の脱着の両面から検討する必要があるが，ここでは，まず前者について述べる。

洗剤洗いが終了した後，洗剤液を捨てないでそのまま流しすすぎを行ったとき，洗浴の洗剤濃度の変化は図6-8のようになり，次の(1)式が成立する。

$$\log \frac{C}{C_0} = -\frac{1}{2.303}\frac{v}{V}t \quad \cdots\cdots\cdots(1)$$

C_0：洗液中の洗剤の初濃度（g/l）
C：すすぎ t 分後の洗剤濃度（g/l）
V：洗液の容量（l）
v：すすぎ液の流量（l/min）

すなわち，洗液の初濃度 C_0 とすすぎ進行中の浴の濃度 C との比 C/C_0 の対数は，すすぎに使われる総水量 vt に比例する。したがって，すすぎ速度は流量が多いほど速くなるが，一定のすすぎ効果を得るのに要する水量は，流量にかかわらず一定である。一方，C_0 が小さければ一定のすすぎ効果（C/C_0）をあげるために必要な水量は少なくなる。すなわち，すすぎに移る前に洗剤液を排出し，さらに脱液をすることにより，すすぎ開始時の洗剤濃度を低下させることができる。

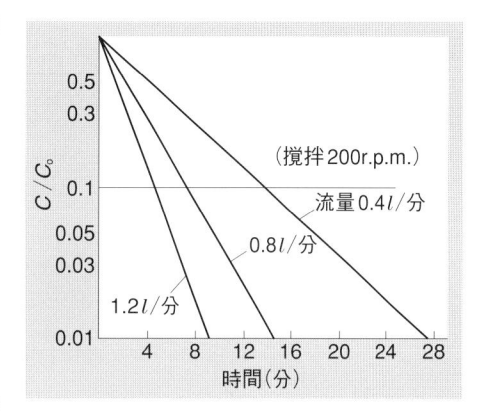

図6-8 連続注水すすぎにおける流量と洗浴中の洗剤濃度の変化（モデル装置，洗浴量2.5l）
出典）津田欣子・野間素子ほか：家政学雑誌，17, p.218（1966）

すすぎ条件を決定するためには，洗濯時に界面活性剤がどの程度繊維に吸着し，それがすすぎによってどれくらい脱着するかを調べることも必要である。繊維に吸着する界面活性剤の量は，繊維や界面活性剤の種類，水温などによって異なる。ナイロン，ポリエステルなどの合成繊維への吸着は綿に比べて少ないが，羊毛繊維には特に吸着しやすく，すすぎによっても除去されにくい。

3.4 脱　　水

本洗いや中間すすぎにおける脱水はすすぎ効果に，また，最終すすぎ後の脱水は乾燥効果に影響する。さらに，脱水の仕方は，乾燥後の被洗物のしわの状

態にも影響する。

脱水の程度は，脱水後の含水率または脱水率（絞り度）で表し，次の(2)，(3)式で求められる。

$$含水率（\%） = \frac{湿った布の質量 - 乾燥布の質量}{乾燥布の質量} \times 100 \quad \cdots\cdots(2)$$

$$脱水率（\%） = \frac{乾燥布の質量}{湿った布の質量} \times 100 \quad \cdots\cdots\cdots\cdots(3)$$

脱水の方法には，絞り操作によるもの（手絞り，ローラー絞り）と，遠心力によるもの（遠心脱水）とがある。手絞りには，ねじり絞り，押し絞り，包み絞りなどがあり，ローラー絞りは被洗物を2本のゴムローラーの間にはさんでその圧力によって水を除く方法である。絞り操作は，布を構成している繊維間の毛細管をつぶして，そこに含まれている水を搾り出す方式であり，その効果には，外から加えられる圧縮力と布の圧縮率，圧縮弾性が関係する。圧縮率が大きく，圧縮弾性の小さい布ほど脱水されやすい。

遠心脱水は，布の毛細管内の水を遠心力によって布（繊維，糸）と分離する方式であり，家庭用洗濯機にも採用されている。

遠心力 F は次の(4)式で表される。

$$F = mr\omega^2 \quad \cdots\cdots\cdots\cdots(4)$$

  m：物体の質量
  r：円運動の半径
  ω：角速度

ここで，回転数を n とすれば，$\omega = \dfrac{2\pi n}{60}$ であるので，次の(5)式が導かれる。

$$F = \frac{\pi^2 mrn^2}{900} \quad \cdots\cdots\cdots\cdots(5)$$

すなわち，遠心力には回転数の影響が最も大きく，また被洗物と脱水槽の重量および脱水槽半径が大きければ遠心力が増して脱水効果が大きくなる。

3.5 乾　　燥

洗濯・脱水後水分が長時間洗濯物に残留すると，かびや悪臭の原因にもなるので，なるべく短時間で乾燥することが望ましい。

布を水に浸漬した後に取り出して，そのまま懸垂し，乾燥が終了するまでの時間経過に伴う重量変化を示すと図6-9のようになる。Ⅰは被洗物中に含まれる水が滴下する期間である。Ⅱは恒率乾燥期といい，布表面近くの湿度が100％に保たれて，ここから低湿度の外気へ水蒸気が拡散していく期間である。このときの布の単位表面積当たりの乾燥速度は，外気の温度・湿度，放射熱お

よび風速によって決まり，布の性質にはほとんど関係しない。さらに乾燥が進み，布中の水分が減少して，布表面近くの湿度を100%に保てなくなると，乾燥速度は徐々に低下してくる。この期間（Ⅲ）を減率乾燥期という。減率乾燥期の乾燥速度には，繊維の性質や布の構造が大きく関係し，一般に，薄手，疎水性の布は，厚手，親水性の布に比べてこの期間が短く，早く乾燥状態に達する。これらのことから，同一乾燥条件で乾燥期間を短くするには，乾燥前の脱水を十分に行い，乾燥時には布は大きく広げて乾燥面積を大きくするのが有効である。

乾燥には自然乾燥と人工乾燥がある。自然乾燥は被洗物を竿やハンガーなどにかけて，気温や自然の風を利用して乾かす省エネルギー的な乾燥方法である。12時から15時ころまでが気温が最も高く，相対湿度も低いので，乾燥に適している。直射日光による乾燥は，太陽放射の効果で，恒率乾燥期の乾燥速度は増大するが，耐光性の低い衣料では紫外線の影響を考慮する必要がある。紫外線は，繊維の脆化，黄変や染色物の変退色をもたらすので，毛，絹，ナイロン，ポリウレタン製品や，蛍光増白したもの，退色しやすいものは，直射日光を避けて，陰干しにしなくてはならない。

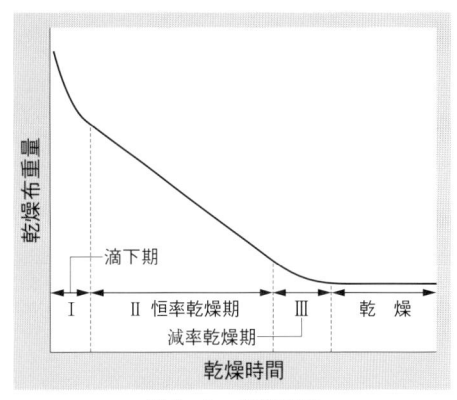

図6-9　乾燥速度
出典）石川欣造編：『新被服材料学』，同文書院，p.237（1978）

人工乾燥は，天候に左右されず，短時間で乾燥できるので，日照の不十分な地域，大気汚染の著しい場所，干す場所のない住宅事情などにおいては便利である。しかし，電気やガスを熱源とするので，エネルギー消費量の問題がある。乾燥機を有効に使用するためには，次のような注意が必要である。

① 乾燥時の熱や機械作用により，被洗物に収縮，しわ，変形が起こりやすいので，温度や時間に注意しなければならない。

② 乾燥速度は，繊維・組織・厚さなどによって異なる。薄地のものは厚地のものより，疎水性繊維製品は親水性繊維製品より速く乾燥するので，混ぜて乾燥するときには，乾いたものから順次取り出すのがよい。乾燥した後も他のものといっしょに乾燥を続けるとしわがついて取れにくくなる。

③ しわが気になるもの，縮みやすいもの，表面の損傷を最小限に止めたいものは，あらかじめ形を整えて，ある程度自然乾燥した後に乾燥機に入れると縮みが少なく，滑らかな仕上がりになる。

④ 乾燥終了後に，乾燥機内で放冷するとしわが残るので，乾燥が終わったらできるだけ早く取り出して形を整え，室温に戻す。

⑤ フィルターの目詰まりは，乾燥の効率を著しく低下させたり，乾燥機内の温度が上昇したりするので，掃除をこまめにする。

文献

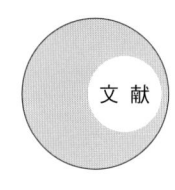

1) 西尾　宏：洗濯の科学, 40(4), pp. 24-29 (1995)
2) 西尾　宏：洗濯の科学, 42(3), pp. 30-36 (1997)
3) 山口庸子・齊藤昌子・後藤純子・永山升三：油化学, 46, pp. 991-997 (1997)
4) 林　雅子・藤沢由美子・矢部章彦：繊維製品消費科学, 6, pp. 23-28 (1965)
5) 林　雅子・石井桂子・粒良栄子・矢部章彦：繊維製品消費科学, 7, pp. 11-16 (1966)

第7章 商業洗濯

　洗濯の専門家の出現は，記録に残るものとしては，ＢＣ2800～2500年ころのエジプト王室における洗濯仕上げ担当役人が最初と考えられる。その後，ＢＣ700～600年ころ（ギリシャ時代）には，フーラーという洗濯漂白業者が存在したことをイソップ物語の中に見ることができる。さらに，ポンペイの遺跡（ローマ時代）の中には，この専門業者が使ったと思われる洗濯場や洗濯槽が発見されている[1]。

　今日，専門業者によって行われる商業洗濯には，ドライクリーニング，ランドリー，ウェットクリーニングなどがある。ランドリーは，水を媒体として界面活性剤，アルカリ剤などを加えて，かなりハードな条件で行う洗濯であり，ウェットクリーニングは，水もしくはぬるま湯と中性洗剤とを使用して，手洗いまたは弱い条件の機械洗いによる洗濯方法であって，ともに家庭洗濯と同様の湿式洗濯である。これに対してドライクリーニング（乾式洗濯）は，有機溶剤を媒体とする洗濯で，洗浄のメカニズムも湿式の場合と異なり，また特別な設備を必要とすることや，溶剤取扱いの安全性などの理由から家庭では行われない。商業洗濯では，これらのほかに，被洗物の種類によっては，パウダー洗濯（主に毛皮製品を対象としたクリーニングで，つや出し剤，帯電防止剤などを含む有機溶剤を含浸させた木材の鋸屑などの微粉末を用いる）などの特殊クリーニングも行われている。

1. ドライクリーニング

　有機溶剤を用いる洗濯法は，1845年にフランスのJ.B.ジョリーによって考案され，工場洗濯の方式として確立・発展してきた。ドライクリーニング溶剤として最初に用いられたのはテレピン油であったが，ベンゼンが汚れの除去性により優れていることがわかり，1860年代には石油系溶剤が実用化された。その後，不燃性で汚れ除去能も高い塩素合成溶剤が，次いでフッ素系溶剤が実用化され，処理技術や洗浄装置の進歩とあいまって，ドライクリーニングは著しい進展を遂げてきた。

　わが国で最初にドライクリーニング工場がつくられたのは1907（明治40）年のことであり，溶剤にはベンゼンが用いられた[1]。

1.1 ドライクリーニングの特徴

ドライクリーニングは，湿式洗濯と比較すると，次のような特徴がある。

○長　所
① 油性汚れの除去性に優れている。
② 湿式洗濯で生じるような，衣類の収縮（縮充）・伸張・型くずれを起こしにくい。
③ 被洗物の風合いや光沢の変化が少ない。
④ 湿式洗濯に弱い染色物の色落ちが少ない。
⑤ 乾燥が速く，仕上げが容易である。

○短　所
① 水溶性汚れが除去しにくい。
② 再付着が起こりやすい。
③ 溶剤によって損傷を受けやすい衣類には適用できない。
④ 洗濯後に溶剤が残留すると皮膚を刺激することがある。
⑤ 溶剤によっては，人体に対する毒性，引火・爆発の危険性があり，また環境（大気・地下水）汚染の原因にもなる。したがって，溶剤の回収・精製・再使用のための特別な設備を必要とする。

縮充
湿潤状態の羊毛などの獣毛布を揉んだり，たたいたりしたとき，布が次第に収縮し，厚みが増し，毛羽が立つ現象。フェルト化ともいう。

1.2 ドライクリーニング用資材ならびに機器

(1) ドライクリーニング用溶剤

ドライクリーニング用の溶剤には，次のような性能が求められる。
① 油性汚れの溶解性が大きいこと。
② 繊維・加工剤・染料を損傷しないこと。
③ 揮発性で，被洗物に跡（しみ）を残さないこと。
④ 精製・再使用が容易なこと。
⑤ 人や環境に対する安全性が高いこと。
⑥ 安価で，供給量が確保されていること。

しかし，これらの条件をすべて満足するような溶剤は，現在のところ見当たらず，表7-1に示す4種類が用いられている。

石油系溶剤は，洗浄力は穏やかであるが，繊維・染色・加工などへの影響が少ないので，ほとんどの衣料に適し，特に皮革製品や毛・絹・アセテートなど，風合いや微妙な色調を重んじる製品に適している。日本のクリーニング業者の70～80％は石油系溶剤を使用している。テトラクロロエチレン（パークロロエチレン）は，脱脂力が大きく洗浄力に優れるが，被洗物の風合いを損ないやすい。しかし，不燃性で引火の危険性がなく，石油系に比べて沸点が高いので常圧で蒸留できること，洗濯時間が短いなどの利点があるため，欧米ではドライクリーニング溶剤の主流になっている。1,1,1-トリクロロエタンは，テトラ

表7-1 ドライクリーニング溶剤とその特性値

	溶　　剤	比　重 (20/4℃)	表面張力 (mN/m, 20℃)	誘電率 (25℃)	カウリブタノール値*	沸　点 (℃)	蒸発潜熱 (cal/g, 沸点)	引火点 (℃)	許容濃度 (ppm)
石油系	ストッダートソルベント(パラフィン系，ナフテン系，芳香族系炭化水素の混合物)	0.8	42	2.0〜3.0	34	150〜210	30	38以上	100
塩素系	テトラクロロエチレン $CCl_2=CCl_2$	1.63	32	2.36	90	121.2	50	—	50
塩素系	1,1,1-トリクロロエタン CH_3CCl_3	1.34	25.6	7.52	120	74.0	58	—	200
フッ素系	トリクロロトリフルオロエタン（フロン113） $CFCl_2CF_2Cl$	1.57	19.0	2.41	31	47.6	35	—	1000

＊石油系溶剤の樹脂に対する溶解度を試験するために考案されたもの。この値が大きい溶剤ほど油脂の溶解性が大きい。
出典) 藤井富美子：家政学シリーズ17『被服の機能性保持』（日本家政学会編），朝倉書店，p.25（1992）

クロロエチレンとほぼ同様の性質をもつ，日本でのみ普及している溶剤である。トリクロロトリフルオロエタン（フロン113）は，表面張力が小さく溶剤が繊維に浸透しやすいこと，脱脂力が大き過ぎず（カウリブタノール値が石油系溶剤と同程度）穏やかな洗いができることなどから，衣服素材への影響の少ない理想的な溶剤として普及してきた。

しかし最近，これら有機溶剤は，いずれも，地球温暖化，オゾン層の破壊，地下水の汚染など，地球環境に深くかかわっていることがわかり（図7-1）[2]，製造が中止されたり，使用・管理について厳しい法的な規制が行われるようになり（表7-2），これらに代わる新しい溶剤の開発が急務となっている。

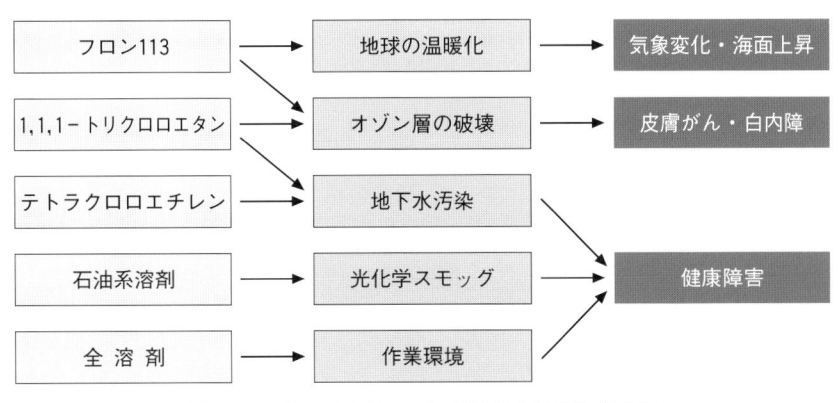

図7-1 ドライクリーニング溶剤と環境汚染問題
出典) 高坂孝一：繊維製品消費科学，31，pp.360-364（1990）

表7-2　ドライクリーニング溶剤と主な法規制

関係法令等	石油系溶剤	テトラクロロエチレン	フロン113	1,1,1-トリクロロエタン
オゾン層保護法			1996年1月以降全廃	1996年1月以降全廃
環境基本法 ・水質汚濁にかかる環境基準 ・土壌の汚染にかかる環境基準 ・大気の汚染にかかる環境基準		0.01 mg/l 以下 0.01 mg/l 検液以下 0.2 mg/m^3 以下		1 mg/l 以下 1 mg/l 検液以下
水質汚濁防止法 ・排水基準を定める総理府令		0.1 mg/l 以下		3 mg/l 以下
大気汚染防止法 ・指定物質排出施設		該当（処理能力30 kg/回以上のもの（密閉式のものを除く）		
厚生省生活衛生局長通知 ・ドライクリーニング所におけるドライ機からの排出溶剤蒸気の活性炭吸着回収装置の設置		ドライ機の処理能力の合計が30 kg以上は設置。30 kg未満も必要に応じ計画的に設置する。		ドライ機の処理能力の合計が20 kg以上は設置。
労働安全衛生法 ・有機溶剤中毒予防規則の区分 ・健康診断	第3種有機溶剤 適　　用	第2種有機溶剤 適　　用		第2種有機溶剤 適　　用
廃棄物処理法	特別管理産業廃棄物	特別管理産業廃棄物	産業廃棄物	特別管理産業廃棄物
消防法 ・危険物の分類	第4類第2または 第3石油類			
PRTR法[1] ・第1種指定化学物質	成分含有量によっては該当	該　　当		該　　当

注(1)　特定化学物質の環境への排出量の把握等及び管理の改善の促進に関する法律（通称，化学物質管理促進法，化学物質管理法），PRTR：Pollutant Release and Transfer Register（環境汚染物質排出・移動登録）
出典）全国生活衛生営業指導センター：『よくわかるクリーニング講座』，ERC出版，p.210（2001）

（2） ドライクリーニング用洗剤

　ドライクリーニング溶剤単独では，水溶性の汚れや固体粒子汚れを除去するには不十分であり，洗剤の働きを利用している。このドライクリーニングで使用する洗剤のことを，わが国のクリーニング業界では，ドライソープまたはソープとよんでいる。ドライソープには，親油性の大きい HLB 3〜4 の界面活性剤が適し，各溶剤ごとに専用化された配合洗剤が作られている。ドライソープには，次のような働きが期待される。

① 被洗物への溶剤の浸透促進
② 固体汚れの除去促進と再付着防止
③ 水を可溶化して水溶性汚れの除去を促進
④ 静電気の防止・抑制
⑤ 被洗物の風合いの維持・向上
⑥ 溶剤の蒸留・回収を円滑化
⑦ 作業性の向上

（3） ドライクリーニング用機器

　ドライクリーニングで用いられる洗濯機（ワッシャー）は，ドラム式で，容量は 4 kg のものから 100 kg 以上の大きなものまで種々ある。石油系溶剤では，特にわが国の場合，洗濯・脱液と乾燥とを別々に行うタイプ（コールドマシン）が多いが，合成溶剤では，洗浄から乾燥までを同一の洗濯機内で行えるよう設計されている（ホットマシン）。また，ドライクリーニングに用いる溶剤は高価であり，環境保全上からも汚れた溶剤を廃棄できないため，清浄化して再利用するが，その方法（溶剤の蒸留やフィルターによるろ過）においても各種の洗濯機が開発されてきている。

図 7-2　ドライクリーナー

　ドライクリーニング後の仕上げは，乾燥後の衣服に対して，熱・圧力・蒸気・バキュームなどを調節しながら行われる。加熱温度は，高いほど仕上げ効果が大きいが，素材に対する影響も大きい。スチーミング（蒸気仕上げ）は，乾熱に比べて低い温度で効果があるが，素材への影響が大きく，収縮や風合いの変化を起こすことがある。圧力は，高過ぎるとアタリ，ツブレ，テカリの原因となるので注意が必要である。バキューム（吸引）は，きわめて短時間に冷却・乾燥が行えるので，変形させた形をそのままセットするのに有効である。デリケートな衣服にはブロー（噴出）を行う。仕上げ機には，表 7-3 のようなものがある。プレス型は加圧して仕上げる方式，フォーマー型は，フォーム（型）に衣服を着せて外側から軽く抑えながら立体的に蒸気とエアーで仕上げる方式，スチーマー型は，品物をフリーな状態でハンガーにつるすなどして蒸気仕上げをする方式の機械である。

1. ドライクリーニング

表7-3　ドライクリーニング用仕上げ機

タイプ	仕上げ機	対象・構造
プレス型	万能プレス（ウールプレス）	衣類全般が対象
	オフセットプレス（シルクプレス）	デリケートな絹製品
フォーマー型	人体プレス（ボディープレス）*	衣類を加圧しないで立体的に仕上げる
	パンツトッパー	ズボンの腰部を加圧しないで立体的に仕上げる
	パフアイロン	上ゴテがなく下ゴテのみで仕上げる装置
	スチームボード（馬付特殊仕上げ機）	上ゴテがなく下ゴテのみで仕上げる装置
スチーマー型	スチームボックス	箱の中でハンガーにつるした衣料を両側から蒸気，加熱空気，冷空気を順次吹きつけて仕上げる装置
	スチームトンネル	ハンガーを移動チェーンにつるしてスチームボックス内を移動させ，連続的に仕上げる装置

＊アジャストフォーマー，ガーメントフィニッシャーともいう。

1.3　ドライクリーニングの方法

　ドライクリーニングの標準的な工程を図7-3に示す。図中の前処理（プリスポッティング）とは，洗濯に先立って汚れのひどい部分やしみの部分に洗剤液などを用いてスプレーやブラッシングすることである。実施するサービスの範囲や内容は業者によって異なり，それが料金にも反映される。

　洗濯方式には，バッチシステムとフィルター循環システムとがある。バッチシステムはため洗いともいわれ，洗濯機中に被洗物と溶剤を入れて，溶剤のフィルターへの循環は行わないで洗濯する方式である。洗濯開始後2〜3分で洗液の汚れがひどくなり，そのまま継続したのでは再付着が生じるため，洗濯液を除去し，衣類に含まれる液も遠心脱液して蒸留に回す。一方，衣類の汚れ除去はこのままでは不十分なため，前述の方式を2〜3回繰り返したり，2回目以降は，次に述べるフィルター循環システムに変えて洗濯を行ったりする。

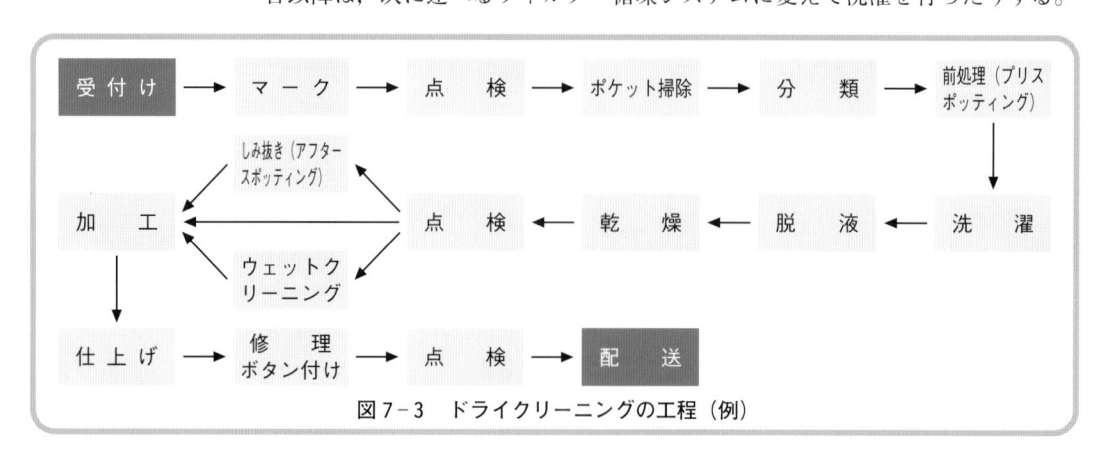

図7-3　ドライクリーニングの工程（例）

図7-4　ドライクリーニングの洗浄設備（例）
出典）（表7-2と同じ）p.162

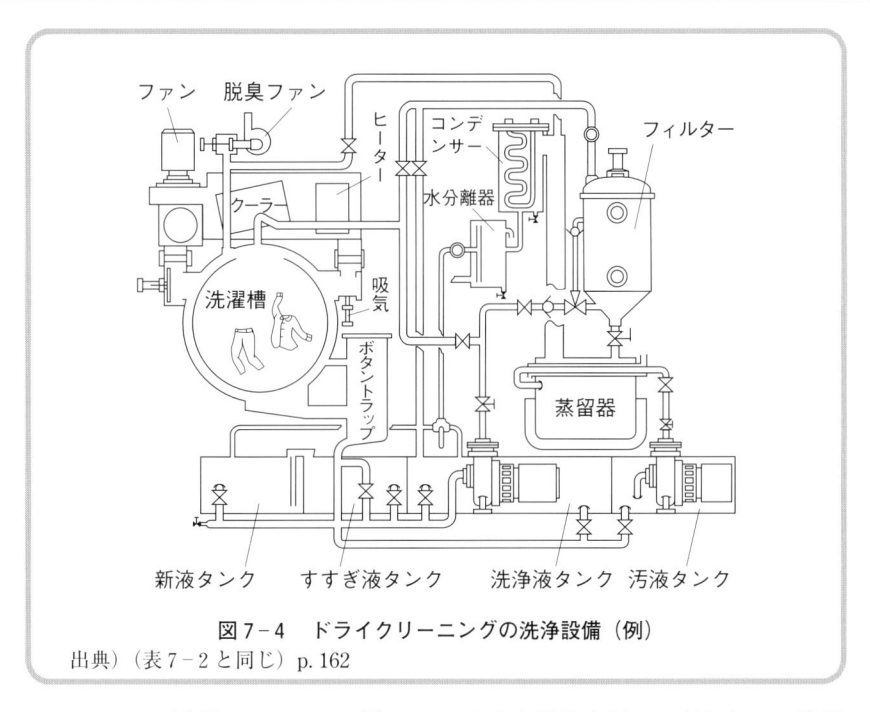

　フィルター循環システムは，図7-4のような設備を用いて行われる。洗濯を行う洗濯槽と，汚れを除去するフィルターとの間にポンプが接続されていて，通常の洗濯工程では，溶剤液は洗濯槽→ボタントラップ→フィルター→洗濯槽と循環している。被洗物から除去された汚れはポンプによって速やかにフィルターに運ばれて除去される。フィルターは，不溶性汚れを除去するろ過機能と，溶解性汚れを除去する吸着機能とを併せもち，ろ過のためにはペーパーフィルターや珪藻土フィルターが，吸着のためには活性炭や膠質土などが使われている。浄化のすんだ液は再び洗濯槽に入って洗濯に使われる。洗濯時間は，溶剤の洗浄力とポンプの流量によって決まる。
　テトラクロロエチレンは，洗浄力が強く汚れは速やかに洗液中に出るため，洗濯時間は7分程度，石油系の場合は20〜30分が適当とされている。そして，繰り返し使用後の溶剤中には油性物質が蓄積してくるので，脂肪酸の量（酸価）を測定して，酸価が高い場合は溶剤の蒸留精製を行う。

1.4　ドライクリーニング利用上の注意

　最近は，衣料素材の多様化などにより，ドライクリーニングによる衣料品の事故も多くなっている。その一例を図7-5，7-6に示す。これらの原因としては，クリーニング処理上（クリーニング業者）や衣料品の設計（メーカー）に問題があるばかりでなく，消費者に責任がある場合も多い。
　繊維素材や加工によってはドライクリーニングに適さないものもあり，使用溶剤や乾燥時の加熱による溶解・収縮・変形などの衣類の損傷を招くこともあ

図7-5 クリーニング事故の責任所在

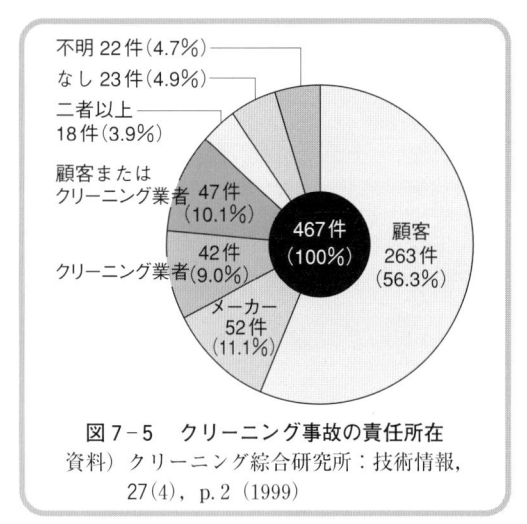

- 467件（100%）
- 顧客 263件（56.3%）
- メーカー 52件（11.1%）
- クリーニング業者 42件（9.0%）
- 顧客またはクリーニング業者 47件（10.1%）
- 二者以上 18件（3.9%）
- なし 23件（4.9%）
- 不明 22件（4.7%）

資料）クリーニング綜合研究所：技術情報，27(4)，p.2（1999）

る。表7-4に，ドライクリーニングが望ましい衣料と不適当な衣料や素材の例を示すが，事故を避けるためには，まず衣料購入時に繊維素材などの品質を確認することが大切である。そして，ドライクリーニングを依頼するときには，繊維素材をクリーニング業者に知らせること，溶解・変形の恐れのある付属品は取りはずしておくこと，しみや破損個所・ポケットの中身の点検を行うなどの注意が必要である。クリーニング後の衣類を受け取るときには，汚れの落ちや仕上がり具合を調べ，さらに湿り気や溶剤臭を除くために風乾するのがよい。

なお，クリーニング事故に対しては，衣類の耐用

図7-6 クリーニング事故の内容

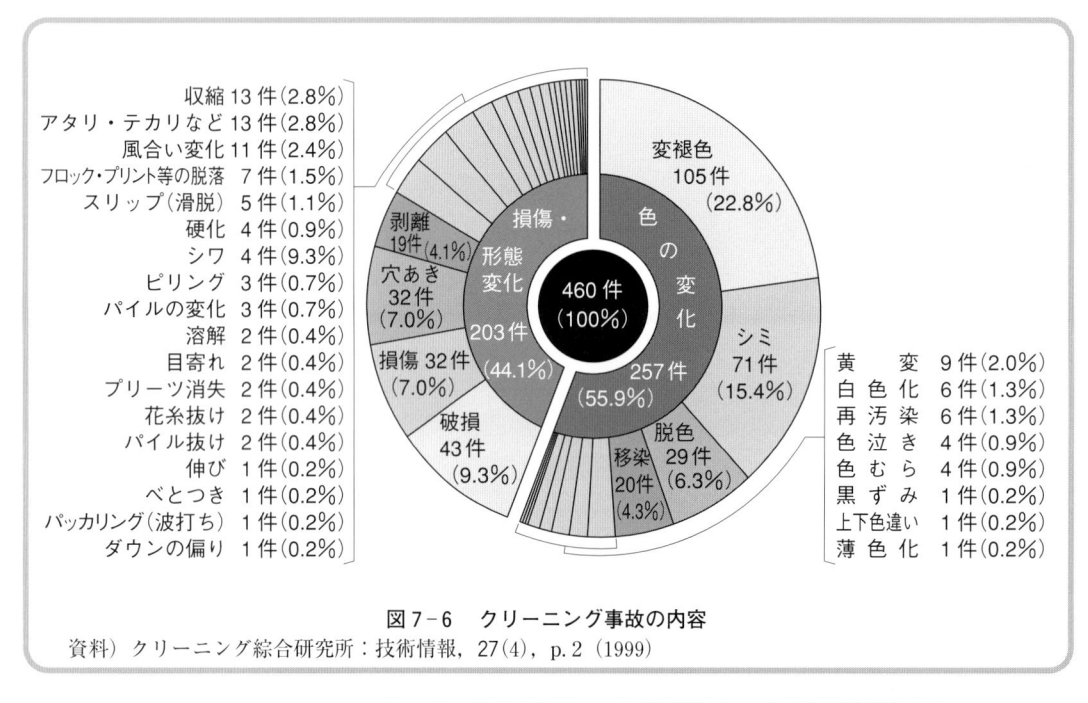

460件（100%）

- 損傷・形態変化 203件（44.1%）
  - 剥離 19件（4.1%）
  - 穴あき 32件（7.0%）
  - 損傷 32件（7.0%）
  - 破損 43件（9.3%）
  - 収縮 13件（2.8%）
  - アタリ・テカリなど 13件（2.8%）
  - 風合い変化 11件（2.4%）
  - フロック・プリント等の脱落 7件（1.5%）
  - スリップ（滑脱）5件（1.1%）
  - 硬化 4件（0.9%）
  - シワ 4件（9.3%）
  - ピリング 3件（0.7%）
  - パイルの変化 3件（0.7%）
  - 溶解 2件（0.4%）
  - 目寄れ 2件（0.4%）
  - プリーツ消失 2件（0.4%）
  - 花糸抜け 2件（0.4%）
  - パイル抜け 2件（0.4%）
  - 伸び 1件（0.2%）
  - べとつき 1件（0.2%）
  - パッカリング（波打ち）1件（0.2%）
  - ダウンの偏り 1件（0.2%）
- 色の変化 257件（55.9%）
  - 変褪色 105件（22.8%）
  - シミ 71件（15.4%）
  - 脱色 29件（6.3%）
  - 移染 20件（4.3%）
  - 黄変 9件（2.0%）
  - 白色化 6件（1.3%）
  - 再汚染 6件（1.3%）
  - 色泣き 4件（0.9%）
  - 色むら 4件（0.9%）
  - 黒ずみ 1件（0.2%）
  - 上下色違い 1件（0.2%）
  - 薄色化 1件（0.2%）

資料）クリーニング綜合研究所：技術情報，27(4)，p.2（1999）

表7-4 ドライクリーニングが望ましいものと不適当なもの

ドライクリーニングが望ましいもの	ドライクリーニングが不適当なもの
外衣類（紳士服，婦人服，オーバーコートなど），丸洗いする和服，和装品，毛布，ふとん，クッション，革製品，ハンドバッグ，帽子，人形，羊毛・ラクダのシャツや下着，白地の少ないスポーツシャツ，デリケートな糸使いの綿・麻の洋服，水で損傷される付属品や内蔵物のある物	溶剤堅ろう性の低い染色物，溶剤に溶けるもの（接着布，接着芯地，合成樹脂（特にスチロール）製のボタン，金糸や金箔加工の和服，ゴムひも），プラスチックシート（可塑剤が溶出して硬くなる）

出典）中西茂子・岩崎芳枝ほか：『被服整理学』，朝倉書店，p.61（1990）

年数や使用期間などを勘案した賠償基準が定められている。

2. ランドリー

　ランドリーは，石けんまたは合成洗剤とアルカリ剤を用い，ワッシャー（ドラム式洗濯機）で温水洗い（高温のこともある）する最も洗浄作用の強い洗濯方式である。その対象となる衣服は，汚れの著しいものや丈夫な白物（シーツ，白衣など）などである。処理条件が過酷であるため，被洗物の型くずれや収縮，風合いの変化などが起こりやすく，仕上げや整形に技術を要する。

2.1　ランドリーの特徴
　ランドリーは，家庭洗濯に比べて，次のような特徴がある。
① 洗濯温度が高く，またアルカリ剤を使うので，汚れがよく落ちる。
② ワッシャーは，ドラム式であるので，被洗物の損傷が少ない。また，浴比が家庭洗濯に比べて小さい（浴比1：4程度）ため，被洗物に対する水や洗剤の使用量が少なくてすむ。
③ 廃水処理施設が必要である。
④ 仕上げにかなりの技術と手間を要する。

2.2　ランドリー用資材ならびに機器
　基本的には家庭洗濯と同じであるが，一度に大量の被洗物を処理するために，機器は家庭用のものよりも大規模になっている。

（1）ランドリー用資材
① **水**　　一般に水道水や地下水を用いる。硬度3°DH以下，鉄分0.1 ppm以下，塩化ナトリウム50 ppm以下のものが望ましい。
② **洗剤**　　石けんまたは合成洗剤を主体に，アルカリ剤，CMCなどのほか，ときには漂白剤も加える。
③ **アルカリ剤**　　変質した糖やたんぱく質の除去，酸性汚れの中和，硬水軟化などの目的で，各種アルカリ剤を用いる。価格，性能などの点から，メタけい酸ナトリウムを用いることが多い。
④ **漂白剤**　　洗剤だけでは除去困難な汚れの除去を目的として，各種の酸化漂白（過炭酸ナトリウム，過ホウ酸ナトリウム，次亜塩素酸ナトリウムなど）や還元漂白剤が用いられる。
⑤ **糊剤**　　被洗物に光沢，張りを与え，布の強度を増すとともに，洗浄性を向上させる目的で，でんぷんのり（コーンスターチ，小麦でんぷん），CMC，PVAなどを用いる。

自動洗濯脱水機
Washer Extraction
連続洗濯機
Continuous
Washing Machine

図7-7　連続洗濯機

（2）ランドリー用機器

① **ワッシャー**　ドラム式の洗濯機が用いられる。一般に普及しているのは，洗濯と脱水を行う自動洗濯脱水機であるが，洗濯・脱液・乾燥までを自動的に行う連続洗濯機（図7-7）もある。

② **遠心脱水機**　多数の小孔のある内胴を高速で回転させ，遠心力により水を振り切る。

③ **タンブラー**　ワッシャーと同じような構造をもち，熱風を吹きつけながら内胴を回転させて乾燥する（回転式熱風乾燥機）。

④ **プレス機**　ランドリーで用いられるプレス機には，ワイシャツ，コートなどの仕上げの専用機であるキャビネット型（函型）と，凸面状の下ごてと凹面状の上ごてとで品物をはさんで仕上げるシザー型（はさみ型）とがある。その他，ワイシャツ各部を仕上げるために，特殊なプレス機が備えられている。

⑤ **シーツローラー**　シーツ，ナプキン，テーブルクロスなどの平面をプレスするのに用いられる。

⑥ **アイロン**　ランドリーされる品物は綿を素材としたものが多く，また型くずれが著しいため，強い圧力と高い温度での仕上げが必要となる。用いられるアイロンは1～1.5kW，重さ5～6kgで，最高温度は約300℃である。一般に温度調節は，スイッチの切り替えで行い，サーモスタット機能は付いていない。

⑦ **仕上げ台**　アイロン台とよばれる簡単なものと，吸引（バキューム）や熱風吹き出し（ブロー）機構のついたものとがある。後者は主にウェットクリーニングの仕上げに用いられる。

2.3　ランドリーの方法

ランドリーの一般工程は図7-8のとおりであるが，被洗物の状態によって適宜変更される。

① **予洗**　主にワッシャーを用い，水とアルカリ剤で，常温で，短時間（3分以内）処理して，本洗いに先立って汚れを除去しておく。

② **本洗い**　洗剤を加えて，浴比1：4で，被洗物の実態に合わせて1～3回行う。洗濯時間は1回につき6～8分。温度は，被洗物の状態に応じて，低温（40℃），中温（60℃），高温（70℃以上）を使い分ける。洗剤は主として石けんであるが，非イオン界面活性剤や，添加剤（CMC，アルカリ剤など）を加えることもある。

```
点　検
  ↓
予　洗
  ↓
本 洗 い
  ↓
漂　白
  ↓
す す ぎ
  ↓
酸　浴
  ↓
糊 付 け
  ↓
脱　水
  ↓
乾　燥
  ↓
仕 上 げ
```

点線内は被洗物によって適宜選択して処理される

図7-8　ランドリーの工程

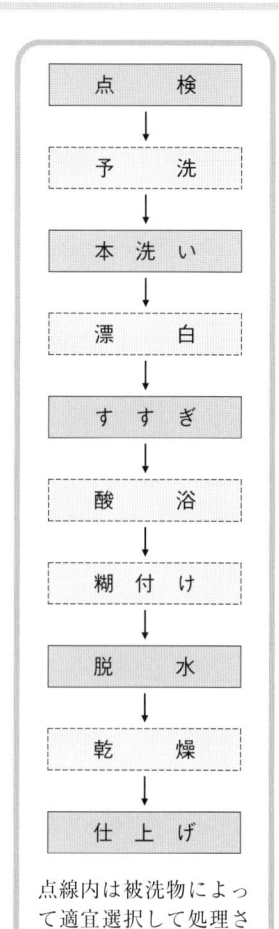

③ **漂白**　漂白剤は水に溶かして，ワッシャーを回転させながら投入する。

④ **すすぎ**　間に脱水を加えながら，3～5分間のすすぎを3～4回行う。最初のすすぎは，洗濯時と同じ温度が望ましい。

⑤ **酸浴**　被洗物に残ったアルカリ剤の中和，金属石けんや漂白剤の分解，洗濯水に由来する鉄分の除去などを目的に，けいフッ化ナトリウム（ヘキサフルオロけい酸ナトリウム）を用いて40℃以下で3～5分行う。

⑥ **糊付け**　ワッシャー内で，50～60℃で5～10分間処理する。

⑦ **脱水**　一般には，遠心脱水機を用いて約5分間行う。

⑧ **乾燥**　タンブラー（回転式熱風乾燥機）を用いて，60～80℃で20～30分間処理するのが普通であるが，乾燥室を用いた乾燥や自然乾燥を行うこともある。ワイシャツなどの薄地は，洗濯したものを乾燥しないでそのままプレスする（ぬれがけ）ことが多い。

⑨ **仕上げ**　前述した各種仕上げ機（⇒ p.81，表7-3）を用いて，被洗物に適した条件を選んで行う。

3. ウェットクリーニング

　ウェットクリーニングは，従来，ドライクリーニングした品物に水溶性汚れやしみが残留しているときに，これらを除去する目的で行われるドライクリーニング補完型の洗濯であった[3]。しかし，近年，この水溶性汚れの洗浄性の問題に加えて，ドライクリーニング溶剤の環境への影響（⇒ p.71，図7-1）が次第に明らかになり，いわゆるドライマーク衣料をウェットクリーニングで処理（ドライクリーニング代替型）しようとする研究が進められてきた。素材メーカー，アパレル，クリーニング，加工機器業界などの関連企業各社によって研究会が立ち上げられ，ウェットクリーニングに適応した衣料品を開発するとともに，それらの衣料のクリーニング方法についてラベルなどで明示し，消費者への啓蒙を図ろうとしている[4]。いずれの目的にしろ，ウェットクリーニングは，デリケートな衣料を対象とした，低温度，短時間，弱い機械力を基本とした湿式洗濯であり，洗いと仕上げに高度な技術が要求される洗濯方式である。

3.1　ウェットクリーニング対象品

　ウェットクリーニングの対象となる製品は，ランドリー不可で，かつドライクリーニングも不可能なもの，あるいはドライクリーニングでは汚れの落ちないものである。ドライクリーニングが不可能（不適当）なものとは，ドライクリーニング溶剤（⇨ p.79，表7−1）によって可塑剤や顔料が溶脱して，衣服材料を損傷するものである。また，絹，レーヨン，毛のブラウスやワイシャツ，セーターなどは，素材からみればドライクリーニングが適当であるが，直接肌に接触して着用した場合汗汚れが付着し，ドライクリーニングではこれらの汚れを完全に除去することは難しい。一方，ランドリーの可能な素材（綿や合繊）であっても，スーツ，ワンピース，コートなどに仕立てられると，ランドリーでは型くずれが起こり，またドライクリーニングでは汚れを除去しにくい。このような衣類に対してはウェットクリーニングが望ましい。

3.2　ウェットクリーニングの方法

　被洗物の素材，汚れ具合，染色などを総合的に判断した上で，中性洗剤を用いて，手洗い，ブラシ洗い，ワッシャー洗い，あるいはこれらを組み合わせた処理を行う。色の出やすいもの，小物などに対しては，軽くもみ洗い，押し洗い，振り洗いなどを行う。比較的大きなものや形のくずれやすいものには，ブラシ洗いをするが，ブラシで強くこすったり，たたいたりしてはならない。ワッシャー洗いは，小型で回転の遅いものを用いて短時間処理する。原則として，ブラシ洗い後のすすぎ程度とし，品物は裏返し，ネットを使用する。

　脱水・乾燥は，型くずれに注意し，しわのできないように軽く遠心脱水を行うか，さらに危険なものはタオルにはさんで軽く手押し絞りを行う。乾燥はなるべく自然乾燥とし，伸びる危険のあるものは平干しを行う。水洗いでは型くずれが大きいが，デリケートな品物を扱う仕上げには高温・高圧が使えないこともあり，手仕上げを必要とすることが多く，高度な技術が要求される。

　仕上げ台には，バキューム機能をもたせて衣料の水分を取り去りプレス効果を高めたバキュームプレス台と，これにさらにブロー（吹き出し）機構をつけたバキューム・ブロープレス台とがある。さらに，立体的な仕上げのためには，各種の馬を用いる。

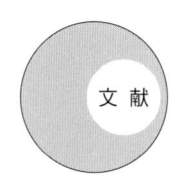

文献

1）神山羊人：洗濯の科学，24(4)，pp.37−41（1979）；25(1)，pp.40−45（1980）
2）高坂孝一：繊維製品消費科学，31，pp.360−364（1990）
3）東　昇・奥山春彦監修：『クリーニングの知識』，幸書房，p.120（1982）
4）伊藤　博（編集幹事）：『新世紀の洗濯革命−ウェットクリーニング・家庭洗濯の新事情−』，繊維社（2000）

第8章 漂白と増白

　白物の繊維製品を繰り返し使用していると，洗濯をしても除去しきれない汚れの蓄積や，加工剤の変質などによって，次第に黄ばんだり黒ずんだりしてくる。このような繊維製品に，元のような白さを回復させるために，漂白剤による漂白や蛍光剤（蛍光増白剤）による増白などが行われている。

1. 漂　　白

　綿100％の新しい白色肌シャツを着用後に洗濯し，また着用する。これを何回も繰り返した後に，これと同じ肌シャツでまだ着用していない新しい物と並べてみると，着用後のシャツが薄汚れ灰色化していることが多い。また，夏季に保管しておいた冬用の肌シャツなどには黄ばみが生じている場合がある。これらの黒ずみや黄ばみの原因になる物質を漂白剤によって分解させて，無色にする操作を漂白（bleaching）という。

　漂白に用いられる漂白剤（bleaching agent）には多くの種類があり，その化学作用によって酸化漂白剤と還元漂白剤とに分類される。さらに，酸化漂白剤には塩素系と酸素系がある。塩素系漂白剤の力価は，酸性溶液でヨウ化カリウムを作用させ，遊離したヨウ素をチオ硫酸ナトリウムで滴定し，塩素として計算した有効塩素（available chlorine）（％）で表す。

　漂白剤の種類を図8-1にまとめた。表中で薄い網で示したものは家庭用として広く利用されている漂白剤である。表8-1には主な漂白剤の特徴および使用法を示した。

① 次亜塩素酸ナトリウム（sodium hypochlorite：NaOCl）

　漂白剤の中で最も広く使われているもので，(1)式に示した水酸化ナトリウム水溶液と塩素との単純

> フレスコ画により，紀元前ローマ帝国で硫黄の燃焼によって発生する亜硫酸ガスを使い還元漂白をしていたことが認められている。

> 洗濯における最初の漂白は14世紀末にオランダで行われていた湿った大布を草の上で日光にさらして漂白する grass bleaching であるといわれている。

> 塩素による漂白作用は Berthollet が1785年ころ発見したといわれている。

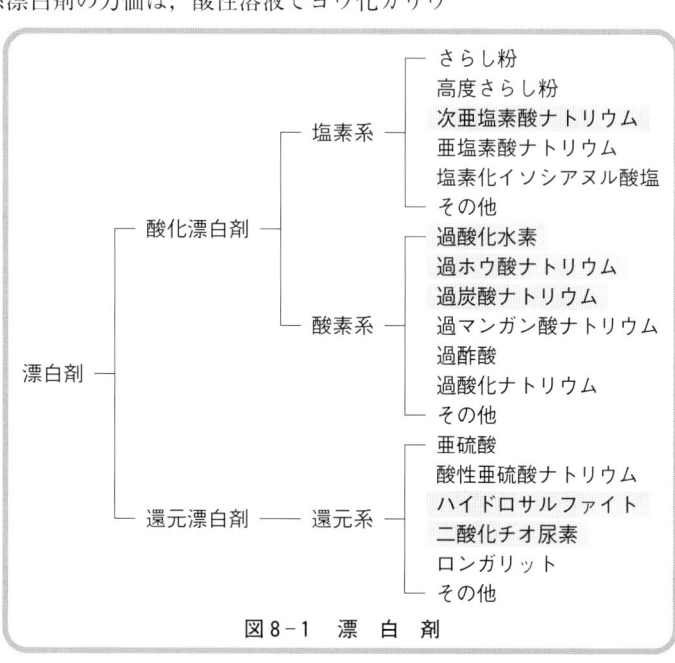

図8-1　漂　白　剤

（塩素系）
- さらし粉
- 高度さらし粉
- 次亜塩素酸ナトリウム
- 亜塩素酸ナトリウム
- 塩素化イソシアヌル酸塩
- その他

（酸素系）
- 過酸化水素
- 過ホウ酸ナトリウム
- 過炭酸ナトリウム
- 過マンガン酸ナトリウム
- 過酢酸
- 過酸化ナトリウム
- その他

還元漂白剤―還元系
- 亜硫酸
- 酸性亜硫酸ナトリウム
- ハイドロサルファイト
- 二酸化チオ尿素
- ロンガリット
- その他

表8-1　主な漂白剤の特徴と使用法

漂白剤の種類		酸 化 型		還 元 型
		塩素系漂白剤	酸素系漂白剤	還元系漂白剤
主　成　分		次亜塩素酸ナトリウム NaOCl	過炭酸ナトリウム $Na_2C_2O_6$	二酸化チオ尿素 $(NH_2)_2CSO_2$
形　状		液　状	白色粉末状	白色粉末状
液　性		アルカリ性	弱アルカリ性	弱アルカリ性
特　徴		・漂白力が最も強い ・除菌力も大きい	・色,柄物衣類にも使える	・鉄分による黄変を回復 ・樹脂加工衣類の塩素系漂白による黄変を回復
使えるもの		・白物衣類 ・綿,麻,アクリル,ポリエステル	・白物衣類 ・色,柄物衣類 ・綿,麻,アクリル,ポリエステル,アセテート,ナイロン,ポリウレタン	・白物衣類 ・すべての繊維
使えないもの		・色,柄物衣類 ・毛,絹,ナイロン,アセテート,ポリウレタン ・金属製容器,金属製のボタン,ファスナーなど ・鉄分の多い水	・毛,絹とこれらの混紡品 ・金属製容器,金属製のボタン,ファスナーなど ・鉄分の多い水	・色,柄物衣類
使用法	温度	水またはぬるま湯（40℃以下）	水またはぬるま湯（40℃）	ぬるま湯（40〜45℃）
	濃度	0.2〜1.0%	0.2〜0.5%	0.5〜1.0%
	時間	15分程度浸漬	30分程度浸漬	30分程度浸漬
	その他の注意	原液を直接衣類や皮膚につけない	よく溶かしてから衣類をつける	よく溶かしてから衣類をつける

な反応によって作られる。

$$2NaOH + Cl_2 \longrightarrow NaOCl + NaCl + H_2O \quad \cdots\cdots\cdots(1)$$

　市販の次亜塩素酸ナトリウム系の漂白剤は，有効塩素が5〜6％の水溶液である。分解しやすく不安定で，特に保管中の温度が高いと分解が速くなり有効塩素が低下する。栓をしっかり閉め，冷暗所に保管し，なるべく早く使い切るのがよい。

　綿・麻・レーヨンなどのセルロース繊維やビニロン・ポリエステル繊維などの白物衣料の漂白に用いられる。たんぱく質繊維・ナイロン・樹脂加工したセルロース繊維など窒素を含む白物衣料に対しては黄色物質のクロラミンが生成し黄変するために使用できない漂白剤である。

　次亜塩素酸ナトリウムの漂白作用は，一般には分解によって生じた次亜塩素酸が活性酸素を放出し，繊維中の黒ずみや黄ばみの原因物質となる色素を酸化分解すると考えられている。この漂白剤は繊維に対する酸化力も強いので繊維そのものも傷めやすい。家庭で使用する際には，汚れの程度によって商品記載の表示に従い，漂白液の濃度（図8-2），処理温度（図8-3），時間，浴のpH，

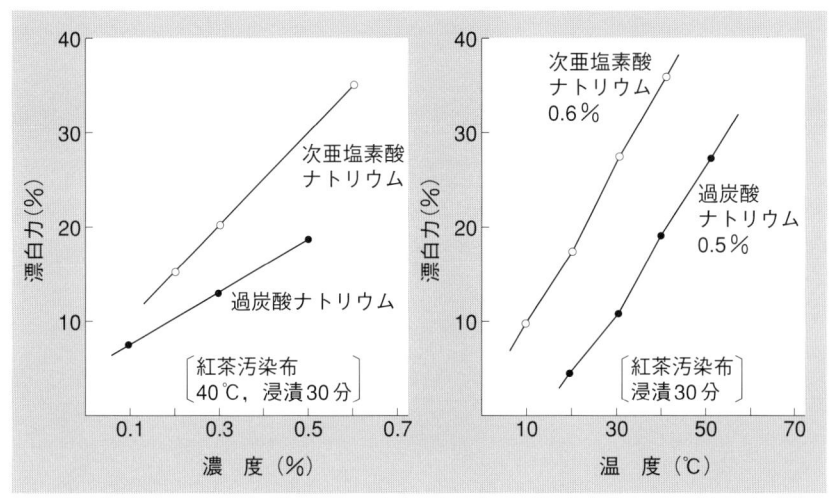

図 8-2　漂白剤の濃度と漂白力　　　　図 8-3　温度による漂白力

出典）奥山春彦・皆川　基編：『洗剤・洗浄の事典』，朝倉書店，p.299（1990）

表 8-2　次亜塩素酸ナトリウムの殺菌効果

有効塩素濃度	病原菌の種類	有効塩素濃度	病原菌の種類
0.1 ppm で死滅	チフス菌，パラチフス菌，赤痢菌，淋菌，コレラ菌，ゲルトネル腸炎菌，黄色ブドウ球菌	0.15 ppm で死滅	ジフテリア菌，脳脊髄膜炎球菌
		0.2 ppm で死滅	肺炎球菌
		0.25 ppm で死滅	大腸菌，溶血性連鎖球菌

表 8-3　汚染ふきんの洗浄条件と付着細菌数

洗浄条件	洗浄前細菌数	洗浄後細菌数	除菌率（%）
水洗い	550,000	93,000	83
中性洗剤	2,000,000	51,000	97.4
塩素系漂白剤の併用	840,000	200	99.97

出典）（表 8-2，8-3 とも図 8-2 と同じ），p.300

等の条件を選び慎重な漂白処理が望ましい。また漂白剤には殺菌効果（表 8-2，8-3），消臭効果等が知られている。

② **過ホウ酸ナトリウム**（sodium perborate：$NaBO_3$）

　白色の結晶で有効酸素が約10%である。水に対する溶解度（20℃）は 24 g/l で溶解速度（15℃，2 g/l）も 3 分間で50.5%と後述の過炭酸ナトリウムより遅いが，水に溶解した後の安定性が優れている。水溶液中で過酸化水素を生成し，過ヒドロキシルイオンを経て活性酸素を遊離し，漂白作用が生じる。繊維の損傷が少なく，漂白効果が優れている。セルロース繊維・絹・羊毛にも用いられるが，温度が低いと漂白効果が弱い。また，過炭酸ナトリウムよりも酸化漂白力は弱い（図 8-4，8-5）。

$$Na_2\begin{bmatrix} HO & O-O & OH \\ & B\quad\quad B & \\ HO & O-O & OH \end{bmatrix} \cdot 6H_2O$$

過ホウ酸ナトリウム

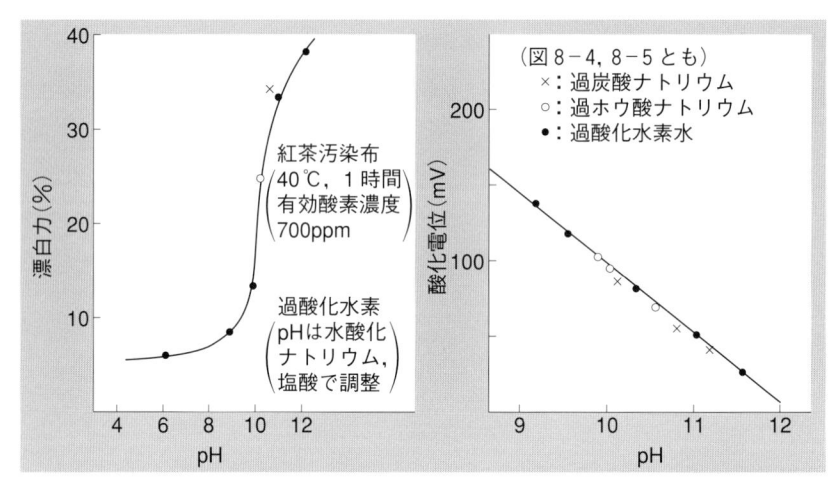

図 8-4　過酸化物の pH と漂白力　　図 8-5　pH による過酸化物（いずれも 0.1 M）の酸化電位

出典）（図 8-4，8-5 とも図 8-2 と同じ），p. 299

③　**過炭酸ナトリウム**（sodium percarbonate：$Na_2C_2O_6$）

　白い粉状の結晶（$2Na_2CO_3 \cdot 3H_2O_2$）で有効酸素が約13％である。水に溶け炭酸ナトリウムと過酸化水素に分かれる。水に対する溶解度は 120 g/l（20℃）で，溶解速度（15℃，2 g/l）は 1 分間で95.4％，2 分間で100％と高いが，水に対しては比較的不安定である。漂白機構は過ホウ酸ナトリウムと同様と考えられているが，過炭酸ナトリウムの方が水溶性が良く，早く過ヒドロキシルイオンを生成するため，撹拌状態で10〜15分間後には効力を発揮する。重金属に対して不安定で過酸化構造が分解しやすいので，取り扱いには注意が必要である。

④　**ハイドロサルファイト**（sodium hydrosulphite：$Na_2S_2O_4$，亜二チオン酸ナトリウムの総称）

　強力な還元作用をもつ白色の粉末で，湿った空気中では分解が早く不安定で，家庭用漂白剤としては使いにくい。水溶液は空気を断っても分解して，亜硫酸水素ナトリウム $NaHSO_3$ とスルホキシル酸ナトリウム $NaHSO_2$ とになるが，これらが強い還元力をもつために強い漂白力を示す。この反応は加熱や酸の添加により促進される。絹・毛・ナイロン・アセテートなどすべての繊維の白物衣類の漂白に用いる。色物・柄物は，脱色するので使えない。

⑤　**二酸化チオ尿素**（$(NH_2)_2CSO_2$）

　家庭用の還元漂白剤として市販されている。

2. 増　　白

蛍光増白剤
fluorescent brightener または fluorescent whitening agent

　無色の蛍光増白剤とよばれる染料で黄化した衣服を染色し白く見せるための処理を蛍光増白という。図 8-6 はポリエステルの白布を蛍光増白処理した場合に見られた 300〜600 nm の波長域における反射スペクトル変化を示したも

のである。原白布は肉眼ではやや黄色味を帯びた白さに感じられる布で，300〜500 nm 付近の光を吸収する物質を含有していることがわかる。これに対して対繊維重量0.04%および0.32%の濃度で蛍光増白処理を実施したところ，各々0.04%，0.32%と記した反射スペクトルを示す白布へと変化した。いずれの処理布も 400 nm 以下の光に対しては原白布よりも吸収が増したが，400〜500 nm では反射光が強くなっていることがわかる。

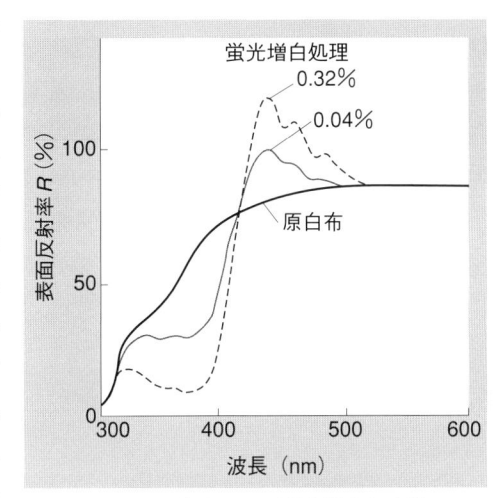

図8-6 原白布および蛍光増白処理後の反射率スペクトル
（図中の数字は蛍光増白剤の染色濃度）

これは原白布に染着した蛍光増白剤が紫外部の光を吸収し，このエネルギーを400〜500 nm に新たに蛍光として発したことによって生じた変化である。

このように蛍光増白処理をした布では蛍光増白剤が 400 nm 以下の紫外部の光を吸収した後に，その吸収エネルギーを 440 nm 付近の可視波長部に蛍光として発するために白く見えるのである。

蛍光増白の処理方法としては単一の蛍光増白剤水溶液を使って染色処理と同様の方法により増白する場合や，洗剤の中に配合された蛍光増白剤によって洗濯中に衣類を増白する場合，および糊料の中に配合されているものを用いて糊つけ処理をすると同時に増白処理が行われる場合などがある。

使用時の濃度は対繊維重量で約0.1〜0.5%程度のごく薄い濃度で用いる。蛍光増白剤の場合は多量に使い過ぎるとかえって蛍光が弱くなる濃度消光現象が知られている。

蛍光増白剤にはいろいろな化学構造をもつものがある。繊維に対する吸着性および実用上の観点からいくつかの代表例をあげると，まずセルロース用として広く使われているジアミノスチルベン系，たんぱく質繊維やポリアミド繊維用として使われているクマリン系，ピラゾリン系，そしてポリエステルなど合成繊維用のオキサゾール系などがある。これらの中で現在多用されているものの化学構造と用途を表8-4に示した。

ジアミノスチルベン系は4,4′-ジアミノスチルベン-2,2′-ジスルホン酸を基本体とするので，セルロース繊維用のほとんどすべてのものがこれに属する。代表例は C. I. F. B. 134 である。また，この染料はナイロン・毛・アセテート・紙など多方面に応用することができ，蛍光増白剤の中で生産量が最も多い。

オキサゾール系はオキサゾール環をもつ化合物で，耐光性の優れたポリエス

C. I. F. B. 134
C. I. は Color Index の，F. B. は Fluorescent Brightener の略で，134まで含めて1つの染料名を表している。

表8-4 衣料用蛍光増白剤の化学構造および用途

染料名	化学構造	用途
C. I. Fluorescent Brightener 134 (C. I. F. B. 134)	(構造式)	繊維（綿が主，一部ナイロン）日本で多用
C. I. Fluorescent Brightener 135 (C. I. F. B. 135)	(構造式)	繊維（ポリエステル用）世界での主流
C. I. Fluorescent Brightener 351 (C. I. F. B. 351)	(構造式)	衣料用洗剤配合用 世界での主流

テル繊維用が市販されている。代表例は C. I. F. B. 135 である。

また市販の衣料用洗剤の中に配合されている蛍光増白剤の代表例は C. I. F. B. 351 がある。これは少量で強い蛍光を発し低温での吸着性が優れているので短時間の洗剤洗い中に被洗物を増白するのに適している。

蛍光増白剤は白物衣料に対しては増白効果を生じるが，淡色の衣料に対しては蛍光によって衣料が変色する場合があるので，洗剤の中に配合されている場合には使い分けをする必要がある。変色が生じるのは綿・麻・レーヨン製品の白色，淡色衣料などで，製造過程で全く蛍光増白処理をしていない製品である。濃色衣料および難染性ポリエステルの白，淡色衣料についてはこの変色に関しては問題がないようである。

変色の恐れのある衣料には，蛍光増白剤の配合されていない洗剤を使用しなければならない。蛍光増白剤が出現する以前には，インジゴ，ベレンス青，アルカリブルー，メチレンブルーなどの青紫色の染料や顔料を使って，黄ばんだ布にごく薄く着色し，600 nm 付近の反射光を減じさせることによって白く見せる青味づけ（blueing）を行っていた。衣類の白さを向上させる3つの処理方法，原白布を漂白処理した場合，これをさらに蛍光増白処理した場合，または青味づけした場合に見られる処理布の反射スペクトル概念図を図8-7に示した。

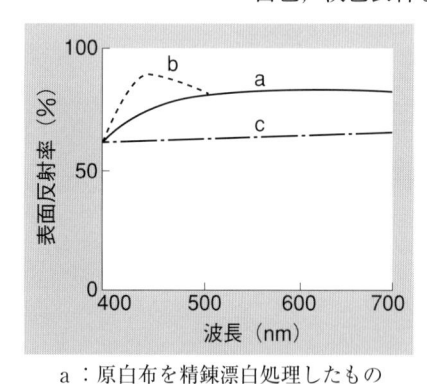

a：原白布を精錬漂白処理したもの
b：a の布に蛍光増白処理したもの
c：a の布に青味づけ処理したもの

図8-7 漂白，増白，青味づけによる反射スペクトルの変化

第9章 糊つけと仕上げ

繊維製品には洗濯後，繊維に応じた糊つけや仕上げが行われる。糊つけは布に適度な硬さを与え，形を整えることを主目的とするが，あわせて防汚性が向上することが多く，糊の種類によっては洗浄性向上などの効果もある。家庭用の柔軟仕上げ剤は陽イオン界面活性剤を主成分とするものが一般的で，帯電防止効果も付与されることが多い。アイロン仕上げは熱と水分と圧力の効果を組み合わせた仕上げ法で，合成繊維は主に熱可塑性を利用し，天然繊維や再生繊維では水分を併用することで大きな効果が得られる。

1. 糊つけ

1.1 糊料の種類と特徴

(1) 天然糊料と化学糊料

繊維用の糊料は糊つけ効果が高いこととともに，繊維に浸透，付着しやすく無色で布の外観や品質を損ねないものがよい。

糊料は大別すると天然糊料と化学糊料に区分することができる。おもな糊料を表9-1に示す。天然糊料は糊液の保存性が低く，糊つけ布を長期保存すると環境条件によって虫害を受けたりかびが発生しやすいなどの問題点がある。化学糊料はこのような問題点は少ないので取り扱いやすく，一般に合成繊維にも付着しやすい。

表9-1 天然糊料および化学糊料

天然糊料	植物性	でんぷん類	とうもろこし，馬鈴薯，甘藷，小麦粉，米，タピオカ
		海苔類	ふのり（アルギン酸ナトリウム）
	動物性	動物たんぱく質	ニカワ（ゼラチン）
化学糊料	天然高分子誘導体	変性でんぷん類	可溶性でんぷん，デキストリン
		でんぷん誘導体	カルボキシメチルスターチ，ジアルデヒドスターチ，ヒドロキシエチルスターチ
		繊維素誘導体	カルボキシメチルセルロース，メチルセルロース，エチルセルロース，ヒドロキシエチルセルロース
	合成糊料		ポリビニルアルコール，ポリ酢酸ビニル，ポリアクリル酸エステル，ポリビニルメチルエーテル，酢酸ビニル－無水マレイン酸共重合体，ポリビニルメチルエーテル－無水マレイン酸共重合体

出典）奥山春彦，皆川基編：『洗剤・洗浄の事典』，朝倉書店，p.456（1990）

（2） 主な糊料の種類と特徴

1） でんぷん類

でんぷんは植物の種子，根茎，球根などに含まれる炭水化物である。とうもろこし，小麦，米，馬鈴薯，甘藷などのでんぷんが代表的なもので，特に小麦でんぷんは生ふ[*1]とよばれる。でんぷんは一般に白色粉末であるが，原料植物の種類によって粒子の大きさや形状，性質などが異なる。いずれのでんぷん粒子も外層部に水に難溶なアミロペクチンを含み，そのままでは水に溶けないが水を加えて加熱すると外層のアミロペクチンが膨潤し組織が破壊され内部のアミロースが溶け出して糊化する。糊化温度はでんぷんの種類によって表9-2のように異なる。

表9-2 でんぷんの粒子の大きさと糊化温度

でんぷんの種類	粒子の大きさ（μm）	糊化開始温度（℃）	糊化完結温度（℃）
馬鈴薯でんぷん	15～100	55	65
甘藷でんぷん	15～25	58	67
タピオカでんぷん	15～25	64	79
トウモロコシでんぷん	15～30	65	76
小麦でんぷん	7～28	62	83
米でんぷん	3～7	70	80

出典）日本学術振興会染色加工第120委員会編：新染色加工講座 第12巻『仕上げ加工Ⅱ』，共立出版，p. 11（1973）

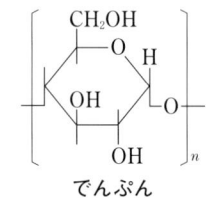

2） 化工でんぷん類

馬鈴薯や甘藷のでんぷんの重合度を低下させて水に対する溶解性を高めたり糊化温度を低くしたりしたものを化工でんぷんとよび，可溶性でんぷんやデキストリンなどがある。

可溶性でんぷんはでんぷんを酸化処理したもので60℃程度でも糊化し，でんぷんよりも布に浸透しやすく透明度もよいので色柄ものに使用してもよい。

デキストリンは酵素や酸によってでんぷんの重合度を低くしたもので，冷水またはぬるま湯で溶かすことができ，粘性が低く浸透性も良好である。

3） ふのり

海藻の一種の紅藻を煮て溶かし糊液を作るが，でんぷん糊よりも透明度が高く，しなやかで光沢や弾力のある仕上がりが得られる優れた糊料である。色ものや絹ものに適しているので着物地の仕上げに多用されたが，合成糊料の利用が増加した現在では限られた用途にのみ用いられている。

4） CMC

CMC carboxy methyl cellulose （カルボキシメチルセルロース）

CMCはセルロース分子にカルボキシメチル基を導入したセルロース誘導体で白色の粉末である。冷水にも溶解して粘稠な液体となるが，短時間では完全に溶解した均一な液体になりにくい。

CMCはでんぷん糊の付着しにくい合成繊維にもよく付着し，他の糊料と比較して仕上がりが硬い。またCMCで糊つけした布は防汚性，洗浄性が向上するなどの効果も認められている[1-2]。

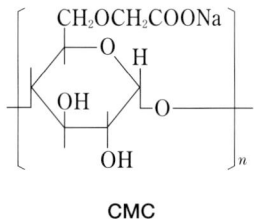

*1 小麦粉からたんぱく質であるグルテンを分離したもので，さらに精製したものは銀生ふとよぶ。

5） PVA

ビニロンの原料でもある PVA はポリ酢酸ビニルをけん化して得られる水溶性の合成高分子で，柔軟で強靱な糊膜を作るが，重合度が高くけん化度が低いものほど仕上がりが硬い。糊料では一般にけん化度90％前後，重合度500〜2000程度のものが多い。

PVA は CMC と同様に合成繊維を含むいずれの繊維にもよく付着し保存性もよい。糊液は CMC より粘稠性が低く浸透性が良好で，仕上がりは CMC よりやや柔らかめとなる。

6） ビニル系合成樹脂糊料

樹脂系糊料は糊つけ後のアイロン加熱で繊維表面に樹脂の被膜が形成される。洗濯後，毎回糊つけをする必要がない反面，頻繁に糊つけを繰り返すと繊維の風合いが硬くなったり樹脂被膜の表面に付着した汚れが脱離しにくい場合がある。

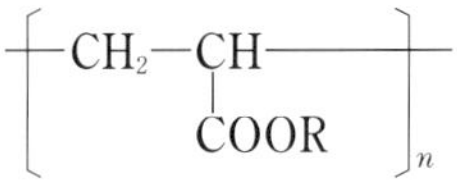

代表的な樹脂系糊料であるポリ酢酸ビニル（PVAc）は水に不溶性で，エマルション液の状態で市販されている。この液は容易に水に分散希釈され，実用濃度ではほとんど粘稠性がないので各種の繊維に浸透しやすく，よく付着する。なかでもカチオンタイプ糊料は水中で正に荷電しており電気的に吸着するため大きなものでも均一に糊つけしやすく，また温湯洗濯で比較的脱離しやすい。

他にポリアクリル酸エステル系（エマルション）やポリアクリル酸アミド系（水溶性）などの樹脂糊料もある。

PVA
polyvinyl alcohol
（ポリビニルアルコール）

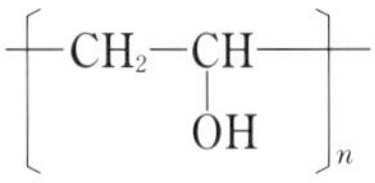

$$\mathrm{\left[CH_2-CH\atopOH\right]_n}$$

PVA

PVAc
polyvinyl acetate
（ポリ酢酸ビニル）

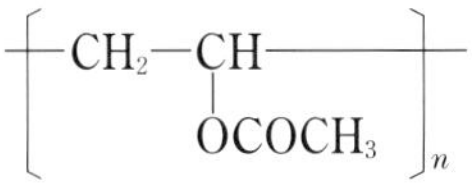

$$\mathrm{\left[CH_2-CH\atopOCOCH_3\right]_n}$$

ポリ酢酸ビニル

$$\mathrm{\left[CH_2-CH\atopCOOR\right]_n}$$

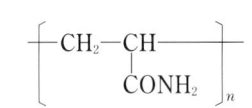

ポリアクリル酸エステル

$$\mathrm{\left[CH_2-CH\atopCONH_2\right]_n}$$

ポリアクリル酸アミド

1.2 糊つけ効果

繊維製品は糊つけによって硬さや張りが加わり表面も平滑になるので，一般に整形性や防汚性が向上する効果がある。糊の種類によっては洗浄性も向上するが，過度の糊つけで繊維が硬くなり過ぎると防しわ性が低下しやすい。

① 整 形 性

糊つけは繊維に硬さやこしを付与することで繊維製品の形を整える効果がある。糊料の種類によって仕上がりの硬さは異なり，図9-1に示すように CMC は特に硬くなるが，PVA は中程度であり，でんぷん類とポリ酢酸ビニル系樹脂は柔らかめに仕上がる。一般に糊料液の濃度を高くすると糊料の付着量が増すため糊つけ布の仕上がりは硬さを増す傾向にある。

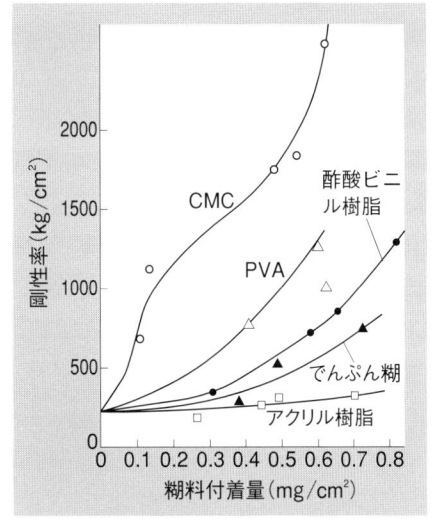

② 防汚性，洗浄性

糊つけをすると表面に糊料の被膜ができているので，平

図9-1　糊付着量と剛性率（基布：木綿）
出典　奥山春彦・藤井富美子：繊維製品消費科学，4(3)，p.148（1963）

滑で汚れが付きにくい上に汚れが繊維深部へ進入しにくい。水溶性の糊料の場合は糊膜上に付着した汚れは糊とともに繊維から脱離するので，洗浄性が高くなることが多い。

　木綿に対するCMC糊つけ布では図9-2に示すように他の糊料と比較して特に洗浄性が向上[1-2)]しており，洗濯の際に汚れを除去しやすいと考えられる。洗浄性の傾向は繊維の種類によって多少異なり，合成繊維ではPVA糊つけ布の方がCMC糊つけ布よりも洗浄性が高いものもある。

③　防しわ性

　一般に糊つけで布が硬くなりすぎると，はっきりとしたしわができやすくなり防しわ性が低下する。仕上がりの柔らかい糊で柔軟で弾力性のある薄い糊被膜ができると細かなしわが生じにくい場合もあるが，CMCや生ふでは硬く糊

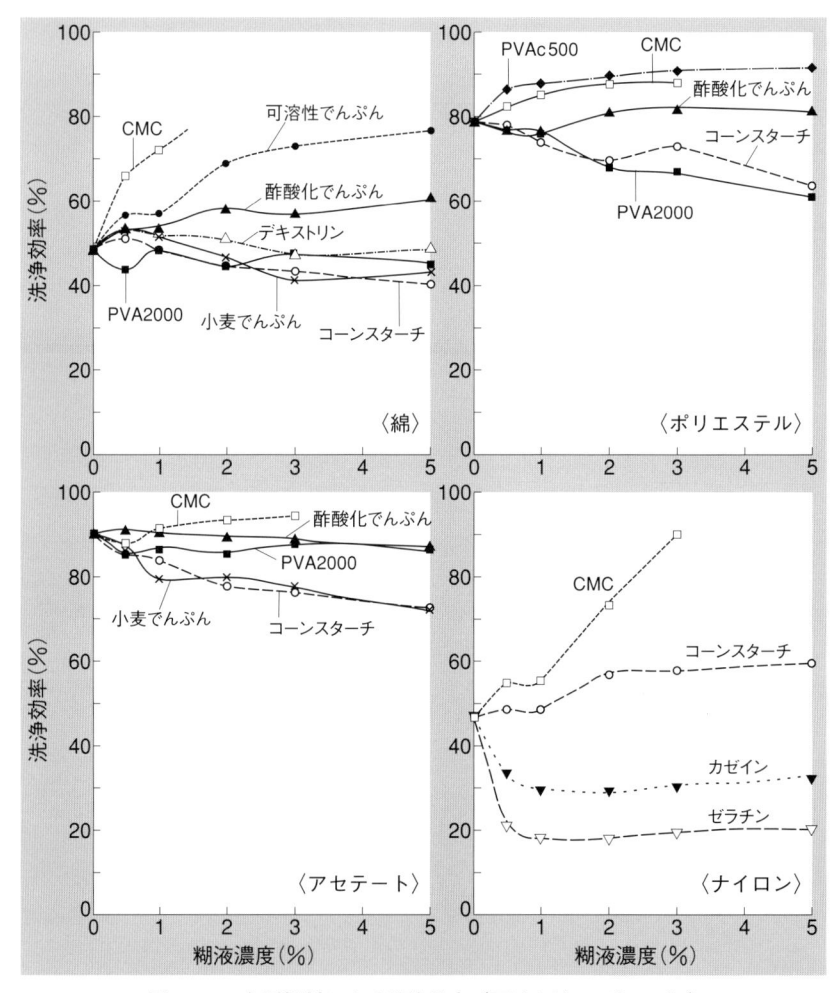

図9-2　各種糊料による洗浄効率（石けん液0.5％，40℃）
出典）岩崎振一郎・壺坂昭八ほか：繊維製品消費科学，（綿）1, 1, p.34（1960），
（ポリエステル，アセテート，ナイロン），1, 2, pp.94-95（1960）

つけすると厚くてもろい糊の被膜ができるため,防しわ度が著しく低下する。PVAでは完全けん化物よりも部分けん化物の方が,重合度は大きいものより小さいものの方が被膜が柔軟で防しわ度が高い[3]。

④ 光　沢

　糊つけを行うと繊維や糸が相互に接着して毛羽立ちが抑えられ,アイロン仕上げによって布の表面が一層平滑になり,やや光沢がでることが多い。一般に糊液が高濃度になると密で均一な被膜ができるので光沢が増す傾向にある。糊の種類や糊の付着状態によって効果は異なるが,PVAでは完全けん化物で重合度の大きいものの方が光沢がよい[3]。

1.3　糊つけ法

(1)　糊液の濃度

　糊液の濃度は糊料の種類とともに糊つけ布の硬さに影響が大きい。でんぷん糊では1～2％が実用濃度とされており,PVAはけん化度によって0.1～0.3％,CMCは0.1％程度の液濃度にするとほぼ適度な硬さに仕上げられる[4]。PVAcの場合は繊維に吸着するので,市販のエマルション液を布の乾燥重量に対して1～3％程度使用する。

(2)　糊つけ法

① 浸　漬　法

　一般的な糊つけ法で,洗濯後などに布全体を糊液に浸して行う。

　手作業では浴比1：3～4程度の糊液に布を5～10分間浸漬して糊液を均一に吸収させた後,適度に糊液が残るように脱水して乾燥する。布中の糊液含量が少ないと糊つけ効果が低下するので適度に脱水する。遠心脱水はごく短時間にとどめ,脱水むらは糊つけむらになるので注意する。

　樹脂系糊料の糊つけは洗濯機利用でもよい。浴比1：15～20程度の水にエマルション液を加え希釈してから布を入れ,2～3分間洗濯機を作動させて布に糊液を浸透させる。繊維に吸着した糊料はある程度脱水しても糊つけ効果に影響が少ないので,軽く短時間の遠心脱水をしてから乾燥する。

② 刷毛引き法

　刷毛を用いて糊液を布の裏から均一にすり込む方法で浸漬法よりも糊液が少なくてすむ。主に和服地の伸子張りや板張り仕上げなどに行われる手法である。

伸子張り
板張り
⇨ p.104

③ スプレー法

　糊液を布にスプレーして糊つけし,アイロンで仕上げる方法である。付着むらができやすいので部分的な糊つけや軽度の糊つけに適している。糊液の粘性が低くスプレーしやすい水分散性や水溶性の樹脂糊料をスプレータイプにした製品も市販されている。

2. 柔軟仕上げ

2.1 柔軟仕上げ

（1） 柔軟仕上げの効果

着用や洗濯によって繊維の風合いは変化し，繊維間の摩擦抵抗が大きくなると柔軟性が低下したと感じられる。柔軟剤には各種の界面活性剤や油脂類などがあるが，仕上げ用としては静摩擦係数を低下させて柔軟性を与える目的で界面活性剤が用いられることが多い。一般に繊維は水中では負に荷電していることが多いため，特に陽イオン界面活性剤が吸着しやすい。陽イオン界面活性剤が吸着するとその疎水基によって繊維相互間の直接的な摩擦が防止されすべりがよくなり，柔軟性が向上する。

図9-3に各種の柔軟剤効果と繊維の種類との関係を示す。

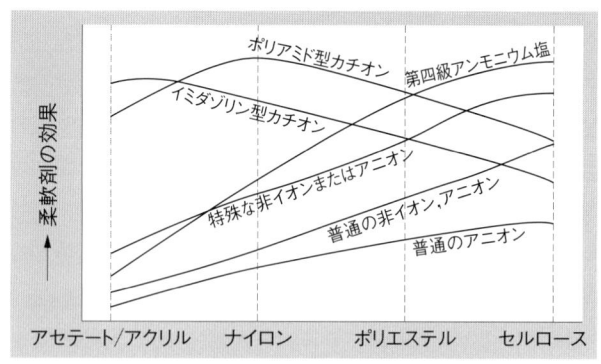

図9-3 柔軟剤効果と繊維の種類との関係
出典）高橋越民・難波義郎ほか共編：『界面活性剤ハンドブック』，工学図書, p.294（1980）

第四級アンモニウム塩

（2） 家庭用柔軟仕上げ剤

家庭用柔軟仕上げ剤の主成分は第四級アンモニウム塩などの陽イオン界面活性剤で，非イオン界面活性剤やその他の配合剤を併用しているものもある。

家庭用柔軟仕上げ剤は柔軟効果の性能とともに，繊維や染色，人体への影響がなく使いやすいことも重要な要素である。特に疎水基の大きな界面活性剤は柔軟効果は大きいが繊維の吸水性が低下することが指摘され，最近の市販品では吸水性が改良されたタイプになっている。市販の家庭用柔軟仕上げ剤は処理方法によって以下の2つのタイプがある。

① 洗濯後使用タイプ

家庭用柔軟仕上げ剤として一般的なタイプである。陰イオン界面活性剤と同時に使用すると，有効成分である陽イオン界面活性剤の繊維への吸着が減少し，柔軟効果が低減するため，一般の洗剤と併用できないので洗濯のすすぎが完了したあとの水に必要量を加えて用いる。洗濯機または手で2～3分撹拌して柔軟剤を吸着させた後，通常通りに脱水，乾燥する。

② 回転乾燥機用タイプ

不織布などのシートに陽イオン界面活性剤を主成分とする柔軟剤を含ませたもので，脱水後の洗濯物と一緒に乾燥機に入れ回転中にシートの柔軟剤を繊維に付着させる。このタイプでは柔軟剤を繊維製品に均一に付着させることが困難で，柔軟効果よりも回転式乾燥機で問題となる静電気の処理や，帯電防止仕上げを主目的として利用するとよい。

2.2 帯電防止効果

疎水性の高い合成繊維は水分が少なく導電性が低いため摩擦などで発生した静電気が帯電しやすく，特に乾燥期にはその傾向が著しい。強い帯電は電気的に汚れを吸着したり，衣類がまつわりつく，着脱の際に放電が起こるなど弊害を生じる。図9-4に帯電列の一例を示す。

帯電を防止するには繊維の表面に導電性を与えることが必要で，帯電防止剤として表9-3に示すような各種の界面活性剤が用いられる。陽イオン界面活性剤は繊維に吸着すると界面活性剤の親水基に水和している水分子によって導電性が向上し，帯電防止効果も併せて得られることが多いため陽イオン界面活性剤を主成分とする柔軟仕上げ剤が帯電防止にも有効である[*1]。

特に第四級アンモニウム塩では柔軟効果とともに帯電防止効果の優れたものが多く，ジステアリルジメチルアンモニウムクロリドなどを主成分とする仕上げ剤が柔軟，帯電防止の両面から幅広く利用されている。

また最近では帯電防止に有効な界面活性剤をアルコールや水などに溶解したスプレータイプの帯電防止剤も多い。これらは着用中の衣類に直接スプレーすることで溶媒の導電性によって電荷を流出させ，また界面活性剤が繊維に吸着して帯電を防止する効果がある。

+	羊毛
	ナイロン
	ビスコースレーヨン
	木綿
	絹
	アセテート
	ポリビニルアルコール
	ポリエステル(テトロン)
	ポリアクリロニトリル
	サラン
	ポリエチレン
−	ポリ塩化ビニル

図9-4　帯電列

表9-3　帯電防止剤の分類

陰イオン界面活性剤	アルキル硫酸エステル アルキルアリールスルホン酸 アルキルりん酸エステル
陽イオン界面活性剤	第四級アンモニウム塩 イミダゾリン
両性イオン界面活性剤	ベタイン
非イオン界面活性剤	ソルビタン型（混合型） エーテル型 エステル型 （アミン型） アミド型

出典）（図9-3と同じ）pp.264-265

3. 仕上げ
3.1 仕上げの原理

仕上げには主として温度，水分，圧力の要因が関与している。

合成繊維は一般にガラス転移点が低いものが多く，ガラス転移点を超えると容易に変形するし熱可塑性が大きい（表9-4）。このため合成繊維では主として温度の効果を利用した仕上げ法が適している。

[*1] 静電気の発生しやすい合成繊維に対して，製造段階で帯電防止剤を混入したものを制電繊維という。
　一方，繊維の中に導電物質のカーボンブラックを混入したり，繊維の表面に金属を蒸着して導電性をもたせたものを導電繊維といい，制電繊維に比べると効果が高い。静電気による引火事故の可能性のある化学工場で，安全作業服などに用いられる。

表9-4　半合成繊維と合成繊維の軟化，溶融温度

繊　維	軟化温度（℃）	溶融温度（℃）
アセテート	200～230	260
トリアセテート	250以上	300
ナイロン6	180	215～220
ナイロン6・6	230～235	250～260
ビニロン	220～230	明瞭でない
ポリエステル	238～240	255～260
アクリル	190～240	明瞭でない

出典）繊維学会編：『繊維便覧加工編』，丸善，pp. 1176-1183（1982）

表9-5　天然繊維と再生繊維に対する熱の影響

繊　維	熱　の　影　響
綿	120℃ 5時間で黄変，150℃で分解
麻	130℃ 5時間で黄変，200℃で分解
絹	235℃で分解，275～456℃で燃焼，366℃で発火
羊毛	130℃で熱分解，205℃で焦げる，300℃で炭化
レーヨン	260～300℃で着色，分解し始める
キュプラ	260～300℃で着色，分解し始める

出典）（表9-4と同じ）pp. 1176-1183（1982）

　一般に天然繊維は加熱しても軟化や溶融は起こらず，高温になると表9-5に示すような黄変や分解を起こす。乾燥状態では可塑性は大きくないので十分な仕上げ効果は得られないが，親水性が大きく湿潤状態になると，可塑性が高まり容易に変形する性質をもつ。このため親水性繊維では加熱と加湿の両方を併用することで仕上げの効果を上げることができる。

　加圧の効果については，同温度ではある程度までは圧力が大きい方が有効であり（図9-5），また加圧時間が長い方が整形効果が大きくなる（図9-6）。繊維の種類にもよるが，仕上げ温度が適温以下の場合は強い加圧が必要であり，長く加圧しても整形効果が不十分であるのに対し，適温以上になると短時間の加圧でも強く整形されるようになる。全般的に加圧の大きさや加圧時間の差異の影響は，過熱や過湿の効果ほど大きいものではない。

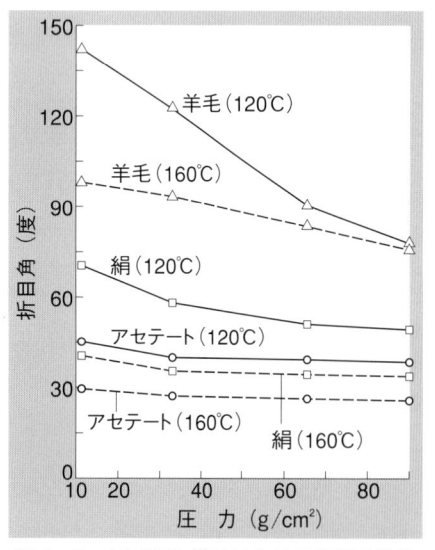

図9-5　アイロン掛けにおける加圧の効果
（加圧10秒，R. H. 65％調湿試料）
出典）名倉光雄・安藤光代：繊維製品消費科学，2，p. 75（1961）

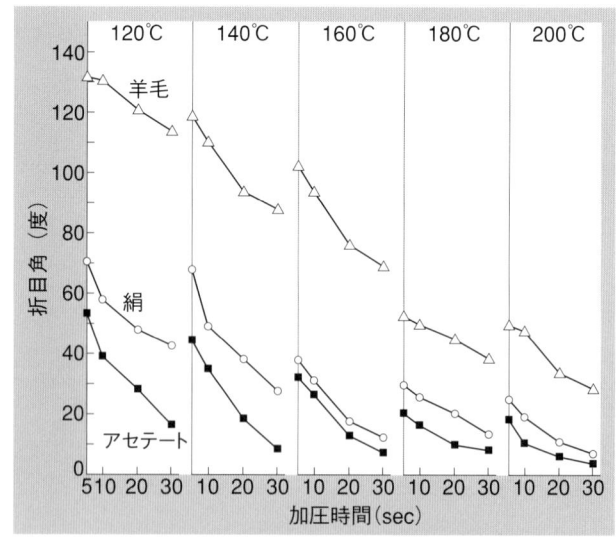

図9-6　アイロン掛けの温度と時間の効果
（圧力 32.6 g/cm^2，R. H. 65％調湿試料）
出典）（図9-5と同じ）p. 76（1961）

3.2 アイロン仕上げ

家庭ではアイロン仕上げが一般的である。形態安定加工品は木綿または木綿とポリエステルの混紡品のことが多いが，しわや変形が起こりにくく，アイロン仕上げはほとんど不要で，必要な場合に限り軽く掛ける程度にとどめる。

（1）アイロンの温度

繊維製品の取扱い絵表示ではアイロン温度は表9-6のように高，中，低の3段階に大別されており，各繊維のアイロン仕上げの適温は表9-7に示すような範囲である。セルロース系天然繊維は通常200℃までの高温が適するが，樹脂加工品や糊つけ布では樹脂や糊料の変色を避けるため140～150℃までの温度にとどめる。絹，羊毛などの動物繊維の適温は150℃までの中温で風合いの低下を防ぐためにあて布を使用する。合成繊維では比較的耐熱性が大きいポリエステルは150℃までの中温で，耐熱性が低い繊維は仕上げ温度を低くする。特に耐熱性の低い繊維はアイロン仕上げを避け，混紡，交織品では耐熱性の低い繊維を基準にして温度を定める。

表9-6 アイロンの温度

区分	温度（℃）
高	180～210
中	140～160
低	80～120

JIS規格

表9-7 アイロン仕上げの適温

繊　　維	適温（℃）
綿，麻	180～200
レーヨン，キュプラ	130～150
絹，羊毛	130～150
ポリエステル	130～150
ナイロン	120～140
アセテート	120～140
アクリル	120～140

静止したアイロン加熱では布の温度は中温で10秒程度，高温でも約20秒程度で安定する[5]のでアイロンを適度に動かすことで有効な加熱ができる。

（2）加　　湿

天然繊維は加湿効果が大きいが，繊維が過度に水分を含んでいると布の温度上昇が遅れる[5]ので，加湿は乾燥重量の30％前後の生乾き状態にとどめる。また，高湿度の環境下では親水性繊維は整形効果が低下しやすい[6]。

合成繊維には加湿の効果はない。ビニロンは湿熱で硬化しやすく，新合繊の一部素材はウォータースポットができやすいので，いずれも加湿は避ける。

（3）加　　圧

アイロン台が硬い方が加圧によるアイロン効果が大きくなる[7]。平滑で硬い布は強く加圧してもよいが，絹や羊毛は不快な光沢（アイロン光り）が発生しやすいのでアイロン仕上げは軽く，あて布を用いるか，または裏から行う。あて布利用は加圧によるアイロン光りを防止するのに有効な方法である。

ピーチフェイスなどの起毛素材やニット類は起毛部分や編み目が押し潰されると外観を損なうので，加圧しないようアイロンを浮かせて使う。

新合繊
ポリエステルなどの合成繊維に従来とは異なる新たな風合いを持たせたもの。

ウォータースポット
水滴などによってできる輪じみ。水じみ。

ピーチフェイス素材
新合繊の一種。桃の表面のような短く繊細な薄起毛の素材。

3.3　その他の仕上げ法

（1）　敷きのし仕上げ

布に湿りを与えしわを伸ばして形を整えて重しで加圧して布を平らにした後，広げて乾燥させる仕上げ法で，水分と圧力だけを利用する方法である。

（2）　板張り仕上げ

張り板に刷毛で糊を引いておき，布を別の刷毛で形を整えながら板に張りつけてそのまま乾燥させる。水分と少しの張力だけを利用した方法である。

（3）　伸子張り仕上げ

布全体に伸子を張ってから布に糊液を刷毛引きして，適度な張力を加えたまま乾燥させる。水分と張力を利用した方法で風合いよく仕上がる。

（4）　湯のし仕上げ

軽く張った布を蒸気の立った湯のし器の上を通過させ，布に下から蒸気を当てて仕上げる方法である。熱と水分と少しの張力が加わるが，水蒸気が布の下から上へ通るので特にふっくらと風合いよく仕上がる。

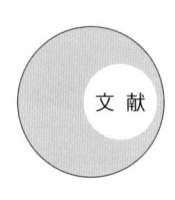

> **伸子**
> 細い竹棒の両端に針を取りつけたもので布を一定の幅に揃えて張っておくための用具。

> **湯のし器**
> 口を細くした釜型の容器の底に水を入れて加熱し，口部から大量に蒸気をたてて仕上げに利用する。

文献

1）岩崎振一郎・壺坂昭八・上田敦子・川崎きよ子：糊料と洗浄効果（第1報），繊維製品消費科学，1(1)，pp.33-34（1960）
2）岩崎振一郎・壺坂昭八・川崎きよ子：糊料と洗浄効果（第2報），繊維製品消費科学，1(2)，pp.94-95（1960）
3）中垣正幸・島崎斐子：糊付布の硬さと光沢について，家政学雑誌，7(1)，pp.2-3（1956）
4）奥山春彦・皆川　基編：『洗剤・洗浄の事典』，朝倉書店，p.458（1990）
5）渡辺ミチ・有坂静子：衣服地のアイロン処理に関する研究（第1報），家政学雑誌，8(1)，19-20（1957）
6）名倉光雄：織物の皺に関する研究，家政学雑誌，8(2)，74（1957）
7）渡辺ミチ：衣服地のアイロン処理に関する研究（第2報），家政学雑誌，8(2)，56（1957）

第10章 しみ抜き

衣服に付着した小部分の汚れを通常の汚れとは区別して「しみ」とよぶ。しみが付くと外観が悪くなるだけでなく，繊維の変色や脆化が起こったり虫害やかびの繁殖を招く一因となるので，できるだけ早くしみを除去する必要がある。しみ抜きは部分的な汚れ除去処理を行うため，その部分だけが損傷，脱色や風合い変化を起こしたり輪郭線状の輪じみ[*1]が残ることがある。損傷や外観の変化を避けるには繊維の種類やしみの成分に応じた適切なしみ抜き処理が必要である。通常のしみ抜き法では損傷の恐れのある繊維素材，染色や加工が堅牢でない製品などはクリーニング店やしみ抜き専門店に依頼する。前もって，はっ水，はつ油などの加工を施しておくとしみの付着を少なくする効果がある。

脆化
　もろくなること。
　(⇨ p.65)

はっ水
　水をはじくこと。
はつ油
　油をはじくこと。

1. しみ抜きの概要

しみ抜きは繊維素材やしみの内容，状態などによって適切な手法を選ばなければならない。洗濯でも除去することのできる汚れはしみ抜きの必要がないこともある。一般に次のような場合にはしみ抜き処理が必要で，洗濯可能なものはしみ抜き処理後続いて洗濯すると仕上がりがよい。

① 通常の洗濯ができない素材や構成の被服の場合
② 通常の洗濯では除去できないか，またはかえって固着するしみの場合

しみはできるだけ除去することが原則であるが，繊維や染色が損傷を受けるような強い処理は避けるべきで，しみによっては完全に除去できない場合もある。

1.1 しみ抜きの原理
(1) しみの判別

しみは付着物によって水溶性のしみ，油溶性のしみ，その他に泥はねなど不溶性物質の多いしみ，血液などたんぱく質を多く含むしみなどに大別される。付着物に適した処理方法によってしみ抜きを行うために，最初にしみの内容を判別する必要がある。古いしみは内容が分かりにくいことが多く，付着物が判然としない場合には下記のような判別法によってしみの内容をおおまかに推定することができる。

① しみの部分に微量の水を付けて，よく吸水すれば水溶性成分が多い。

---
*1 しみ抜き後に処理部分の外周に輪郭線状に残ったしみ (⇨ p.111)。

② しみの部分に微量の水を付けて，吸水しにくければ油溶性または不溶性成分が多い。油脂分が特に多いと半透明状態に見えることがある。
③ たんぱく質を含むしみは乾燥すると硬い手触りになることが多い。
④ しみの色やにおい，付着している場所なども参考にする。

（2） しみの除去方法

しみの除去には次のような方法がある。繊維や染色の損傷を防ぐため，できるだけ作用が緩やかでしみの成分に適した手法を選ぶ。

1） 物理的除去法

主として固形物や不溶性のしみに適した手法で，繊維や染色への影響は比較的少ない。吸着剤による方法は他に手段がない場合に行われる。

> 吸着剤
> ⇨ p.109
>
> ブラシがけ
> 洋服ブラシ使用。

① ブラシがけ，布で吸い取る，つまみ取る，固形のまま剥がすなどの方法
② しみに適した吸着剤を利用して除去する方法

2） 洗剤および有機溶剤による除去法

通常のしみの多くに利用される方法であるが，洗剤や溶剤の選択を誤ると繊維や染色に損傷を与えることがある。
① 水溶性のしみを水で溶解，または洗剤を利用して除去する方法
② 油溶性のしみを有機溶剤を利用して溶解し除去する方法

3） 化学的除去法

付着物を化学的に処理して除去する方法であるが，しみとともに繊維や染料が破壊され損傷を起こす可能性がある。特に強い漂白剤の使用は注意が必要である。
① 酸性物質はアルカリで，アルカリ性物質は酸で中和する方法
② 酵素を利用してたんぱく質や油脂を分解して除去する方法
③ 漂白剤で色素を破壊する方法

1.2　しみ抜き用具

> 超音波
> 振動数2万/秒以上，音としては聞こえない音波。

業務用には超音波を利用したしみ抜き機やスチームガンとよばれるしみ抜き用の強力な蒸気噴霧器を用いることが多い。スチームガンは蒸気の圧力でしみを吹き飛ばすようにして除去するもので，輪じみのぼかしも容易にできる。日常のしみ抜きの場合は，しみ抜きブラシまたは綿棒と下敷き布，木の板などが必要で，しみによってへら，目打ちなども利用する。輪じみの処理には霧吹きやタオルなどを用いる。

（1） しみ抜きブラシ，しみ抜き用綿棒

しみを抜くために布を垂直にたたく用具で，しみ抜きブラシまたはしみ抜き用綿棒（図10-1）を使う。脱脂綿や布を手で持ってたたくよりも確実にしみ

抜き処理ができ，しみ抜き剤も直接手に触れないので安全である。

　一般のしみ抜きブラシは馬の尾の毛またはシュロの繊維などを揃えて，直径1.5～2 cm，長さ約10 cmの円筒形に束ねて針金や糸などで堅く巻き上げたもので，円筒部を持って先端でしみをたたく。馬毛のブラシは繊維を損傷することが少なく，比較的弱い繊維のしみ抜きにも使用することができる。

　しみ抜きブラシの代わりに綿棒を用いてもよい。しみ抜き用綿棒は，割り箸などの先に脱脂綿を直径1.5～2 cmの球状に丸めて取り付け，はずれないようにガーゼをかぶせて根元を糸で割り箸にしっかりくくり付けたものが使いやすい。しみ抜き中に汚れたら取り替えるので数本準備しておく。

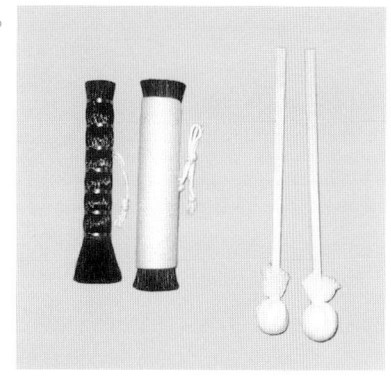

図10-1　しみ抜きブラシと綿棒

（2）下敷き布
　しみを吸い取らせるためにしみの下に敷く布で，吸水性の大きい木綿の白布が最適である。布地が薄い場合は2～3枚重ねる。色柄ものはしみ抜き処理中に染料が溶出することがあるので適さない。

（3）板
　ブラシや綿棒でしみの部分を確実にたたくことができるように下敷き布の台として使う。板は丈夫な木の平板で水や薬剤に強く樹脂や色素の出ない材質が適しており，およそ15×20 cm前後の大きさが使いやすい。小型の洗濯板でもよいが凹凸のあるものや木製以外の製品は避ける。市販の小型木製まな板などを利用してもよい。

（4）へら，目打ち
　布の表面をしごいたり，布目に入って固まった汚れを除去する際に必要である。丈夫な裁縫用の角製のへらや竹べら，目打ちまたは竹串などを使用する。有機溶剤を使用する場合には合成樹脂製のものは不適である。

目打ち
　先の尖った錐状の裁縫道具。

（5）その他
　しみ抜き剤の調製や水を入れるためのビーカーまたは広口小びん，輪じみのぼかしに使う霧吹き，しめり取りに白色木綿タオルなどを用意するとよい。

1.3　しみ抜き剤
　しみ抜きには洗剤，有機溶剤，漂白剤などがよく用いられるが，しみによって酸性薬剤，アルカリ性薬剤，酵素，吸着剤なども利用される。市販のしみ抜き剤もしみの内容別に，これらの薬剤を組み合わせたものである。

（1） 洗剤およびセッケン

1） 中性洗剤

　しみを除去するために洗剤を用いるが，蛍光剤配合の洗剤はしみ抜き処理部分だけが蛍光増白され色むらになることがあるので使用を避ける。アルカリで固着する性質のしみやアルカリに弱い繊維には中性洗剤が適しており，付着物や繊維組成が不明な場合も中性洗剤がよい。しみ抜きでは各洗剤の手洗いに準じた濃度（現在の市販品では約0.2％前後）の水溶液を調製して用いる。油脂成分の多いしみなどでは食器用洗剤を利用してもよい。アルカリ性にしたほうがよい場合は中性洗剤にアンモニア水を加えて用いる。

> 蛍光剤，蛍光増白剤
> ⇨ p.92

2） 石 け ん

　中性洗剤では落ちにくいしみに有効な場合がある。部分洗い用の石けん液が使いやすいが，固形の浴用石けんをそのまま利用してもよい。しみに薄く塗りつけてから，たたいたりへらでしごいたりして汚れを除去する。損傷の可能性がある繊維素材には使用を避ける。

（2） 有機溶剤

　有機溶剤は油性物質をよく溶かすので，油脂類や油溶性色素，樹脂のしみ抜きに使われる。一般に沸点が低く揮発性大で引火性のものが多く，多量に吸入すると人体に影響を及ぼす場合もあるので慎重に取り扱う。

① 石油ベンジン，リグロイン

　油脂類や樹脂の除去に広く用いられる。石油ベンジンは急激に揮発して輪じみができやすいので注意する。

> 石油ベンジン，リグロイン
> 　工業用ガソリンの一種。

② エチルアルコール

　水によく溶けるので酸やアルカリなど他のしみ抜き剤水溶液と混合使用できる。化粧品や筆記具の色素，かびの色，ニスなどの除去にも使用される。

> エチルアルコール
> 　エタノールともいう。

③ アセトン，シンナー

　油脂や合成樹脂を溶解する作用が強く，チューインガムなどのしみ抜きにも利用される。アセトンやシンナーはアセテート，ポリ塩化ビニル，アクリル系繊維などを損傷するのでこれらの繊維に使ってはならない。マニキュアの除光液はアセトンを含む物が多いので注意する。

> アセトン
> 　CH_3COCH_3
> シンナー
> 　有機系の混合溶剤の総称。

（3） 漂 白 剤

　酸化漂白剤では次亜塩素酸ナトリウム，過炭酸ナトリウム，過酸化水素の3種，還元漂白剤ではハイドロサルファイトの製剤がある。しみ抜きの最後に残った色素などを破壊除去するために用いるが，油脂類に対しては漂白剤は効果がない。繊維や染料も破壊されることがあるので漂白剤の使用はできるだけ避ける。漂白剤は繊維に適したものを選び，通常の漂白処理に準じた濃度の水

> 漂白剤
> ⇨ 詳細は第8章
> 　（p.89）

溶液に調製して用いる。

　還元漂白剤は鉄分のしみ抜きにも利用できるが，染料が還元されて脱色することが多いので色柄ものに使ってはならない。

（4）アルカリ性薬剤と酸性薬剤
① アンモニア水（アルカリ性薬剤）

　酸性のしみを中和する。繊維に残りにくいので絹や羊毛など，アルカリに弱い繊維にも使用可能である。通常は3％程度に希釈して使用する。

② 酢　　　酸（酸性薬剤）

　汗などのアルカリ性物質を中和する。通常5〜10％程度に希釈して使用する。

③ シュウ酸（酸性薬剤）

　鉄分のしみ抜きに有効だが，毒性があるのでよくすすぐなど繊維に残留しないよう注意する。通常1〜2％程度の水溶液に調製して使用する。

（5）その他
1）酵　　素

　たんぱく質や油脂の落ちにくいしみを除去するには分解酵素が有効である。酵素配合洗剤を利用してもよい。40℃程度の温液で使用する。

2）吸　着　剤

　飯粒を糊状にしたものやCMCなどの粘稠（ねんちゅう）な糊液を利用する。洗剤水溶液を少量混合して用いるとよい。墨のしみ抜きなどに有効である。

酵素配合洗剤
⇨ p.24

CMC：carboxy methyl cellulose
（⇨ p.96）
合成糊料。

2. 各種しみ抜き法
2.1　しみ抜きの注意

　しみ抜きは繊維や外観を守るためにしみを取り除いて衣服を元に戻すことが目的であるから，しみ抜き処理によって繊維や染色に損傷を生じないよう慎重に行う。注意すべき事項を次に示す。

① できるだけ早くしみ抜きをする

　しみは外観を損なうだけでなく繊維や染色を損傷する一因となる。一般に，新しいしみは除去しやすいが，古くなるとしみ成分が変性，固着して除去が困難になるので，できるだけ早くしみを除去する必要がある。

　すぐにしみ抜きができない場合は応急処置として，固形物はつまみ取り，液状物は布または柔らかい紙で表裏から挟んで押さえ液を吸い取り，できるだけ除去しておく。水溶性の物質には布や紙を湿らせ，堅く絞って使うとよい。

② 繊維の組成を確かめる

　適切なしみ抜き剤や処理方法を選ぶために，しみ抜きを始める前に必ず繊維組成表示を確認する。損傷しやすい繊維は大きな機械力を与えないようにする。

表10-1 使用できないしみ抜き剤

繊　　　維	使用できないしみ抜き剤
絹，羊毛	弱アルカリ性洗剤，塩素系漂白剤，過炭酸ナトリウム漂白剤
ナイロン，ポリウレタン	塩素系漂白剤
ア セ テ ー ト	弱アルカリ性洗剤，塩素系漂白剤，アセトン，シンナー
ポリ塩化ビニル	アセトン，シンナー
ア ク リ ル 系	アセトン

　繊維によって損傷の恐れがあるしみ抜き剤を表10-1に示す。
　損傷しやすいものは通常のしみ抜き法を避けてクリーニング店など業者に，しみ抜き処理を依頼する。その際，しみの位置や内容を告げておくとよい。
　絹の和服地は一般に，洗剤や有機溶剤処理が不適のものが多く，繊維，染色とも特に損傷を受けやすい。また金銀糸や箔など特殊素材が使われている場合もあり，扱いが難しいので，そのままで業者に依頼する方がよい。

③　しみ抜き剤は影響を確かめてから用いる

　繊維に対する損傷の可能性は表10-1のようであるが，染色や加工については表示されていないことが多く，わかりにくいので，色柄ものや樹脂加工品の場合は縫い代などの目立たぬところで試してから用いる。しみ抜き剤をつけてしばらく後に繊維の状態を調べたり，染色布では白布を当てて少し押さえ染料の溶出の有無を確かめるのが簡単な試し方である。還元漂白剤は染料を損傷することが多いので繊維組成にかかわらず染色物には使用できない。

④　作用の弱い手法，しみ抜き剤から始める

　最初は繊維，染色に影響の少ない方法から始めて順次作用の強い方法へ進め，しみが除去できた段階で処理を終えるようにする。漂白などの強力な処理は，その部分だけ繊維や染色が損傷する可能性があるので，できるだけ避け，最後にやむを得ず必要な場合にのみ行う。

⑤　しみを加熱しない

　一般にしみは加熱によって落ちにくくなる傾向があるが，特にたんぱく質を含むしみは加熱すると凝固して繊維に固着し，極めて取れにくいしみとなるので加熱してはならない。内容不明のしみも加熱は避ける。このためしみ抜きでは原則的に高温の湯やアイロンは使わない。

⑥　しみを広げない

　しみ抜き剤の液を多量につけると，しみが周囲へ溶出して広がりやすいので少量ずつ使用する。大きなしみの場合は一般に周囲から中央に向かって少しずつしみ抜きを進めると広がりにくい。

⑦　しみをこすらない

　しみ抜きは布の表面に垂直に力が加わるようにブラシまたは綿棒でたたき，

しみを下敷き布に吸い取らせる方法がよい。布をこすってもしみは除去できないばかりでなく，表面が毛羽立ったり，布目が乱れるなど外観を損なうのでこすってはならない。

⑧ **複数のしみ抜き剤を混用しない**

繊維上で不用意にしみ抜き剤が混合状態にならぬよう，用いたしみ抜き剤を完全に除去した後に次のものを使用する。

⑨ **しみ抜き剤を布に残さない**

しみ抜き剤が布に残っていると変色や繊維の損傷の原因になりやすい。しみ抜き剤水溶液は最後に必ず水で十分にたたくなどして完全に除去しておく。

⑩ **しみ抜き後は加熱乾燥しない**

加熱乾燥するとしみ抜き処理した部分だけが収縮したり，風合いが変化することがあるのでアイロンやドライヤーなどの使用は避けて自然乾燥にする。特にたんぱく質のしみの場合は少しでも残っていると加熱で固着するので加熱乾燥してはならない。

風合い
繊維製品の手ざわりや外観。

2.2　しみ抜きの手順

実際のしみ抜きは次のような手順で行う。

① **板の上に下敷き布を置く**

② **しみを下向けに，または布の表を下に向け，下敷き布の上に広げる**

通常は下敷き布に吸い取らせやすいようにしみを下に向ける。布を裏向けにするのは裏からたたくことで表の損傷を防ぐためである。しみや布の状態によって適切な向きにする。

③ **ブラシまたは綿棒にしみ抜き剤を含ませてたたく**

しみを広げぬようしみ抜き剤は少量ずつ使う。しみが下へ移りやすいように下敷き布の汚れのないところへ順次移動しながら，布面に垂直に適度な力でしみをたたく。最後は必ずしみ抜き剤を除去しておく。

④ **輪じみをぼかす**

輪じみはしみ抜き処理した部分と周辺の乾燥部分の境界に微量のしみ成分やしみ抜き剤が輪郭線状に残ったものであるから，湿潤部分と乾燥部分の境界線を霧吹きなどでぼかすと輪じみが目立たなくなる。タオルをわずかに湿らせてたたいてもよい。丸洗い可能なものはしみ抜き後に続いて洗濯すると残った成分が除去されるので輪じみが残らず，きれいに仕上げられる。

丸洗い
衣服などをそのまま全体を洗濯すること。

⑤ **ゆっくり自然乾燥する**

風通しのよい所に干して自然乾燥させる。急ぐ場合も加熱は避けて，湿った部分を両方の手のひらで挟んで暖める程度にとどめる。

2.3　しみ抜きの実際

　一般的に，水溶性のしみはまず中性洗剤で，油溶性のしみは石油ベンジンなど有機溶剤で処理する。色素などが残れば繊維に応じた漂白処理をする。水溶性と油溶性の混合物のしみでは，油溶性成分の割合が少なければ最初から洗剤で処理するが，油溶性成分を多く含む場合は，先に石油ベンジンなどで油溶性成分を溶解させて除去するとよい。有機溶剤はすぐに揮発するので，続いて洗剤で水溶性成分の処理をすることができ，しみ抜きが手順よく進む。

　各種の具体的なしみ抜き手法を表10-2に示す。

表10-2　しみ抜き法

1．食品のしみ

醤油，ソース，ケチャップ	醤油は小麦，大豆，塩などを原料に作られており，たんぱく質を含むので加熱すると落ちにくくなる。新しいしみは水溶性で洗剤処理によって比較的容易に除去できるが，古くなるとたんぱく質や色素が固着して落ちにくい。いずれも最後に色素が残った場合は漂白する。
ジュース	糖分，有機酸，色素などを含む水溶性しみで古くなると落ちにくい。洗剤で処理するが，ぶどうなど果汁の種類によっては色素が落ちにくい場合があるので，必要なら漂白処理をする。
緑茶，紅茶，コーヒー，コーラ	カフェイン，タンニン，色素などを含み古いしみや加熱したものは落ちにくい。アルカリ性にすると落ちにくくなるので弱アルカリ性洗剤でのしみ抜きや洗濯は避ける。中性洗剤で処理し，色素が残れば漂白する。
日本酒，ワイン，ウイスキー	水溶性成分が多いが，色の薄い酒でもしみになりやすいので，できるだけ早く洗剤で処理する。色素を多く含む酒の場合は色が残ることがあるので必要に応じて漂白する。
牛乳，生卵液，肉汁，魚汁	たんぱく質が多く古いしみや加熱したものは落ちにくい。牛乳，卵黄などは脂肪分が多いので石油ベンジンで油脂成分を除去した後，洗剤で処理する。卵白は有機溶剤処理は不要ですぐに洗剤処理をする。魚肉汁も油脂分の程度によって牛乳，生卵液に準じて処理する。繊維に支障がなければたんぱく質分解酵素を含む洗剤を温液で用いるとよい。牛乳や卵白はしみ抜き処理中にしみの位置がわかりにくくなるので，しみ抜きを始める前に糸印などをしておくとよい。しみ抜き中は除去程度が判然とせず，しみが残りやすいので注意が必要である。
バター，食用油	油脂類なので，石油ベンジンで処理する。落ちにくい場合は洗剤または石けんで処理する。高温の油脂が付着したものや古いしみは落ちにくい。漂白剤は有効ではない。
チョコレート，ケーキ，アイスクリーム	たんぱく質，脂肪，糖分，色素などが主成分である。脂肪分が多いものは石油ベンジンなどで脂肪分を除去してから洗剤で処理する。脂肪分が多くなければ最初から洗剤で処理する。
カレー汁	たんぱく質，油脂，でんぷん，色素などを含む除去しにくいしみで古くなると一層落ちにくい。カレーの黄色はターメリック[*1]によるもので天然染料にも使われる色素のため，絹や羊毛などにつくと染着状態となり極めて落ちにくい。固形物をつまみ取ってから洗剤で処理し，黄色の色素が残ることが多いので繊維に応じて漂白する。

＊1　ショウガ科のスパイスで日本名ウコン。黄色の色素クルクミンを含む。

チューインガム	主成分は樹脂で量が多い場合はできるだけ物理的に剥がす方がよい。しみを氷で冷やし、硬くなったら布目に沿って目打ちなどで慎重に引き剥がす。残った樹脂はアセトン、シンナー、石油ベンジンなどの有機溶剤で処理する。アセトンやシンナーの使用は損傷を受けない繊維に限る。樹脂以外の色素や香料が残った場合は洗剤で処理する。

2．分泌物のしみ

襟　垢	皮脂、老廃物、汗など、人体からの分泌物と外界からの汚れの混合したもので、洗濯では取れにくい汚れが残留したものである。最初に石油ベンジンで油脂成分を除去した後、洗剤処理する。古くなったものは汗が変色、固着して落ちにくいので繊維に応じて最後に漂白する。
汗，尿	汗や尿の成分は大半が水溶性であるから洗剤で処理する。古いしみは黄変して落ちにくいので必要なら最後に漂白する。
血液	たんぱく質、鉄分、色素などを含む落ちにくいしみで、加熱すると凝固して固着するので加熱は厳禁である。乾燥凝固しただけでも除去しにくくなるので、できるだけ早く洗剤で処理する。繊維に支障がなければたんぱく質分解酵素を含む洗剤を利用し、可能なら、40℃程度で30～60分間漬けておいた後に処理するとよい。鉄分が残った場合はシュウ酸で処理するが、白ものなら還元漂白剤で処理するとよい。

3．筆記具類のしみ

ボールペン、フェルトペン、マーカー類	染料や顔料などの色素が主成分である。油性ペンは石油ベンジンやアルコールなどで処理をする。落ちなければ損傷を受けない繊維に限りアセトンやシンナーを用いてもよい。水性ペンの場合は洗剤で処理する。色素によってはかなり落ちにくいものがあるので、必要に応じて最後に漂白する。
インク	青インクは青色色素と鉄分などを含んでおり、洗剤で処理したあとシュウ酸で鉄分を除去する。白ものなら還元漂白剤を利用すると色素、鉄分ともに除去しやすい。その他の色のインクの成分はほとんど色素なので新しいものは洗剤で処理し、色が残れば繊維に応じて漂白する。いずれの色のインクも古いしみは落ちにくい。
黒鉛筆	黒鉛と粘土の成分が繊維の表面に付着しているしみで、布が損傷しないよう慎重に消しゴムで消す。落ちにくい場合は洗剤で処理する。
朱肉、クレヨン、クレパス、色鉛筆油絵の具	成分は油脂と色素なので石油ベンジンで油脂分を処理したあと、色素が残ればアルコールで溶解して除去する。落ちにくい場合は洗剤または石けんで処理し、必要なら最後に漂白する。
墨	油煙の煤から採れる微細な炭素粉と膠が成分で、墨液のしみは極めて落ちにくく完全に除去することは困難である。墨のしみ抜きに最も有効なのは飯粒を利用する方法で、洗剤水溶液を少量混ぜた飯粒をしみの部分に塗りつけてもみだし、墨を飯粒に吸着させて取り除く。これを繰り返してできるだけ除去する。灰色のしみが残っても漂白剤は有効ではない。

4．化粧品などのしみ

口紅、アイシャドウ	色素と油脂類、香料などが主成分で棒状の口紅は形を保ちやすいように植物系または石油系ロウ類を含んでいる。まず石油ベンジンなどで処理して油脂成分を除去した後、アルコールで色素を溶出させる。落ちにくい場合は洗剤または石けんで処理する。

ファンデーション	ラノリンなどの油脂類，でんぷん，無機塩類，色素，香料などが含まれており，軽くついた程度なら洗濯で除去できることも多い。布で拭くなどできるだけ物理的に除去してから石油ベンジンかアルコールで油脂を除去し，色素が残れば洗剤で処理する。
白髪染め	酸化染料[*1]が主成分で多くの繊維に染着するため落ちにくい。できるだけ早い処理が必要であるが完全には落ちないことが多い。まず洗剤で処理し，落ちにくい場合は繊維に応じて漂白する。
マニキュア	主としてラッカーなどの被膜剤と色素を有機溶剤に溶かしたものである。新しいしみは乾いた布でできるだけ吸い取った後，アセトンまたはマニキュア除光液で少しずつ溶出させて処理する。アセトンやマニキュア除光液は繊維によって溶解などの損傷を起こすので注意する。
香　水	香水は各種の香料とアルコールなどを含むが，古くなると香料が繊維に固着して落ちにくくなるので，できるだけ早くアルコールまたは石油ベンジンで除去する。

5．その他のしみ

鉄さび	主成分は酸化第二鉄で不溶性である。白ものなら還元漂白剤で除去することができるが，色柄ものは染料が壊され脱色しやすいため使用できないのでシュウ酸で処理をする。
泥はね	泥は不溶性物質で土質によって落ちにくいものがある。乾燥させブラシをかけて落とす。しみが残れば洗剤で処理するが，それでも落ちなければ墨に準じて飯粒で吸着させる方法をとる。赤土などで鉄分が残った場合は鉄さびのしみに準じて処理する。
かび	よく乾燥させブラシをかけてかびを除去する。色素が残ればアルコールで処理する。落ちにくい場合は洗剤で処理し，なお色素が取れなければ必要に応じて漂白する。
機械油類，ロウ類	食用油に準じて処理する。
靴クリーム	主成分はパラフィンや顔料などで，石油ベンジンで油脂類を除去してから洗剤で顔料を処理する。落ちにくい場合は繊維に応じて漂白処理する。
防虫剤[*2]	パラジクロロベンゼンやナフタレンなどを2種以上混用すると溶解してしみができることがある。石油ベンジンまたはアルコールで処理する。

[*1] 酸化によって発色する染料で堅牢な黒色系の染色ができる。　　[*2] 衣料用防虫剤については第11章参照。

第11章 衣服の保管

わが国では季節によって温度，湿度などが大きく変動するので衣服もこれにあわせて季節によって取り替えるのが一般的であり，古くから「衣替え」の習慣がある。終わった季節の衣服は十分な手入れをして次に必要になるまで保管しておかなければならない。保管前の手入れや保管条件が適切でないと，衣服は型くずれ，強度低下，変退色，虫害，かびの害など，さまざまな損傷を受けて品質が低下する。衣服の汚れや湿度の条件が損傷の程度に大きく影響するので保管の際には，まず衣服の清潔と乾燥が重要である。羊毛や絹などは損傷が生じやすく，また羊毛害虫の食害を受ける可能性もあるので防虫にも配慮が必要である。

1. 保管中の衣服の損傷

高分子化合物である繊維類は比較的安定な物質であるが，着用や洗濯，さらに保管中にも次第に損傷・劣化をきたしていく。保管中に生じる損傷・劣化には衣服の型くずれ，繊維の強度低下，変退色などの質的劣化と，かびの発生や衣料害虫による食害など，他からの被害による損傷があるが，いずれも保管場所の温度，湿度などの環境条件と保管期間などによって大きく左右される。

① 衣服の型くずれ

衣服を折り畳んで長期保管すると取れにくいしわができたり，衣服が押しつぶされるなど型くずれを起こすことがある。特に吸湿性の大きい天然繊維やレーヨンでは高温多湿の環境に保管すると型くずれが起こりやすく，そのまま放置するとくずれた形で固定して修復しにくくなる。

② 繊維の強度低下

保管中の繊維の強度低下は，日光の紫外線，空気中の酸素や湿気などによって繊維の酸化や加水分解が起こるためと考えられる。絹，羊毛，レーヨンなどは吸湿性が大きく，高湿の環境下ではこのような変質や分解を受けて強度低下をきたしやすい。また，従来型の硫化染料で染色した木綿は時間の経過とともに染料の分解によって生じた硫酸のために繊維がかなり脆化することがある。

③ 変 退 色

絹，羊毛などのたんぱく質繊維は黄変しやすい性質をもっており，図11－1のように保存中にも白度が低下する。この黄変は図11－2に示すように湿度が

硫化染料
　硫黄化合物の染料。日光や洗濯に対しては染色堅ろう度が良い。

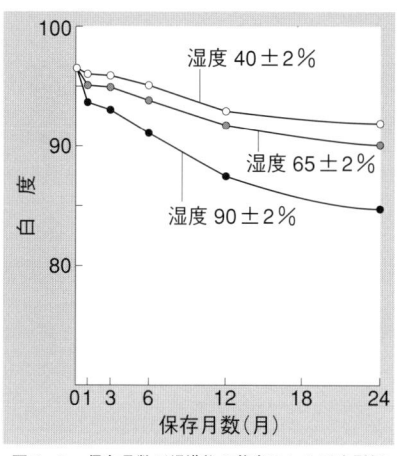

図11-1　保存月数が絹織物の黄変におよぼす影響
（試料：羽二重（60g付），20±2℃）
出典）皆川基：繊維製品消費科学，12(8)，p.307（1971）

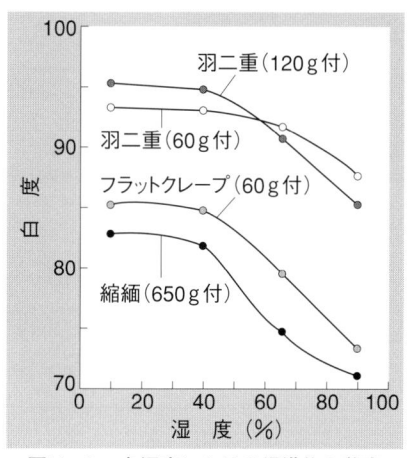

図11-2　各湿度における絹織物の黄変
（保存月数：12か月間）
出典）（図11-1と同じ）

40％を超えると顕著になり，高湿になるほど黄変の傾向は強くなる。また，繊維に汚れや洗剤，しみ抜き剤，糊料などが残留していると黄変の原因になりやすい。染色布の場合は紫外線による染料の分解が原因であるから光量の多い場所に保管したものは変退色を起こしやすい。

2. 防　　虫

2.1 虫　害

衣服は保管中に害虫に食害されることがある。日本では主として羊毛や獣毛，毛皮などを食害する羊毛害虫が繊維を食害し損傷を引き起こしている。絹は羊毛よりも被害は少ないが食害されることがあり，まゆや生糸の場合はセリシンが食害されやすいため精錬糸よりも被害が大きい。セルロース繊維や合成繊維の虫害は少ないが羊毛混紡品やアセテートなどは食害を受けることがある。糊や植物性物質を食害するシミなどの被害を受けることもある。

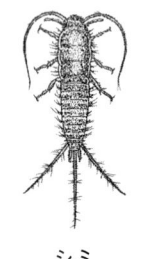

シミ
衣魚，紙魚
総尾目シミ科の昆虫。体長約10mm

（1）羊毛害虫

日本の主な羊毛害虫には鱗翅目ヒロズコガ科に属するイガ，コイガ，モウセンガなどと，鞘翅目カツオブシムシ科に属するヒメカツオブシムシ，ヒメマルカツオブシムシなどがあり，いずれも幼虫期に羊毛を食害する。成虫になれば繊維を食害することはないが，繊維に産卵するので防除しなければ被害を引き起こす。

① **イガ**（*Tinea pellionella*（L））　case-making clothes moth

成虫は体長約5～6mmで雌の方がやや大きく，前翅をたたむと頭部を頂点とした細長い三角形をしている。長い触角をもち，全体が淡灰褐色で前翅には

三個の暗灰色の斑紋がある。雌の成虫は繊維に産卵し，孵化した幼虫は繊維を食害してミノムシのような筒型の巣を作り棲息する。幼虫の体は淡黄白色のイモムシ型で黒褐色の頭部をもち体長6mm程度に成長する。幼虫は成長に伴い，巣の両端と脇の部分に食害した繊維をつぎ足して徐々に大きくするので染色布が食害されているとすぐに判別できる。

自然環境下では発生は年1回で成虫は5～10月ころまで，幼虫はほとんど年間を通じて見られ，気温の高い時期は食害も多いが，気温が10℃以下になると幼虫は静止して巣の中で越冬する。25℃の環境では約2か月で1世代を終えるので屋内では場所によって1年に2～3回発生の可能性がある。

② コイガ（*Tineola bisselliella*（Hum））　webbing clothes moth

全体が淡灰黄色の体長5～6mmのイガによく似た小型の蛾であるが，成虫では全体の色が黄色味を帯びていることと，前翅に斑紋がないことがイガと異なる。幼虫もイガによく似ているが，食害中の繊維にトンネル状の固定された状態の巣を作るのでイガのように巣とともに移動することはない。イガよりも生育が早く，やや大きめである。

自然環境下では5～6月ころに第1回目の成虫が発生し，気温の高い時期には45～50日程度で1世代を終え，7月～9月ころに次の世代の成虫が発生する。およそ年2～3回の発生があり，低温になると幼虫で越冬する。

③　ヒメカツオブシムシ（*Attagenus piceus*（Oliv.））　black carpet beetle

光沢のある黒色で体長4～5mm程度の長楕円形をした小型の甲虫で，幼虫は体長8～10mm，明褐色，紡錘形で，長さ3～5mmの尾毛をもち，名前のとおり鰹節などの乾燥した動物性物質や繊維を食害する。幼虫は高温の時期には繊維を食害して成長するが，気温が低下すると食害量が減少し10℃以下ではほとんど活動を停止する。

カツオブシムシ類は蛹化する前に一定期間の低温期がないと羽化できないため，発生回数は，ほぼ年1回である。1年の大半を幼虫で過ごし，成虫が見られるのは5～7月ころである。成虫は主に屋内で繊維などに産卵するが，羽化後10日ほどで野外の花に飛来するようになる。

④　ヒメマルカツオブシムシ（*Anthrenus verbasci*（L））　varied carpet beetle

ヒメカツオブシムシより小さく，体長2～3mm程度の短楕円形で，灰褐色のまだら模様に見える小型の甲虫である。幼虫は体長4～5mmの長楕円形，灰褐色で全体に褐色の粗毛が輪状に密生しており，尾部の毛束は刺激を受けると扇状に開く。生態，食性ともヒメカツオブシムシに類似しており，幼虫は繊維以外に動物の剝製標本や，絹繭などへの加害も大きい。

発生は年1回で5～6月ころに成虫が見られる。成虫は1～2か月間生存するが羽化後，10日ほどすると屋外の白い花に集まるようになる。気温の低下に伴って食害量が減少し，4℃以下では休眠状態となる。

孵化
卵膜や卵殻を破って幼虫が卵の外に出てること。

蛹化
昆虫の幼虫が蛹に変態すること。

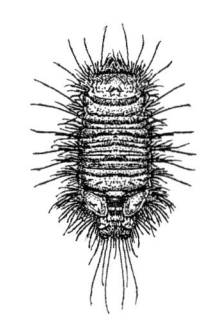

ヒメマルカツオブシムシの幼虫

食害量(mg/イガ幼虫20頭)

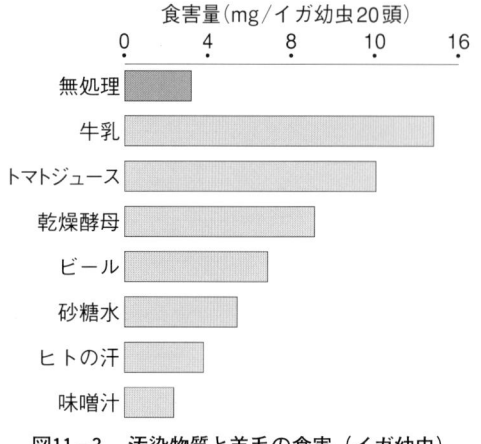

図11-3　汚染物質と羊毛の食害（イガ幼虫）
出典）藤岡祥子：文部省総合研究実績報告書
　　　（研究代表者 辻井康子），p.60（1979）

（2）繊維の食害

羊毛害虫は主に羊毛などの獣毛繊維類，毛皮等を食害し，ケラチンという硬たんぱく質を分解消化して栄養源にしているが，清潔な状態の繊維だけでは栄養源として不完全で生育も悪い。繊維に汚れが付着しているとその部分の方が栄養条件がよくなり食害されやすくなる。図11-3のように付着物質によって食害の程度が異なる。布や糸の状態では表11-1，表11-2に示すように，太い繊維よりも細い繊維が，糸の撚りは強いより弱い方が，また，硬い繊維よりも柔らかい繊維の方が，毛羽がないよりある方が，食害されやすい傾向にある。

表11-1　繊維の太さとイガ幼虫の食害

繊維名	太さ(μm)	食害量(mg)
ウール	22.8	16.64
	25.5	16.25
	34.5	12.32
アセテート（フィラメント）	20	9.68
	25	8.58
	26	8.64
	32	8.32
	99	2.18

食害量は10頭，1週間
出典）辻井康子：繊維製品消費科学，19(1)，p.18（1978）

表11-2　撚りの強さとイガ幼虫の食害

繊維名	より回数(/m)	食害量(mg)
ウール	2本引揃	15.00
	350	14.24
	650	13.46
	1200	12.58
	1500	9.70
ウール／ポリエステル(50/50)	2本引揃	10.10
	350	12.12
	750	11.28
	1100	9.26
	1550	5.48

食害量は10頭，1週間
出典）（表11-1と同じ）

羊毛害虫は一般に高温の環境を好むものが多く図11-4のようにイガでは温度25〜30℃，湿度45〜85% R. H. 付近の環境で食害が著しい[1]。日本の夏期の気候は羊毛害虫に適した環境条件が整っており収納中の羊毛製品の虫害が多い。温湿度条件が活動に不適になっても静止して環境変化に耐え，食害は減少するが死滅せず，環境条件が整うと再び食害をもたらすことが多いので暖房のきいた日本の住宅では冬も食害の可能性がある。一般に羊毛害虫は明所よりも暗所で通風の少ない場所を好む傾向があるので，そのような条件の場所で被害が発生しやすい。

2.2　防虫法

防虫法は防虫剤を用いる方法と防虫加工による方法とに大別される。防虫剤には忌避剤タイプと殺虫剤タイプがある。また，脱酸素剤を用いる方法も防虫に有効で実用化されている。防虫加工は繊維に直接防虫効果のある薬剤を付着

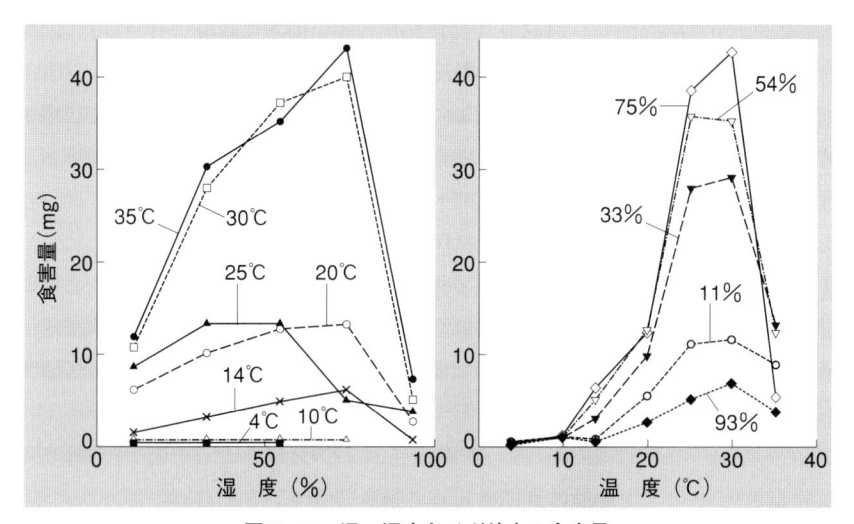

図11-4 温・湿度とイガ幼虫の食害量
出典）辻井康子：繊維製品消費科学, 19(1), p.16 (1978)

させる方法で，主として酸性染料タイプの加工剤が用いられている。防虫加工品は表示があるので判別できる。

（1）忌避的防虫剤

防虫剤として表11-3にあるショウノウ，ナフタレン，パラジクロロベンゼンなどが従来から広く利用されてきた。これらは常温では液化せず，昇華して薬剤のガスを発生し，害虫を忌避して食害を防ぐ効果があり，パラジクロロベンゼンは $0.6\,mg/l$，ナフタレンでは $0.25\,mg/l$ のガス濃度で100%の忌避効果が得られる[2]。それぞれ

表11-3 揮発性防虫剤の性質

	融点 (℃)	沸点 (℃)	蒸気圧* (mmHg)	飽和量* (mg/l)
ナフタレン	81	217	0.09	0.6
ショウノウ	179	209	0.26	2.3
パラジクロロベンゼン	53	173	1.45	11.6

*20℃における測定値
出典）日本繊維製品消費科学会編：繊維製品消費科学ハンドブック，光生館，p.459 (1975)

の飽和濃度に対してパラジクロロベンゼンでは1/15，ナフタレンでは1/6程度の量で効果が認められ，ガス濃度が飽和に達しなくても忌避剤として有効である。ショウノウでは $0.2\,mg/l$ から忌避効果は現れるが $1.5\,mg/l$ になっても80%の忌避効果しか得られず，忌避剤としての効果は十分ではない[2]。一方，殺虫力については図11-5に見られるように害虫の種類や条件によって異なるが全般的にその効果は小さい。

また，ショウノウ，ナフタレン，パラジクロロベンゼンなどは2種以上の防虫剤を同一の容器内で使用すると，昇華せずに溶け合って衣服にしみを作ることがあるので混合使用は避けなければならない。

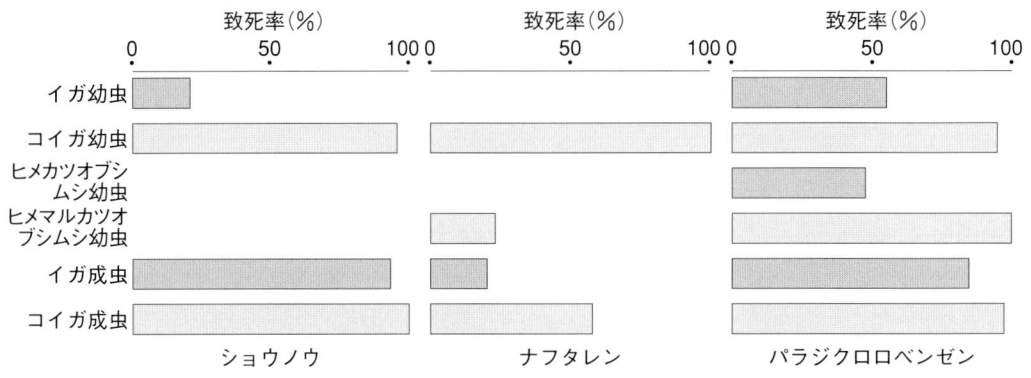

図11-5 羊毛害虫に対する防虫剤の殺虫効果（飽和濃度ガス中で，48時間30℃で薫蒸直後）

出典）辻井康子：文部省総合研究実績報告書，p.73（1979）

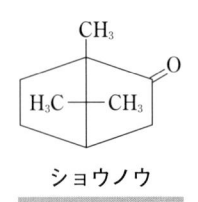

① ショウノウ（camphor）

　無色の固体で特有の香気があり，天然のものは樟の木から抽出されるが，現在ではほとんどが合成品である。揮発性が低く殺虫力は弱いが，作用がおだやかで香りがよいこと，塩素を含まず金属への影響がないため金糸，銀糸などを変色，損傷しにくいことなどの長所があるので，主に和服や高級衣服の保管に利用される。

② ナフタレン（naphthalene）

　コールタールから得られる物質で特有の臭気をもち，一般的に用いられている家庭用防虫剤である。蒸気圧が低く飽和ガス濃度が小さいため，実際の使用時には忌避効果，殺虫効果ともにパラジクロロベンゼンより弱い。持続性があるので長期の保存にも使うことができる。金属にも損傷を及ぼさない。

③ パラジクロロベンゼン（paradichlorobenzene）

　ベンゼンに塩素を反応させてできる無色の結晶で強い刺激臭がある。ショウノウやナフタレンに比べ昇華しやすく飽和ガス濃度が高いため他の2種よりも忌避効果は大で速効性があり，害虫の種類によるが，適切に使用すれば殺虫効果もある。安価で効果が高く最もよく使われる防虫剤であるが，薬剤の減少が早いのでガス濃度が低下しないよう定期的に薬剤を補充する。金属が変色することがあるので金，銀糸やラメなどを含む衣服には使用を避ける。

（2） エムペントリン（empenthrin）

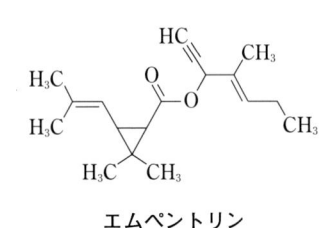

　ピレスロイド系殺虫剤で1983年に開発されたが衣料用防虫剤として急速に普及している。ピレスロイドは速効性が大きく，分解されやすく人体に対する毒性が低い，などの理由で家庭用殺虫剤として従来から多用されている。

　通常のピレスロイドは一般に蒸気圧が低く電気蚊取器のように加熱して揮散させるが，エムペントリンは1.62×10^{-3} mmHg（30℃）とピ

表11-4　エムペントリンのイガ，ヒメカツオブシムシに対する殺虫効果

薬　剤	蒸散効果（700 ml，1週間）			
	イ　ガ　幼　虫		ヒメカツオブシムシ幼虫	
	処理量 （μg/4cm² ろ紙）	致死率 （％）	処理量 （μg/4cm² ろ紙）	致死率 （％）
エムペントリン	200	100	800	92
	100	98	400	70
	50	48	200	30
	25	3	100	13
パラジクロロベンゼン	10000	0	10000	0

出典）Yoshida. K. et al：*J. Fiber Sci.,* 40(7)，p.258（1984）

レスロイドの中では特に蒸気圧が高く常温でも揮散する性質[3]があり，パラジクロロベンゼンなどと同様の方法で衣料用防虫剤として利用することができる。

衣料害虫に対する殺虫効果は，接触毒性でパラジクロロベンゼンの400倍以上[3]，蒸散効果でも表11-4の通り従来の忌避剤を大きく上回る性能をもっている。図11-6はエムペントリンの羊毛布への付着量とイガ幼虫に対する食害防止効果の関係を示したものである。ほ乳動物に対する安全性についてはラット，マウスに対する毒性が他のピレスロイドと類似の範囲でありナフタレンと比較しても大差がない。

紙などにエムペントリンを含浸させたものが家庭用防虫剤として市販されており，ほとんど無臭のため衣服に臭いが残らず使いやすい反面，適正な使用量や有効期間が判然としにくいので注意が必要である。有効期間は約6か月[3]とされているが，目印を付けるなどの方法でわかりやすくしているものもある。他の防虫剤と同時使用も可能で，防かび剤が配合されている製品もある。一般に金属や染料に対して影響は少ない。

> ピレスロイド
> 除虫菊に含まれる殺虫成分ピレトリンに類似の化合物

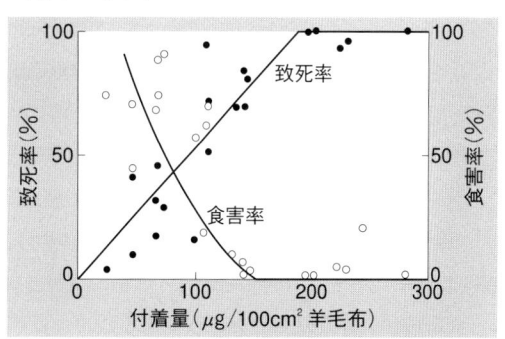

図11-6　エムペントリンの羊毛布への付着量とイガ幼虫の致死率，食害率（エムペントリン0.5g含浸紙1～7枚／0.7m³のタンス）
出典）（表11-4と同じ），p.260

（3）脱酸素剤

殺虫剤や忌避剤のように薬剤を用いるのではなく，衣服を脱酸素剤とともに容器に入れて密閉し，容器中の酸素を除去してしまうことで殺虫効果を得ようとする方法である。この方法は容器の密閉度によって効果が左右されるので，酸素を透過しない材質の専用袋などを利用する。脱酸素剤の量が十分で密閉が完全であれば比較的短時日で袋内の酸素が減少し，表11-5のように殺虫効果も大きい。薬剤を使わないので安全性が高い。

表11-5　脱酸素剤よる酸素除去の殺虫効果

温度	密閉 時間	ヒメカツオブシムシ			ヒメマルカツオブシムシ幼虫
		成虫	幼虫	蛹	
20℃	1日	3%	5%	9%	8%
	2	100	88	100	98
	4	100	100	100	100
	6	100	100	100	100
27℃	1	100	83	100	87
	2	100	100	100	100
	4	100	100	100	100
	6	100	100	100	100

注：数字は致死率を示す。
出典）中元直吉：家屋害虫，No. 15, 16，p.69（1983）

（4）防虫加工剤

防虫加工剤は羊毛害虫の食害を防ぐために，通常，繊維の染色工程または加工工程で繊維に直接吸着させ，繊維そのものに持続的な防虫効果を与える薬剤である。主として，防虫剤の使用が無理なカーペットなどに用いられる方法で，薬剤には，防虫効果が大で人体や繊維に影響がないこと，持続性があり洗濯やドライクリーニングに対して堅ろうであること，価格，処理方法など，実用面で問題がなく使いやすいことなどが要求される。

防虫加工には害虫に対して体内毒型のものと接触毒型のものがある。体内毒型は，加工繊維を食害した羊毛害虫を殺虫する効果があるが，一般に人体には影響がない。体内毒では食害を受けてから毒性を発揮するのでわずかであるが食害は免れない。その点ではディルドリンなど接触毒として作用する薬剤の方が望ましいため，以前は盛んに利用されたが人体への影響などの観点から，接触毒型の農薬系防虫加工剤は用いられなくなった。

現在，主としてオイラン（Eulan）類やミチン（Mitin）類が防虫加工剤として利用されている。これらは無色無臭で殺虫効果をもつ酸性染料に類似した体内毒型薬剤である。その防虫効果を表11-6に示す。

表11-6　Mitin FF および Eulan U_{33} 加工羊毛布に対するイガ幼虫の食害量

防虫加工剤	加工率（%）(対繊維重量)	20℃区			30℃区		
		食害量(mg)	食害指数	致死率(%)	食害量(mg)	食害指数	致死率(%)
対照区	0	37.62	100		18.52	100	
Mitin FF	0.1	24.26	64	5	13.71	73	18
	0.5	8.95	24	16	3.53	19	70
	1.0	5.82	15	13	1.18	6	72
	3.0	1.89	5	24	0	0	96
	5.0	0.62	2	42	0	0	98
Eulan U_{33}	0.1	26.51	70	7	15.22	82	20
	0.5	5.89	16	18	5.29	29	96
	1.0	3.62	10	17	0.24	1	92
	3.0	2.05	5	28	0	0	98
	5.0	0.93	2	28	0	0	100

注：20℃区はふ化後50日目の幼虫で体重4.22 mg（1頭），30℃区はふ化後28日目，体重1.75 mg（1頭），食害量の数字は1週間10頭当たりである。

出典）辻井康子：防虫科学，40，pp. 138-143（1975）

① オイラン（Eulan）類

酸性染料型の防虫加工剤で，中性～酸性浴で処理をする。Eulan には BL，NKF，CN，CNA，U_{33} などの種類があるがいずれも繊維重量に対して2～3%付着させると十分な効果がある。Eulan CN は洗濯やドライクリーニングにも堅牢で防虫効果は低下せず，忌避剤としても効果がある。オイラン類で最も多く利用されているのは Eulan U_{33} で，繊維重量に対して1.5%程度を染色浴に加えたり，後処理で加工する方法がとられて

Eulan U_{33} の構造式：Cl(4～7) 置換のジベンゾフラン骨格に NHSO$_2$CH$_2$Cl 基

いる[4]。

② ミチン（Mitin）類

AL，LP，FF などの種類があり，従来から FF がよく利用されてきた。1939年に発表された Mitin FF は酸性〜中性浴での処理に適する酸性染料型の防虫加工剤で，耐洗濯性に優れた性能をもつ。塩基性染料を除く，ほぼすべての染料と同浴で併用することができ，繊維重量に対して1.0％程度の Mitin FF と染料をいっしょにして染色と同時に加工を行う方法が一般的である[4]。3％水溶液で処理をすれば防虫効果は日光，洗濯，ドライクリーニングにも堅牢である。

3. 防かびと抗菌の措置

3.1 微生物の繁殖と繊維の損傷

（1）かびによる損傷

かびは低温低湿の環境でも死滅することは少なく胞子の状態で存在しているので，生育に適した温度，湿度，栄養の条件が整うと増殖を始め，繊維にもかびが発生することがある。繊維の種類では表11-7のとおり吸湿性の高いセルロース系繊維はかびが発生しやすく，合成繊維はかびに対しては抵抗性がある。

かびによる衣服の被害は脆化，着色，かび臭などで，衣服の品質を著しく低下させるものである。かびは繊維や付着物を栄養源にして繁殖し，新陳代謝によって各種の有機酸を作り出すため不快なかび臭を放つようになる。また，繊維そのものがかびの栄養源として分解されるので図11-7に示すように繊維の重合度が下がり，図11-8のように強度や伸度が大きく低下する。

かびは生育すると胞子を作るが，かびの種類によってこの胞子は黒，赤，黄色，青など，特有の色素をもっているので衣服に着色が起こり，著しく外観を損なう。染色物にかびが発生した場合には変退色の一因にもなる。かびの色素は除去しにくいことが多く，しみ抜き処理をするとさらに強度，伸度などが低下する[5]。

表11-7　繊維の虫害，かびの害に対する抵抗性

繊維名	虫害に対する抵抗性	かびに対する抵抗性
綿	十分抵抗性あり	侵される
麻	抵抗性あり	侵される
レーヨン，キュプラ	十分抵抗性あり	侵される
絹	綿より弱い	抵抗性あり
羊毛	侵される	抵抗性あり
アセテート	十分抵抗性あり	抵抗性が強い
その他の合成繊維	完全に抵抗性あり	完全に抵抗性あり

出典）繊維学会編：『繊維便覧　加工編』，丸善，pp.1176-1183（1982）

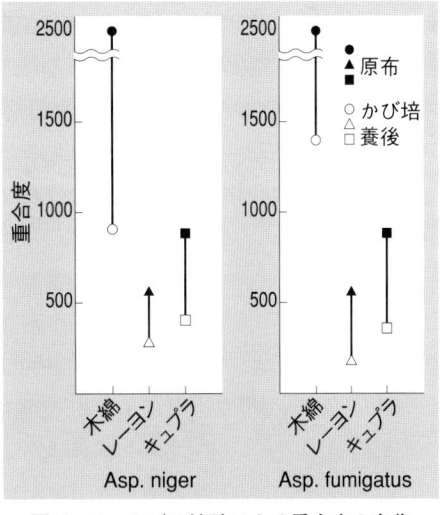

図11-7　かびの繁殖による重合度の変化
　　　　（36℃，10日間培養）
出典）古田幸子：家政学研究，15(2)，p.129（1968）

図11-8 かびの繁殖による綿布の強伸度の変化（室温，7日間培養）
出典）古田幸子：家政学雑誌，24(3)，p.201（1973）

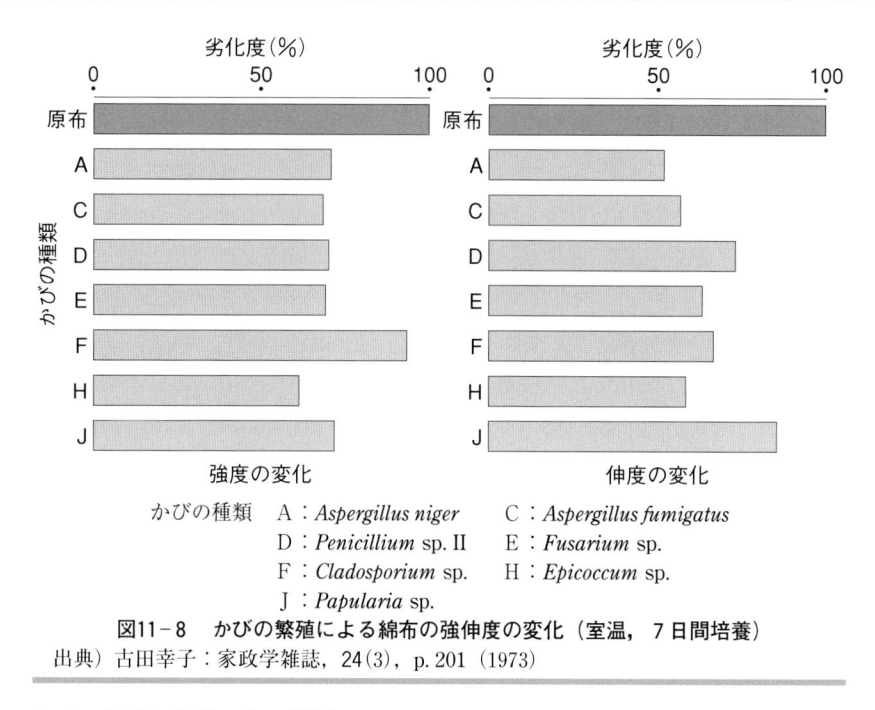

かびの種類　A：*Aspergillus niger*　C：*Aspergillus fumigatus*
　　　　　　D：*Penicillium* sp. II　E：*Fusarium* sp.
　　　　　　F：*Cladosporium* sp.　H：*Epicoccum* sp.
　　　　　　J：*Papularia* sp.

（2）細菌の繁殖による問題

　繊維製品に細菌が繁殖することで派生する問題は，主として着用中や保管時の悪臭の発生と，病原菌の増殖による衛生面での懸念や人体への影響である。保管中の湿った衣服や着用中の靴下が細菌の増殖によって特有の臭気を発するようになるほか，増殖した細菌による伝染性疾患や皮膚炎，細菌によって発生した分解物によるかぶれなどが生じることもある。繊維の劣化や着色などの害はかびよりは少ないが，細菌の増殖が長期にわたる場合は問題となってくる。

3.2　微生物の繁殖防止

（1）環境条件

　微生物は一般にある程度の湿度下であれば温度25～40℃付近で繁殖するものが多く，かびの場合は15～40℃で生育し20～35℃程度が最適温である。かびは一般に湿度75％以上で増殖し，高湿度を好むので湿度が高くなるほど生育の温度範囲が広がる。このような環境条件は着用時の被服最内層の環境とほぼ同一の範囲にあり日本の夏季の気候とも合致するため，皮膚に接する衣類や夏季に保管中の繊維製品には微生物が繁殖する可能性がある。
　また，繊維にでんぷん糊や種々の有機物汚れが付着していると栄養源が豊富になるので，繊維だけの場合よりも生育条件が好適で微生物が増殖しやすい。
　通常は保管中の繊維製品の温度管理は困難であるから，保管中に微生物の繁殖を防止するには，繊維の汚れや糊料，仕上げ剤などを除去して栄養源を絶つこと，保管環境を乾燥状態にして増殖を阻止することの2点が重要である。

(2) 耐微生物加工

かびや細菌などの有害な微生物の増殖を防ぐ物質で繊維を加工処理することを耐微生物加工または衛生加工という。具体的には防かび加工，抗菌加工などがこれにあたるが，この場合の「抗菌」とは，一般に「細菌の増殖を抑制する」と定義されている[6]。清潔志向が高まってきた近年は，主として繊維を保護する目的の防かび加工よりも防臭を主目的にした抗菌加工が広く行われるようになった。また医療目的では特に優れた作用をもつ抗菌繊維も開発されている[7]。

初期の耐微生物加工では有機水銀化合物，有機スズ化合物，有機塩素化合物，フェノール系化合物などの薬剤が用いられたこともあるが，その後，皮膚への刺激性や人体への影響等の懸念される加工剤は避けられてきた。このような観点から最近は人体への安全性の高いものを利用しており，そのなかで主要な加工薬剤である第四級アンモニウム塩系のものを表11-8に示す。第四級アンモニウム塩系以外にも無機系の抗菌性ゼオライト，グアニジン系のポリヘキサメチレンジグアニドハイドロクロライドやカニやエビの甲殻の成分であるキトサンなど多種多様な薬剤が利用されている[8]。

表11-8 第四級アンモニウム塩系の抗菌剤

Octadecyl dimethyl (3-trimethoxsilypropyl) ammonium chloride
Benzalkonium chloride
Cetyl dimethyl benzyl ammonium chloride
Polyoxyethylene trimethyl ammonium chloride
Polyoxyalkyl trialkyl ammonium chloride
3-Chloro-2-hydroxypropyl trimethyl ammonium chloride
N,N-Dimethyl-N-cetyl 3-(2-sodiunsulfate ethylsulfonyl)-propylammonium bromide

出典）中島照夫：繊維科学，36(7)，p.18（1994）

加工法は原糸改良加工法と後処理加工法とに大別される。原糸改良加工法は合成繊維や再生繊維の製造過程で抗菌剤を練り込む方法である。後処理加工法は繊維を抗菌剤で加工処理する方法で，有機シリコン系第四級アンモニウム塩と繊維表面上の水酸基を化学反応によって結合させる方法，抗菌剤を反応性樹脂を用いて繊維表面に熱固定させる方法，抗菌剤を繊維表面に吸着固定させる方法などがある[8]。

現在は主として後処理加工法が行われているが，抗菌剤が繊維表面から溶出して抗菌作用を示すタイプの加工法では長期使用した場合には薬剤の溶出による薬剤耐性菌の発生などの問題や効果の減退がある[8]。有機シリコン系第四級アンモニウム塩を繊維表面に化学反応によって固定する方法は抗菌剤が溶出せず，活性部位が細胞表面と接触した状態で抗菌作用を示す[8]もので広範に利用されている。

抗菌防臭加工品は汚れの付着によっても効果が低下するが，弱アルカリ性洗剤や石けんによる洗濯でも抗菌力に影響があるので洗剤等が残留しないようにすすぎを十分にすることや，加工剤との反応の可能性がある漂白剤は使用しないことなど取扱いにも留意する必要がある。

市販の防虫剤にはOPPやPCP（ペンタクロロフェノール）[9]，PCMX（パラク

ロロメタキシレノール)[8]，IPMP（イソプロピルメチルフェノール）などのフェノール系の防かび剤が配合されているものもあり[10]，これらを利用すると保管中の防虫とともに防かび効果も期待できる。

（3）脱酸素剤

繊維に繁殖する細菌やかびはほとんどが好気性菌で，空気中に約21%含まれる酸素が温度，湿度，栄養源とあわせて微生物の繁殖の要因となっている。脱酸素剤には鉄系と有機系があるがいずれも酸素を除去する性質をもち，繊維製品を脱酸素剤と共に密閉保管すると無酸素状態になるので，繊維を損傷する好気性のかびや細菌の繁殖を防止することができる。酸素を除去するだけでなく窒素などの不活性ガスに置換するタイプのものもある。脱酸素剤は微生物の繁殖防止だけでなく殺虫効果も大きい[11]ので，防虫と防かび両面の効果が得られる利点がある。また殺虫剤や防かび剤を必要としないことから人体への影響もなく，酸化による繊維の損傷も防止できるので利用範囲が広い。

脱酸素剤の使用は酸素を完全に遮断しなければ効果が低下するので，全く酸素を透過しない材質の袋を選び，繊維製品と脱酸素剤を入れてできるだけ空気を除去した後，完全に密封することが必要である。

好気性菌
　繁殖に酸素を必要とする菌

脱酸素剤の防虫効果
　⇨ p.121 参照

4. 保　　管

4.1　保管の準備

衣服は保管前に汚れ除去や乾燥，型くずれ防止などに配慮しておくことで損傷をできるだけ少なくすることができる。また，繊維によっては防虫剤を利用したり，毛皮など保管の難しいものは専門店に保管を依頼する方法もある。

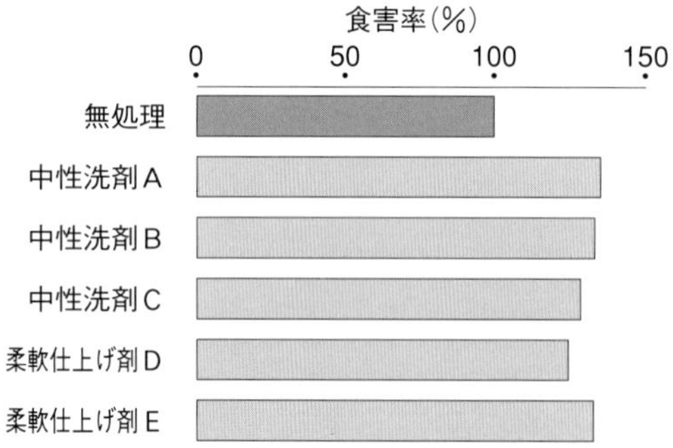

（1）清　　潔

汚れが付着していると繊維の変退色を助長し虫害やかびの害が大きくなるが，汚れ物質だけでなく糊料，仕上げ剤，洗剤なども保管中の繊維の変質や変色に影響を与える要因となっている。天然糊料はかびやシミによる食害が発生しやすいので保管前には糊も完全に取り除いておく。洗剤やしみ抜き剤も残留していると繊維が黄変を起こしやすくなり，害虫や保管条件によって異なるが図11-9のようにイガ幼虫の場合では洗剤の付着した布の方が食害量が多くなる場合があるので保管前の洗浄ではすすぎも念入りにする方がよい。

図11-9　洗剤等の付着した羊毛の食害（0.1%処理，イガ幼虫，4日間）

（2）乾　　燥

　保管時の温度，湿度は繊維の損傷に大きく影響する。特に湿度はかびの発生や虫害の程度にも密接な関係があるので保管前には十分に乾燥する。アイロン仕上げのあとやクリーニング後の衣服は湿気を含んでいる可能性があるからそのまま保管せず，一度包装を開くなどして完全に乾燥させてから保管する。親水性繊維は高湿度の環境下では次第に吸湿するため，保管の直前に改めて乾燥する必要がある。保管場所の湿度が懸念される場合にはシリカゲルなどの乾燥剤を利用してもよい。押入用やタンス用として塩化カルシウム系の吸湿剤も市販されている。

（3）整　　形

　平面構成の和服ではたたみ方や収納方法を一定の習慣通りにすれば型くずれの恐れは少ない。洋服など立体構成のものを平らにたたむ場合は，型くずれしやすい部分に形を保ちやすいように小タオルなどを入れる。保管のスペースも重ねたり詰め過ぎるとしわや型くずれにつながるので余裕をもたせておく。さらに保管後の型くずれの修復が困難なものは，たたまずに厚みのあるハンガーに掛けた状態のままで保管するとよい。

（4）防　虫　剤

　羊毛などの獣毛繊維と絹，毛皮など羊毛害虫に食害されるおそれのある製品やその混紡品は防虫対策が必要である。通常，セルロースや合成繊維には防虫剤は必要ない。羊毛害虫は食害対象の繊維に誘引されるが，孵化（ふか）したばかりの幼虫は極めて小さく，ごく微細な隙間でも容易に通過するので物理的に羊毛害虫の侵入を防ぐことは困難である。

　防虫剤を使う場合は防虫剤ガス濃度の低下を防ぐために密閉できる容器がよい。忌避剤，エムペントリン製剤，脱酸素剤ではそれぞれ性能が異なるので目的に応じたものを選ぶ。

エムペントリン製剤
⇨ p.120参照

4.2　虫干し

　衣服を乾燥させてかびや虫害を防ぐ目的で，保管中に湿りをもった衣服を広げて干すことを虫干しという。夏の土用（立秋の前18日）ころにする場合は土用干し，冬にする場合は寒干しともいい，晴天で乾燥した日中の時間帯が適している。

　土用干しの時期は羊毛害虫の成虫の活動期であり，屋外の土用干しでは成虫が飛来して産卵し後で虫害を生じることがある。このため，夏期には室内での風通しやアイロン加熱で殺虫したり，防虫剤や乾燥剤を利用するなどの工夫をする方がよい。冬の寒干しは害虫の心配もなく乾燥期で条件がよい。冬期は湿

度の害も比較的少なく一般的には虫干しの必要性は低いが，保管場所によっては密閉度が高く換気不足や結露などによる湿度の問題もあるので冬期でも保管中の衣服の点検と適宜な乾燥措置は必要である。

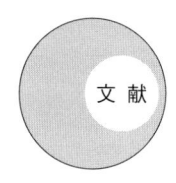

文献

1) 辻井康子：被服の保存と虫害，繊維製品消費科学，19(1)，pp.14-21 (1978)
2) 辻井康子：最近の虫害と対策，繊維製品消費科学，23(3)，pp.88-92 (1982)
3) Kiyofumi Yoshida, Shigenori Tsuda and Yoshitoshi Okuno : PRACTICAL APPLICATION OF EMPENTHRIN AS A MOTHPROOFER OF TEXTILE, *J. Fiber Sci.*, 40(7), pp.254-262 (1984)
4) 柴田　豊：防虫加工について，繊維製品消費科学，17(7)，p.236 (1976)
5) 古田幸子：黴による被服の汚染に関する研究（第1報），家政学雑誌，24(3)，pp.197-202 (1973)
6) 通商産業省生活産業局生活文化産業企画官付生活関連新機能加工製品懇談会：「抗菌加工製品」について，繊維科学，41(6)，pp.56-65 (1999)
7) 夏原豊和：衛生加工素材群"清潔革命"の展開，繊維科学，39(5)，p.34 (1997)
8) 中島照夫：抗菌防臭加工とMRSAについて〈上〉，繊維科学，36(7)，pp.15-24 (1994)
9) 増田俊郎・塩澤和男：『新版　繊維加工技術』，地人書館，p.191 (1976)
10) 塩澤和男：『染色仕上加工技術』，地人書館，pp.328-332 (1991)
11) 中元直吉：衣類害虫の生態とその防除，家屋害虫，No.15, 16，pp.69-70 (1983)

第12章 衣服の廃棄とリサイクル

　衣服整理は，衣服の機能性を保持し，清潔で快適な衣環境を整えるために行われるものである。しかし，着用，洗濯，保管のサイクルを繰り返すうちに衣服はさまざまな理由により着用しなくなり，これらの不要衣服は何らかの方法によって処分することが必要になる。一般に肌着やシャツ類などの日常着は，利用のサイクルを繰り返して，しみや黒ずみを生じたり布地が劣化して性能が低下するなど，ほぼ衣服の寿命を全うするまで使用することが多いが，そのような衣服は使用を停止した段階で直ちにごみとして廃棄する。しかし，外衣の場合，とくに使用頻度の少ない衣服などでは，まだ十分に着用できる性能をもっているが，飽きや流行遅れなどの理由でいたずらに保管し続け，死蔵されていることも多い。これらの衣類は整理し，資源の有効利用を考えて処分することが望ましい。図12-1には，衣服の利用と処分の概略を示したが，衣服の種類や着用状態などによって，まだ十分活用できると判断される場合には，古着として他人に譲渡したり，リフォームなどの再利用ができる。一般的な処分法としては，廃品回収システムの利用や家庭ごみとしての廃棄などがある。

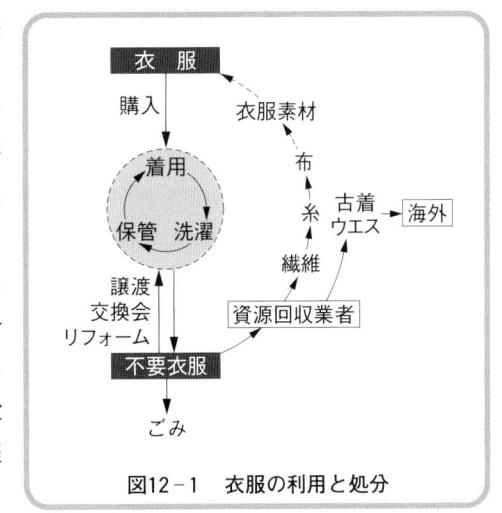

図12-1　衣服の利用と処分

1. 死蔵衣服

　衣服は，着用・整理・保管を重ねるうちに，性能の低下やその他の原因により，使用されなくなる。上述のように，これらの衣服は，直ちに捨てられるものもあるが，ある期間保存した後に処分される場合も多い。死蔵衣服について調査した例によると，1世帯当たりの平均枚数は，紳士用，婦人用合わせて54.2枚，そのうち婦人用は33.7枚で，表12-1に示すような結果が得られている。また，死蔵衣服になった理由は，表12-2に示すように，流行遅れやサイズが合わなくなった等の理由を挙げている者が多く，これらは何らかの活用が有効な被服類である。

表12-1　死蔵衣服の平均枚数

品　目	1世帯当たりの枚数
コート	2.3
スーツ・ツーピース	3.7
ブレザー・ジャケット	2.4
ワンピース	4.2
セーター・カーディガン	6.4
ブラウス・Tシャツ	6.0
スカート	5.3
パンタロン・スラックス	3.2
その他	0.2
合　計	54.2

出典）藤原康晴ほか：家政学会誌，40（1989）

表12-2 死蔵衣服になった理由および保有している理由

死蔵衣服になった理由（複数回答）	割合（％）
a　サイズが合わなくなった	70.8
b　少しいたんだところができた	17.8
c　自分に似合わなくなった	35.6
d　流行遅れになった	82.2
e　着る機会がない	44.1
f　着飽きた	12.1
g　特に理由はないが、なんとなく	34.0
死蔵衣服を保有している理由（複数回答）	割合（％）
a　ごみとして捨てるのは、もったいない	85.0
b　愛着があって処分できない	51.9
c　譲り渡す適当な相手がいない	42.4
d　仕立て直しやリフォームをするつもり	20.7
e　将来、自分あるいは家族の誰かが着ると思う	40.8
f　特に理由といったものはない	22.6

出典）（表12-1と同じ）

不要になった衣服類の処分は、日常的に行われることは少なく、季節の変わり目に夏物と冬物を入れ替える時、衣類の整理を必要とする時などに行われる。

2. ごみとしての処分

衣服類が日常のごみとして捨てられる量は比較的少なく、家庭廃棄物中に占める繊維類の量は重量比で3〜4％程度である。ごみは自治体で収集され処理されるため、廃棄物中に含まれる繊維類も焼却あるいは埋立処分の対象となる。

焼却処理は、不燃性以外のものに広く適用されるが、難燃性繊維には燃焼時の酸素供給不足により多量のすすを発生し、また表12-3に示すように、塩化水素やシアン化水素などの有毒ガスを発生しやすいものもある。また、繊維類はプラスチックに比べてごみの排出量は少ないが、燃焼の際にはプラスチック製品と同様な留意が必要である。

表12-3　800℃における各種繊維の熱分解生成ガス（％）

	羊毛	絹	木綿	レーヨン	アクリル	ナイロン	ビニロン	ビリニデン
一酸化炭素	30.2	32.3	33.0	33.1	10.8	22.8	35.4	25.3
二酸化炭素	20.0	22.0	24.0	22.1	1.2	22.0	13.3	0.5
シアン化水素	3.2	3.4	—	—	30.2	1.0	—	—
アンモニア	微量	0.1	微量	—	0.1	0.1	—	—
塩化水素	—	—	—	—	—	—	—	64.3
アクリロニトリル	—	—	—	—	4.0	—	—	—
アセトニトリル	—	—	—	—	14.5	—	—	—
メタン	16.2	14.3	14.3	16.2	6.9	7.3	6.3	微量
エタン	0.4	0.3	0.3	0.2	0.2	1.4	2.2	微量
アセチレン	0.6	0.4	0.3	0.3	0.3	1.2	0.3	微量
水素	10.6	10.0	10.2	9.3	15.4	16.2	8.0	微量
酸素	2.5	2.3	5.0	5.0	3.8	3.8	3.0	3.5

天然繊維やレーヨンは，土中に埋没された場合，土壌中のバクテリアにより腐蝕し，自然分解される。しかし，合成繊維類には耐腐蝕性のものが多く，土壌中で分解されにくく，そのままの形態で長期間滞留しやすい。多量に埋め立てられた場合には，プラスチックの場合と同様に，土壌が固定しないことも予想される。

3. 再生利用による処分

　家庭から排出されるごみの量は多く，それらの大部分は焼却および埋立処理が行われているが，環境への負荷を軽減するために廃棄物の再生利用，資源化が進められている。

　衣服の場合には，廃品回収業者や各種団体による回収のほか，自治体も回収を行っている場合が多い。回収した衣服のうち，まだ十分に着られる古着はそのまま輸出，残りはウエスや反毛などに利用される。近年，フリーマーケットやリサイクルショップなどでの古着の流通がみられ，資源の有効活用の一助となっている。経済企画庁により平成12年に実施されたリサイクルショップの利用に関する意識調査によると[1]，図12-2に示すように衣料品・子供服は，他の品目に比べて利用されている割合が高い。しかし，利用しない理由には，「他人の使用したものに抵抗」「欲しいものがない」などの回答が多く見られ，古着としての流通には限界があることがわかる。

　繊維の回収再生には反毛があり，梳毛織物や糸などが回収され，紡毛糸の原料に加えて再生することが行われている。綿やレーヨンなどのセルロース繊維も，回収して紙などに再生することができるが，現在はあまり行われていない。合成繊維の場合には，原料に戻して再繊維化し製品にすることも考えられ，とくにナイロンやポリエステルには，このような方法が可能である。実用化されているものにはナイロンを重合原料のラクタムとして回収するケミカルリサイクルがあり，製品の設計から使用後の回収まで一貫したシステムとして実施されている[2]。このような回収再生の普及は今後に期待される。

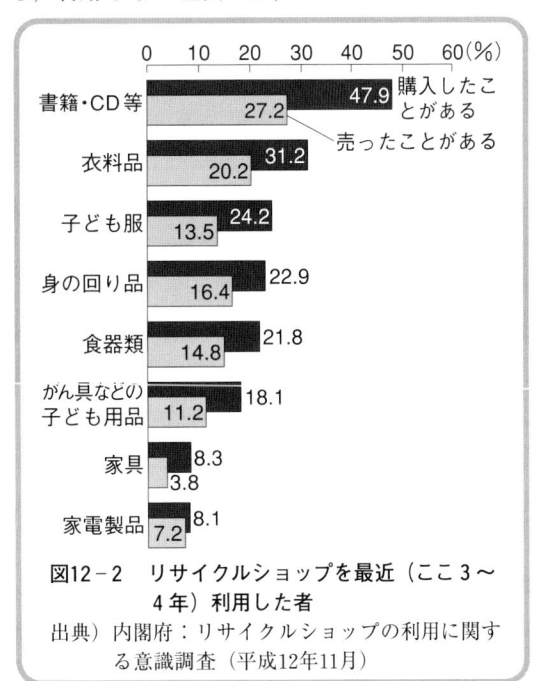

図12-2　リサイクルショップを最近（ここ3〜4年）利用した者

出典）内閣府：リサイクルショップの利用に関する意識調査（平成12年11月）

品目	購入したことがある	売ったことがある
書籍・CD等	47.9	27.2
衣料品	31.2	20.2
子ども服	24.2	13.5
身の回り品	22.9	16.4
食器類	21.8	14.8
がん具などの子ども用品	18.1	11.2
家具	8.3	3.8
家電製品	8.1	7.2

4. 今後の課題

　繊維製品の年間廃棄量は，平成8年度通商産業省の「繊維製品リサイクル総合調査」によると，一般廃棄物，産業廃棄物合わせて171万2千トン，そのうち回収されて反毛や古着，その他として再商品化されたものは9.5％であると推測されている（図12-3）。繊維製品のうち衣料品のみの廃棄量の統計はないが，種々のデータから試算すると，年間の廃棄量は約100万トン程度といわれる。このうち古着として8万2千トン（平成2年度貿易統計）が海外に輸出され，

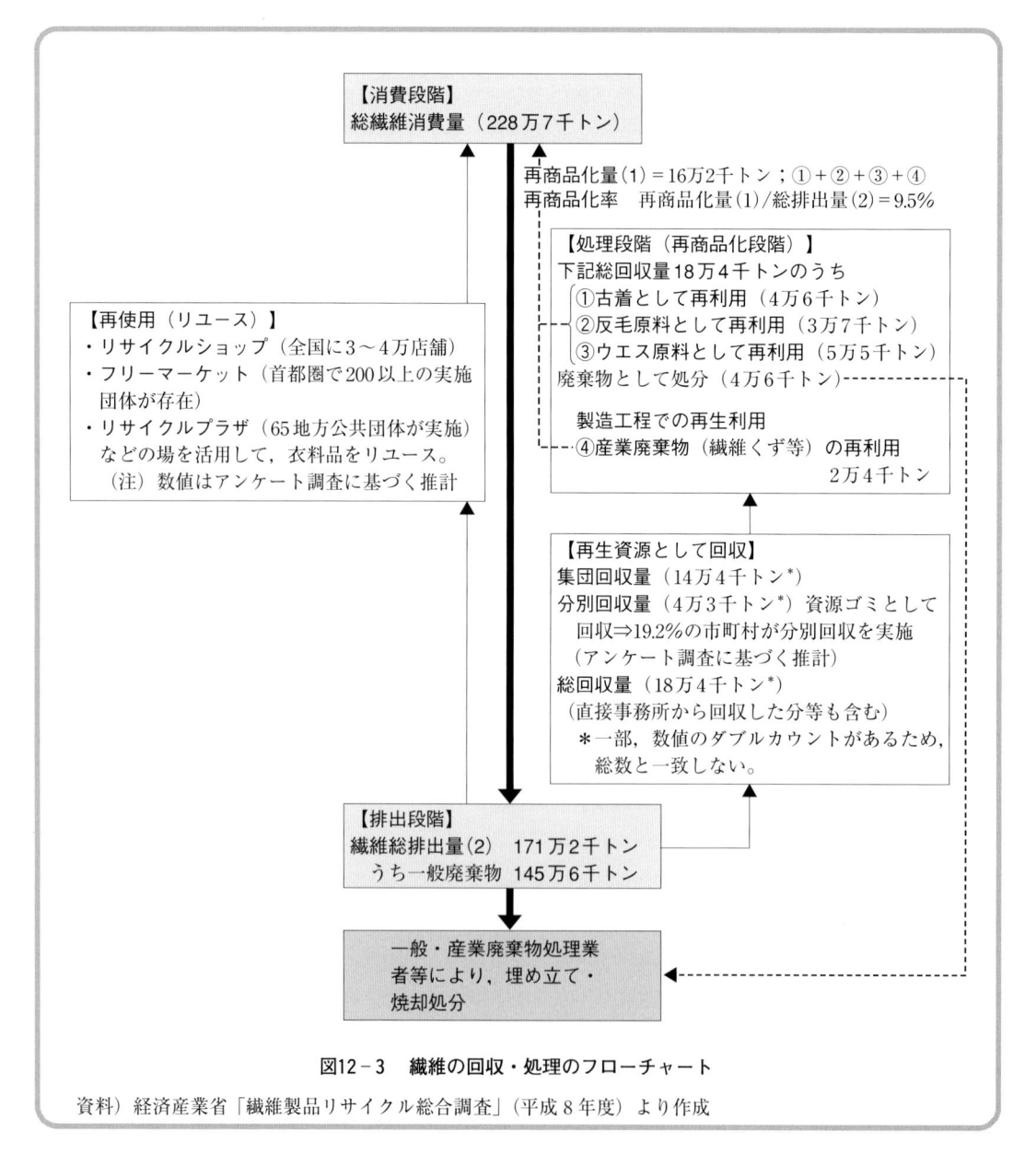

【消費段階】
総繊維消費量（228万7千トン）

再商品化量(1)＝16万2千トン；①＋②＋③＋④
再商品化率　再商品化量(1)/総排出量(2)＝9.5％

【処理段階（再商品化段階）】
下記総回収量18万4千トンのうち
　①古着として再利用（4万6千トン）
　②反毛原料として再利用（3万7千トン）
　③ウエス原料として再利用（5万5千トン）
廃棄物として処分（4万6千トン）

製造工程での再生利用
　④産業廃棄物（繊維くず等）の再利用
　　　　　　　　　　　　　2万4千トン

【再使用（リユース）】
・リサイクルショップ（全国に3～4万店舗）
・フリーマーケット（首都圏で200以上の実施団体が存在）
・リサイクルプラザ（65地方公共団体が実施）
などの場を活用して，衣料品をリユース。
　（注）数値はアンケート調査に基づく推計

【再生資源として回収】
集団回収量（14万4千トン*）
分別回収量（4万3千トン*）資源ゴミとして
　　回収⇒19.2％の市町村が分別回収を実施
　　（アンケート調査に基づく推計）
総回収量（18万4千トン*）
　（直接事務所から回収した分等も含む）
　＊一部，数値のダブルカウントがあるため，
　　総数と一致しない。

【排出段階】
繊維総排出量(2)　171万2千トン
　うち一般廃棄物　145万6千トン

一般・産業廃棄物処理業者等により，埋め立て・焼却処分

図12-3　繊維の回収・処理のフローチャート

資料）経済産業省「繊維製品リサイクル総合調査」（平成8年度）より作成

その他にウエスや反毛としても利用されているが，家庭から廃棄される衣料品の大部分は一般廃棄物として市町村が回収，焼却処理されているのが実状である[3]。平成13年度には「循環型社会形成推進基本法」が施行され，古着の再利用，資源化も一層重要な課題となっているが，一方においては，近年，古着の輸出については韓国などの競合国の出現や輸出先国の繊維事情が変化していること，ウエスや反毛については工場の海外移転や安価な輸入品との競争など，さまざまな影響を受けて再生用途は縮小傾向にあるといわれている。衣服の廃棄量を減らすためには，衣服の寿命を延ばすような管理のあり方，衣生活の設計を考えることも重要な課題となるが，その際にはエネルギーや資源の有効な利用，環境への汚染物質の負荷を軽減することなど広く環境問題を考慮することが必要であろう。その意味で，終章である本節においては，衣服の管理にかかわる環境問題を総括しておきたい。

　衣服は着用すれば必ず汚れ，何らかの性能低下を引き起こす。機能性の回復のために最も頻繁に行われているのが洗濯であるが，見方を変えれば，洗濯とは衣類から脱落した汚れのほかに，洗浄過程で使用した洗剤を多量の水に溶解させて環境に放出する操作に他ならない。今日では，無りん化や生分解性界面活性剤の開発など，洗剤による環境への悪影響は改善されてきたが，洗濯排水を含む家庭排水による水域の汚濁や良質な水資源の不足など環境問題は依然として解決されていない。汚れや洗剤などの有機物は，下水，河川などの水環境中に放出されると，その環境中に存在する微生物の働きによって酸化分解され，さらに食物連鎖によって自然浄化される。しかし，有機物の負荷量が増加すると著しく水中の酸素を消費し，水質汚濁が進行する。下水処理場では，酸素を過剰に投入しながら活性汚泥を用いた人工的な浄化が行われており，下水道の普及と汚水処理施設の整備が水質の改善につながるが，洗剤の使用量をできるだけ少なくすることによって汚濁負荷量を低減すること，自然浄化のシステムに適合する生分解性の優れた洗剤の開発が進められることは今後も必要であろう。

　近年，新しい素材やファッション化された衣服が多くなり，加えてライフスタイルの変化等により，ドライクリーニングの利用頻度が高まっている。しかし，フロンやトリクロロエタンなどの溶剤によるオゾン層の破壊や塩素系溶剤による地下水汚染など，ドライクリーニング溶剤による環境汚染が問題となっている（⇒p.79）。これらの溶剤がさまざまな規制を受け，人体や環境に対してより安全性の高い溶剤が開発される一方で，水洗いが再び注目され，ウォッシャブルな衣料が増加する傾向にある。すでに，素材メーカー，アパレル業界などがウォッシャブルな衣料の開発を進めているが，家庭洗濯の可能な衣類の設計と洗濯法の検討は今後も被服整理学をはじめ被服学分野での重要な検討課題である。

これまで，主に洗剤による水質汚濁やクリーニング溶剤の環境問題に焦点を当てて洗濯における問題点を考察してきた。最近では，洗剤の原料から生産・消費，さらには廃棄も含めての消費エネルギーや環境負荷量などが試算され，ライフサイクルアセスメントも行われ始めている。第2章においてふれたように，欧州においてはそのようなコンセプトで製造された商品の情報が消費者に伝わるようなエコラベルも考慮されている（⇨ p.28）。しかし，衣服の機能保持にかかわる取扱いを含め，衣生活全体についてのエネルギーや資源の節約という観点から衣生活システム全体を考えてみることも必要である。杉原は，衣服の所有と消費に関するアンケート調査を行い，得られたデータを基に衣生活のエネルギー分析を行っている[4]。1点の衣服を製造するのに必要なエネルギー（投入エネルギー）については，これまでに算出されているが，ここでは投入エネルギーと所有数との積を衣服エネルギー，衣服エネルギーを着られなくなるまでの使用回数で割った値を減少エネルギーとして定義し，衣服エネルギーおよび減少エネルギーから衣生活における環境問題を論じようとしている。結論から言えば，機能低下をきたさずに，繰返し長期間使用できれば，減少エネルギーは少なくなり，エネルギー資源を有効に使うことができる。上述のような洗剤，クリーニング溶剤，あるいは洗浄システムなど環境問題をめぐる個々の問題は，それぞれで重要であるが，このように総合的な視点に立って衣生活と資源・環境問題を論じることも今後に残された重要な課題であろう。

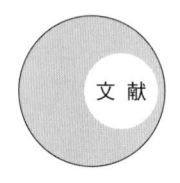

文献

1) 環境省編：平成13年度版　循環型社会白書，p.126（2001）
2) 日本家政学会被服学関連部会セミナー講演要旨集：衣生活を支える被服学，p.55（2001）
3) 上掲書1)，p.61-63（2001）
4) 杉原利治：衣生活，34，p.25，（1991）

1. JIS L 0217-1995 による繊維製品の取扱いに関する表示記号

（1） 洗い方（水洗い）

番号	記号	記号の意味
101	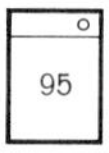 95	液温は，95℃を限度とし，洗濯ができる。
102	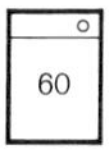 60	液温は，60℃を限度とし，洗濯機による洗濯ができる。
103	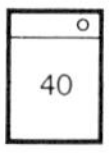 40	液温は，40℃を限度とし，洗濯機による洗濯ができる。
104	 弱40	液温は，40℃を限度とし，洗濯機の弱水流又は弱い手洗い(1)がよい。
105	 弱30	液温は，30℃を限度とし，洗濯機の弱水流又は弱い手洗い(1)がよい。
106	 手洗イ 30	液温は，30℃を限度とし，弱い手洗い(1)がよい（洗濯機は使用できない）。
107	 (×)	水洗いはできない。

注(1)：弱い手洗いには，振り洗い，押し洗い，及びつかみ洗いがある。

（2） 塩素漂白の可否

番号	記号	記号の意味
201	 エンソサラシ	塩素系漂白剤による漂白ができる。
202	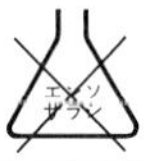 エンソサラシ×	塩素系漂白剤による漂白はできない。

（3） アイロンの掛け方

番号	記号	記号の意味
301	 高	アイロンは210℃を限度とし，高い温度（180℃～210℃まで）で掛けるのがよい。
302	 中	アイロンは160℃を限度とし，中程度の温度（140℃～160℃まで）で掛けるのがよい。
303	 低	アイロンは120℃を限度とし，低い温度（80℃～120℃まで）で掛けるのがよい。
304	 ×	アイロン掛けはできない。

（4） ドライクリーニング

番号	記号	記号の意味
401	 ドライ	ドライクリーニングができる。溶剤は，パークロロエチレン又は石油系のものを使用する。
402	 ドライ セキユ系	ドライクリーニングができる。溶剤は，石油系のものを使用する。
403	 ドライ×	ドライクリーニングはできない。

（5） 絞り方

番号	記号	記号の意味
501	 ヨワク	手絞りの場合は弱く，遠心脱水の場合は，短時間で絞るのがよい。
502	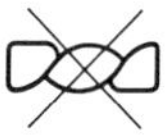 ×	絞ってはいけない。

（6） 干し方

番号	記号	記号の意味
601		つり干しがよい。
602		日陰のつり干しがよい。
603	 平	平干しがよい。
604	 平	日陰の平干しがよい。

（付記及び付記の仕方）（例）

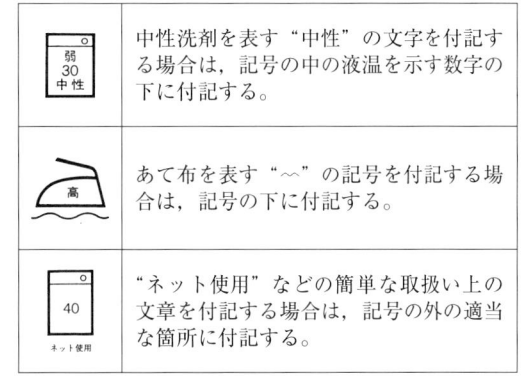

弱30 中性	中性洗剤を表す"中性"の文字を付記する場合は，記号の中の液温を示す数字の下に付記する。
高 ～	あて布を表す"～"の記号を付記する場合は，記号の下に付記する。
40 ネット使用	"ネット使用"などの簡単な取扱い上の文章を付記する場合は，記号の外の適当な箇所に付記する。

2. 新JIS L0001（国際標準化機構の規格ISO3758）による繊維製品の取扱いに関する表示記号

(1) 洗　　濯（Washing）

記号番号	記号	洗濯処理
190	〔95〕	液温は，95℃を限度とし，洗濯機での通常処理ができる。
170	〔70〕	液温は，70℃を限度とし，洗濯機での通常処理ができる。
160	〔60〕	液温は，60℃を限度とし，洗濯機での通常処理ができる。
161	〔60〕	液温は，60℃を限度とし，洗濯機で弱い洗濯処理ができる。
150	〔50〕	液温は，50℃を限度とし，洗濯機での通常処理ができる。
151	〔50〕	液温は，50℃を限度とし，洗濯機で弱い洗濯処理ができる。
140	〔40〕	液温は，40℃を限度とし，洗濯機での通常処理ができる。
141	〔40〕	液温は，40℃を限度とし，洗濯機で弱い洗濯処理ができる。
142	〔40〕	液温は，40℃を限度とし，洗濯機で非常に弱い洗濯処理ができる。
130	〔30〕	液温は，30℃を限度とし，洗濯機での通常処理ができる。
131	〔30〕	液温は，30℃を限度とし，洗濯機で弱い洗濯処理ができる。
132	〔30〕	液温は，30℃を限度とし，洗濯機で非常に弱い洗濯処理ができる。
110	〔手〕	液温は，40℃を限度とし，手洗いによる洗濯処理ができる。
100	〔✕〕	洗濯処理はできない。

(2) 漂　　白（Bleaching）

記号番号	記号	漂白処理
220	△	塩素系及び酸素系漂白剤によるひ漂白処理ができる。
210	△	酸素系漂白剤による漂白処理ができるが，塩素系漂白剤による漂白処理はできない。
200	✕	漂白処理はできない。

(3) 乾　　燥（Drying）

記号番号	記号	乾燥処理
320	⊙⊙	洗濯処理後のタンブル乾燥処理ができる。高温乾燥:排気温度の上限は最高80℃
310	⊙	洗濯処理後のタンブル乾燥処理ができる。高温乾燥:排気温度の上限は最高60℃
300	⊠	洗濯処理後のタンブル乾燥処理はできない。
440	∥	つり干し乾燥がよい。
430	∥∥	ぬれつり干し乾燥がよい。
420	−	平干し乾燥がよい。
410	＝	ぬれ平干し乾燥がよい。
445	／	日陰でのつり干し乾燥がよい。
435	／	日陰でのぬれつり干し乾燥がよい。
425	／	日陰での平干し乾燥がよい。
415	／	日陰でのぬれ平干し乾燥がよい。

(4) アイロン仕上げ（Ironing and pressing）

記号番号	記号	アイロン仕上げ処理
530	🔺•••	底面温度200℃を限度としてアイロン仕上げ処理ができる。
520	🔺••	底面温度150℃を限度としてアイロン仕上げ処理ができる。
510	🔺•	底面温度110℃を限度としてアイロン仕上げ処理ができる。
500	✕	アイロン仕上げ処理はできない。

(5) 商業クリーニング（Professional textile care）

記号番号	記号	クリーニング処理
620	Ⓟ	パークロロエチレン及び記号Ⓟの欄に規定の溶剤でのドライクリーニング処理ができる。通常の処理。

621	Ⓟ	パークロロエチレン及び記号Ⓟの欄に規定の溶剤でのドライクリーニング処理a)ができる。弱い処理。		710	Ⓦ	ウェットクリーニング処理ができる。通常の処理。
610	Ⓕ	石油系溶剤（蒸留温度150℃～210℃，引火点38℃～）でのドライクリーニング処理a)ができる。通常の処理。		711	Ⓦ	ウェットクリーニング処理ができる。弱い処理。
611	Ⓕ	石油系溶剤（蒸留温度150℃～210℃，引火点38℃～）でのドライクリーニング処理a)ができる。弱い処理。		712	Ⓦ	ウェットクリーニング処理ができる。非常に弱い処理。
600	⊗	ドライクリーニング処理ができない。		700	⊗	ウェットクリーニング処理はできない。

注a) ドライクリーニング処理は，タンブル乾燥を含む。

3. JIS L0217および新JIS L0001による取扱い表示記号の対応表

3. JIS L0217および新JIS L0001による取扱い表示記号の対応表●

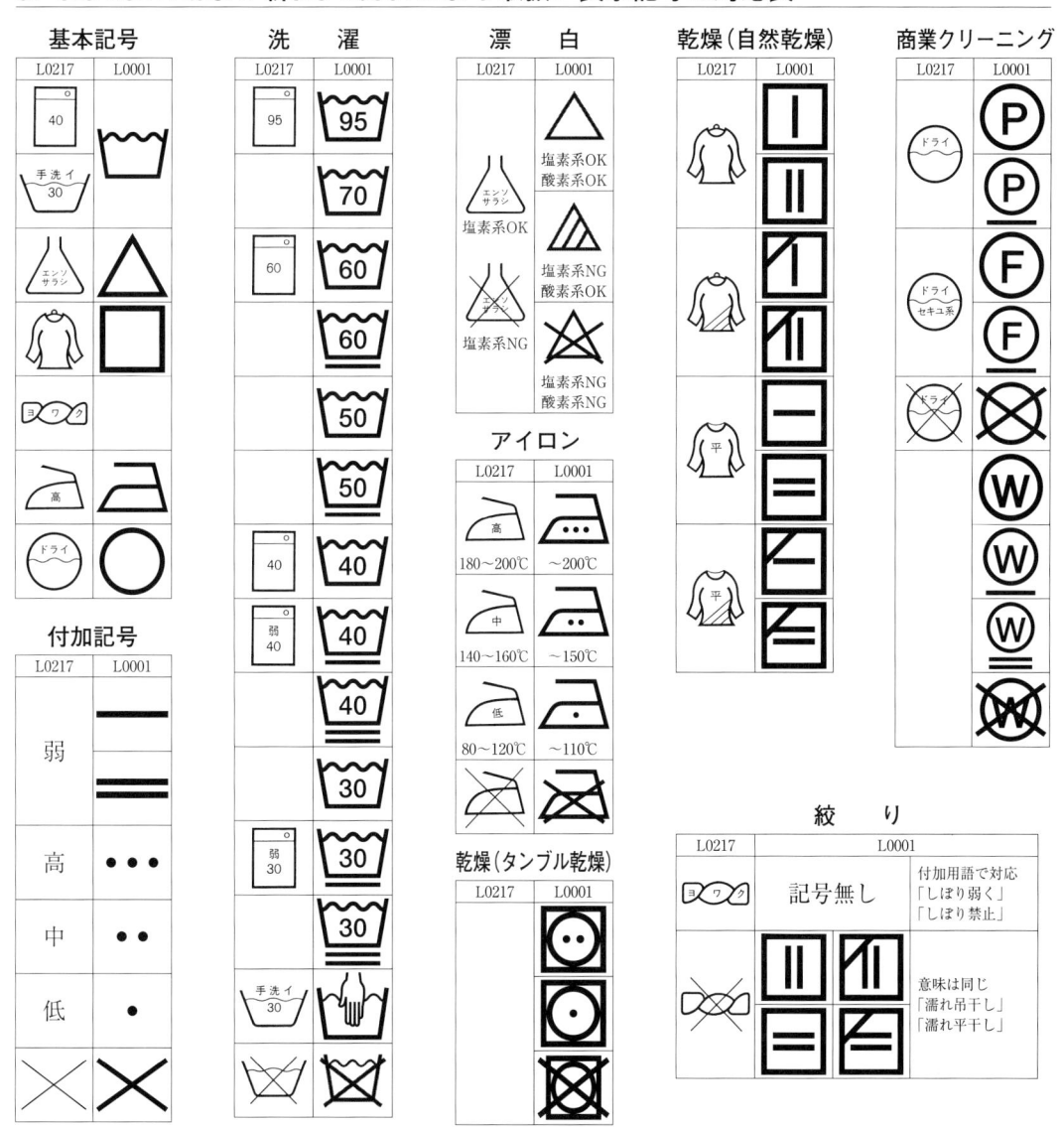

4. JIS C 9606 に規定される電気洗濯機試験方法

8.12 脱水性試験

脱水性試験は，次の方法によって脱水度を測定する。

(1) **脱水度** 脱水度は，次の式によって算出する。

$$脱水度(\%) = \frac{乾燥布の質量(kg)}{脱水後の布の質量(kg)} \times 100$$

(2) **試験条件** 試験条件は，次による。
   (a) 洗濯物は，標準脱水容量に等しい**付属書1**に規定するものとし，乾燥した洗濯物を試験に先立ち1時間以上水につける。
   (b) 脱水時間は，手動電気洗濯機又は洗濯・すすぎの行程を自動移行する自動洗濯機では3分間（通電時間），すすぎ・脱水の行程を自動移行する自動洗濯機又は全自動洗濯機では，製造業者の指定する標準プログラムの脱水時間，定格周波数，定格電圧のもとに運転する。ただし，センサーによって脱水時間を決めるものでは，自動停止するまでの時間とする。

8.13 すすぎ性試験

すすぎ性試験は，次の方法によって標準洗濯容量に等しい**付属書1**に規定する洗濯物及び標準水量の水を入れ，定格周波数の定格電圧で運転し，原液とすすぎの後の液について，それぞれ導電率を測定し，(2)の規定によってすすぎ比を算出する。ただし，脱水すすぎ装置付きのもので，標準洗濯容量と標準脱水すすぎ容量が異なる場合は，製造業者の指定する容量で行う。

(1) **試験方法**
   (a) **試験方法及び順序** 試験方法及び順序は，**表12**による。手動電気洗濯機のすすぎ性試験の方法は，**表12**における洗濯機の種類のうち製造業者の指定する方法とする。
   なお，すすぎのプログラムが切り換えられるものは，製造業者が標準と指定するもので行う。
   (b) **測定の媒体** 測定の媒体は，**JIS K 8150**に規定する塩化ナトリウムを使用する。
   (c) **測定器** 測定器は，精度±4%の温度補償付きの導電率計を使用する。
   (d) **給水量** すすぎ時の給水量は，毎分約15Lとし，硬度（$CaCO_3$）は80 mg/L以下の水道水とする。ただし，脱水すすぎの場合の給水量は，毎分約10Lとする。

(e) **試験回数** 試験回数は，3回を標準とし，その平均値をもって洗濯機のすすぎ性能を表すものとする。その際，水道水の導電率もそれぞれ測定する。

(2) **すすぎ比の算出** すすぎ比は，次の式によって算出する。

$$すすぎ比 = \frac{A-B}{(A-C)K}$$

ここに，
A：原液の導電率（S/m）｛Ω^{-1}/m｝
B：すすぎ後の液の導電率（S/m）｛Ω^{-1}/m｝
C：水道水の導電率（S/m）｛Ω^{-1}/m｝
K：すすぎ係数 0.9

ただし，脱水すすぎ装置付きによる洗濯機において，かくはん液の導電率から換算した脱水後の洗濯物に含まれる液の導電率は，次による。

$$B = \frac{E(b+d-a)-Cd}{b-a} (S/m)\{\Omega^{-1}/m\}$$

E：稀釈かくはん液の導電率（S/m）｛Ω^{-1}/m｝
a：洗濯物の乾燥時の質量（kg）
b：脱水後の洗濯物の質量（kg）
d：希釈かくはん時の注水量（質量）(kg)

8.14 洗濯性能試験

洗濯性能試験は，次の方法によって，標準洗濯機及び供試洗濯機の洗浄度を求め，標準洗濯機の洗浄度に対する供試洗濯機の洗浄度の比（以下，洗浄度という。）を算出する。

なお，規定条件のもとで試験して得た標準洗濯機の洗浄度（D_s）は，0.35～0.5の範囲とする。

備考 この洗濯性能試験及び汚染布は洗濯機の機械力を評価するものであり，市販洗剤などの洗浄性能試験に適用してはならない。

(1) **洗浄度（D）の求め方** 洗浄度（D）の求め方は，次による。

$$D = \frac{R_w - R_1}{R_0 - R_1}$$

ここに，
R_w：汚染布洗濯後の反射率（%）
R_1：汚染布洗濯前の反射率（%）
R_0：原布の反射率（%）

(2) **洗浄比（C）の求め方**　洗浄比（C）の求め方は，次による。

$$C = \frac{D_r}{D_s}$$

ここに，
D_r：供試洗濯機による洗浄度
D_s：標準洗濯機による洗浄度

(3) **汚染布**　洗濯機の洗浄力（機械力）評価用人工汚染布は，**付属書4**による。
　参考　人工汚染布は，財団法人洗濯科学協会で取り扱っている。

(4) **表面反射率の測定**　表面反射率の測定は，光度計，光電反射計，分光光度計などを用いて次によって行い，波長域は，510〜550 nmを使用する。
　(a) 表面反射率は，酸化マグネシウム白板の反射率を100%，黒体の反射率を0とした値として測定する。
　(b) 表面反射率の測定に際しては，試験前後の汚染布を10枚以上重ねて測定する。
　(c) 汚染布の反射率は，1枚の汚染布について，汚染布の中央の表裏各1か所，合計2か所を測定し，それらの平均値をもって表す。
　(d) 試験前の平均表面反射率は，40±5%とする。

(5) **汚染布の保存法**　汚染布は，熱，湿気の影響を受けやすいので，作成後，0〜5℃の冷暗室に保存する。試験する汚染布は，作成後1年以上経過したものを用いてはならない。

(6) **洗濯物**　1回の試験に用いる洗濯物の量は，標準洗濯容量とし，洗濯物及び汚染布の取付けは，**付属書1**に示す。

(7) **使用水**　水量は標準水量とし，硬度（$CaCO_3$）は80 mg/L以下の水道水を用いる。試験開始時の水温は，30±2℃とする。

(8) **洗剤**　洗剤は，原則として次の組成のものを使用する。

ラウリル硫酸ナトリウム	20%
JIS K 8625 炭酸ナトリウムの特級	5%
JIS K 8987 硫酸ナトリウムの特級	50%
JIS K 1465 トリポリりん酸ナトリウム	25%

なお，上記薬品を洗濯物の投入に先立ち，液濃度が0.2%（無水物換算，質量パーセント）になるように調合し，均一な液にした後，洗濯物を投入する。

(9) **洗濯時間**　標準洗濯機及び供試洗濯機の洗濯時間は，次による。

(9.1) 標準洗濯機　20分

(9.2) 供試洗濯機

噴流式	10分	渦巻式	10分
かくはん式	10分	ドラム式	30分

　(a) 自動プログラムで洗濯時間を決めるものは，製造業者が指定する標準プログラムの洗濯時間で行う。
　(b) 洗濯時間が10分以上（ドラム式は30分）設定できない場合は，設定できる最長時間とする。ただし，タイマーなどで製造業者が標準洗濯時間を指定するものはそれによる。
　　なお，水流調整できるものは，製造業者が指定する標準水流で行い，定格電圧，定格周波数のもとで運転する。

(10) **汚染布の処理**　洗濯終了後，汚染布は直ちに取り外し，常温清水中で一端を手で持ち，軽くすすぎ軽く絞って，自然乾燥後つやの出ないように注意しながら150±5℃の温度（又は当て布をして180±5℃）でアイロン仕上げする。

(11) **洗浄度の測定**　洗浄度の測定は，同じ洗濯機について，同一条件で最低4回の洗濯を行い，その平均値をとる。

(12) **標準洗濯機**　標準洗濯機は，次による。
　(a) **洗浄方式**　かくはん式
　(b) **仕様**　洗濯槽及びかくはん翼は，**付属書4**に規定する形状及び寸法とし，かくはん翼は，約220°の角度で往復する回転運動を毎分約50回の速さで行わせる。
　(c) **定格**　標準洗濯容量及び標準水量は，次による。
　　標準洗濯容量　1.5 kg　　標準水量　30 L

表12 すすぎ性能試験表

試験順序	洗濯機の種類				
	脱水機付手動電気洗濯機	自動電気洗濯機	全自動電気洗濯機	脱水すすぎ装置付手動電気洗濯機	脱水すすぎ装置付自動電気洗濯機
1 原液準備	塩化ナトリウム濃度2%g/Lの原液を標準水量つくり,2分間かくはんする。	塩化ナトリウム濃度2%g/Lの原液を標準水量つくり,2分間かくはんする。	塩化ナトリウム濃度2%g/Lの原液を標準水量つくり,2分間かくはんする。	塩化ナトリウム濃度2%g/Lの原液を標準水量つくり,2分間かくはんする。	塩化ナトリウム濃度2%g/Lの原液を標準水量つくり,2分間かくはんする。
2 負荷投入	標準洗濯容量の附属書1に規定する洗濯物を投入する。	標準洗濯容量の附属書1に規定する洗濯物を投入する。	標準洗濯容量の附属書1に規定する洗濯物を投入する。	標準洗濯容量又は標準脱水すすぎ容量の附属書1に規定する洗濯物を投入する。	標準洗濯容量の附属書1に規定する洗濯物を投入する。
3 かくはん	5分間運転かくはんする。	標準プログラムの洗濯時間運転。	標準プログラムの洗濯時間運転。	5分間運転かくはんする。	5分間運転かくはんする。
4 原液採取	約200 mLの原液をビーカーに採取する。	洗濯終了時。約200 mLの原液をビーカーに採取する。	洗濯終了時。約200 mLの原液をビーカーに採取する。	約200 mLの原液をビーカーに採取する。	洗濯終了時。約200 mLの原液をビーカーに採取する。
5 脱水	洗濯物を脱水側に移し,8.12に規定する方法及び時間,脱水する。洗濯槽の原液は排水する。	以下,標準プログラムに従って運転する。	以下,標準プログラムに従って運転する。		
6 すすぎ前準備	脱水機の洗濯物を洗濯槽に移し,標準水量の水位まで水を入れる。	――	――	洗濯物を脱水側に移す。洗濯槽の原液は排水する。	洗濯物を脱水側に移す。洗濯槽の原液は排水する。
7 すすぎ	給水しながら5分間すすぎを行う。	標準プログラムの最終すすぎまで行う。	標準プログラムの最終すすぎまで行う。	脱水すすぎ標準プログラムに従ってすすぎを行う。	脱水すすぎ標準プログラムに従ってすすぎを行う。
7-1 脱水	――	――	――	すすぎが終わった洗濯物を,1分間脱水する。	標準プログラムに従ってすすぎに継続し脱水する。
7-2 脱水後の洗濯物に含まれる水量の測定	――	――	――	脱水後の洗濯物の質量(b kg)を測定し,その値から乾燥時の洗濯物の質量(a kg)を減じ,脱水後の洗濯物に含まれる水量を算出する。	脱水後の洗濯物の質量(b kg)を測定し,その値から乾燥時の洗濯物の質量(a kg)を減じ,脱水後の洗濯物に含まれる水量を算出する。

試験順序	洗濯機の種類				
	脱水機付手動電気洗濯機	自動電気洗濯機	全自動電気洗濯機	脱水すすぎ装置付手動電気洗濯機	脱水すすぎ装置付自動電気洗濯機
8 かくはん（希釈・かくはん）	上記すすぎ後給水を止めて2分間かくはんする。	上記すすぎ後給水を止めて2分間かくはんする。	上記すすぎ後給水を止めて2分間かくはんする。	洗濯槽に脱水後の洗濯物を入れ，標準水量又は標準脱水すすぎ容量に相当する水位まで注水（d kg）後5分間かくはんする。洗濯物を入れる前に洗濯槽の塩分を十分洗い流しておくこと。	洗濯槽に脱水後の洗濯物を入れ，標準水量の水位まで注水（d kg）後5分間かくはんする。洗濯物を入れる前に洗濯槽の塩分を十分洗い流しておくこと。
9 すすぎ液採取（かくはん液採取）	上記かくはん後の液を約200 mLビーカーに採取する。	上記かくはん後の液を約200 mLビーカーに採取する。	上記かくはん後の液を約200 mLビーカーに採取する。	上記かくはん後の液を約200 mLビーカーに採取する。	上記かくはん後の液を約200 mLビーカーに採取する。
10 導電率測定	4及び9で採取した液について，それぞれ導電率を測定する。測定に当たっては，よくかくはんして濃度を均一化させる。	4及び9で採取した液について，それぞれ導電率を測定する。測定に当たっては，よくかくはんして濃度を均一化させる。	4及び9で採取した液について，それぞれ導電率を測定する。測定に当たっては，よくかくはんして濃度を均一化させる。	4及び9で採取した液について，それぞれ導電率を測定する。測定に当たっては，よくかくはんして濃度を均一化させる。	4及び9で採取した液について，それぞれ導電率を測定する。測定に当たっては，よくかくはんして濃度を均一化させる。

備考1．センサーで洗濯時間を決めるものでは，"3 かくはん"は5分間かくはんする。
　　2．センサーですすぎのプログラムを決めるものでは，"7 すすぎ"は，製造業者が指定する標準布プログラムに従ってすすぎを行う。

5. JIS K 3362に規定される合成洗剤試験方法

7.3 アニオン界面活性剤の定性及び定量

7.3.1 アニオン界面活性剤の定性

a) 要旨　石けん以外のアニオン界面活性剤は，メチレンブルーと青の錯体を生じ，石けんは，酸性溶液で脂肪酸を遊離することによって検出する。

b) 試薬　試薬は，次のとおりとする。
1) メチレンブルー溶液　水500 mLにJIS K 8951に規定する硫酸12 gを，かくはんしながら徐々に加え冷却する。これにJIS K 8897に規定するメチレンブルー0.03 g，JIS K 8987に規定する硫酸ナトリウム50 gを溶解し，水を加えて1000 mLとする。
2) クロロホルム　JIS K 8322に規定するクロロホルムをメチレンブルー溶液（10 g/L）で洗い，JIS K 8410に規定する酸化カルシウム又はJIS K 8123に規定する塩化カルシウムを加えて蒸留し，JIS K 8987に規定する硫酸ナトリウムを用いて脱水する。蒸留後3日以内に使用する。
3) 硫酸（1＋1）　JIS K 8951に規定する硫酸を用いて調製したもの。

c) 器具（滴定用シリンダー）　JIS R 3505に規定する有栓100 I 形メスシリンダー

d) 操作　操作は，次のとおりに行う。
1) 石けん以外のアニオン界面活性剤の定性
1.1) 試験管にメチレンブルー溶液約5 mL，クロロホルム約5 mLを入れ，栓をして激しく振り，

静置して分層する。

参考 クロロホルム層は普通無色であるが，メチレンブルーの不純物又はエタノールの存在によってわずかな青になることがある。

1.2） これに試料の約 10 g/L（又は，1 vol%）溶液を 1 滴加え，上下に激しく振った後，静置して分層させ，クロロホルム層が青になればアニオン界面活性剤の存在を示すことによって調べる。

参考 非イオン界面活性剤の共存は，多少乳化現象のため，分層に時間がかかることはあっても，定性の障害にはならない。

1.3） さらに，試料溶液を加え，同じように操作すると，クロロホルム層は，ますます濃い青となることによって定量する。

2） 石けんの定性

2.1） 試験管に試料の約 10 g/L（又は 1 vol%）溶液を約 5 mL 入れる。

2.2） これに硫酸（1+1）の 2～3 滴を加えて振り混ぜ，pH 値 4 以下の酸性にし，静置する。

2.3） このとき，試料溶液が脂肪酸の遊離によって白濁し，徐々に油状に分離すれば石けんの存在を示すことによって定量する。石けんが少量のときは，7.3.3.1 によって定量的に分離して検出をしなければならない。

7.3.2 アニオン界面活性剤の定量

a） 要旨

1） **逆滴定法（A 法）及び直接滴定法（B 法）** アルキルベンゼンスルホン酸塩，アルキル硫酸塩，アルキルエトキシ硫酸塩，アルケニルスルホン酸塩，アルキルスルホン酸塩のような長鎖アルキルスルホン酸塩又は硫酸塩は，メチレンブルーと錯化合物を形成し，クロロホルムに溶解して青色になる。これに十分な量のカチオン界面活性剤を加えると，アニオン界面活性剤とカチオン界面活性剤の錯塩が生成し，メチレンブルーが遊離して，アニオン界面活性剤を定量することができる。

2） **ISO 法（C 法）** アルキルベンゼンスルホン酸塩，アルキル硫酸塩，アルキルエトキシ硫酸塩，アルケニルスルホン酸塩，アルキルスルホン酸塩のような長鎖アルキルスルホン酸塩又は硫酸塩は，ジミジウムブロマイドと錯化合物を形成し，クロロホルムに溶解して赤桃色になる。これに十分な量のカチオン界面活性剤を加えるとアニオン界面活性剤とカチオン界面活性剤が錯塩を形成し，ジミジウムブロマイドが遊離する。遊離したジミジウムブロマイドは，クロロホルム層から水層に移行し，赤桃色が消失する。同時に過剰のカチオン界面活性剤はアシッドブルー 1 と錯塩を形成し，クロロホルムに溶解して，青色を呈することによってアニオン界面活性剤を定量することができる。

b） **試薬** 試薬は，次のとおりとする。

1） **アニオン界面活性剤標準液（0.004 mol/L）**
市販のラウリル硫酸ナトリウムの純分換算で約 1.2 g を 0.1 mg まで量り取り，水に溶解した後，全量フラスコ 1000 mL に移し入れ，水を標線まで加える。そのファクターは，次の式によって算出する。

$$f_a = \frac{S \times \dfrac{P}{100}}{M \times 0.004} = \frac{2.5 \times S \times P}{M}$$

ここに，

f_a：ファクター
S：ラウリル硫酸ナトリウムの質量（g）
P：ラウリル硫酸ナトリウムの純度（%）
M：ラウリル硫酸ナトリウムの化学式量

備考 ラウリル硫酸ナトリウムの純度（P）及び化学式量（M）の求め方

－純度（P）の求め方

再結晶によって，精製したラウリル硫酸ナトリウム約 5 g を三角フラスコ 300 mL 中に 0.1 mg まで量り取り，これに JIS K 8951 に規定する硫酸を用いて調製した 0.5 mol/L 硫酸 25 mL を全量ピペットを用いて加え，冷却器を付けてホットプレート又は砂浴上で還流する。発泡に注意し，ときどき三角フラスコを軽く振り動かしながら還流し，溶液が透明になり，発泡しなくなってから更に 2 時間還流する。冷却後エタノール（99.5）30 mL を用いて冷却器の内壁を洗い，次に適量の水で洗った後，冷却器を外す。水を加えて液量を約 100 mL にした後，フェノールフタレイン溶液（10 g/L）を数滴加え，JIS K 8576 に規定する水酸化ナトリウムで調製した 1 mol/L 水酸化ナトリウム溶液で滴定する。同時に空試験を行い，次の式によってラウリル硫酸ナトリウムの純度を算出する。

$$P = \frac{(A-B) \times f \times M}{S \times 1000} \times 100$$

$$= \frac{(A-B) \times f \times M \times 0.1}{S}$$

ここに，

P：ラウリル硫酸ナトリウムの純度（%）
A：試料の滴定に用いた 1 mol/L 水酸化ナ

トリウム溶液の量（mL）

B：空試験の滴定に用いた1 mol/L水酸化ナトリウム溶液の量（mL）

f：1 mol/L水酸化ナトリウム溶液のファクター

M：ラウリル硫酸ナトリウムの化学式量

S：試料の質量（g）

－化学式量（M）の求め方

上記純度（P）を求めるときのフェノールフタレイン溶液（10 g/L）を指示薬とし，1 mol/L水酸化ナトリウム溶液で滴定した後の滴定液の50 mLを300 mL分液漏斗に移し，JIS K 8101に規定するエタノール（99.5）で調製したエタノール（99.5）（2＋1）100 mLを加え，JIS K 8593で規定する石油エーテル50 mLずつで2回抽出する。石油エーテル層を合わせ，水50 mLずつで2回洗浄し，JIS K 8987で規定する硫酸ナトリウムで脱水した後，適当な濃度に濃縮してガスクロマトグラフ分析によって炭素数の分布を測定する。ガスクロマトグラフ分析は，JIS K 0114に従って，最適な測定条件で行い，試料アルコールの各成分パーセントを求める。試料アルコールの平均分子量を求め，これからラウリル硫酸ナトリウムの化学式量（M）を求める。

参考　固定相液体は，クロモソルブWにシリコーンSE-30の10％のものを用い，カラム槽温度180℃，キャリヤーガスは窒素又はヘリウム，検出器は水素炎イオン化検出器で恒温で行う。

2）　**カチオン界面活性剤標準液（0.004 mol/L塩化ベンゼトニウム溶液）**　調製及び標定は，次のとおりに行う。

2.1）　**調製**　市販の塩化ベンゼトニウム（1水塩）約1.9 gを水に溶解し1000 mLとし，カチオン界面活性剤標準液とする。

参考　塩化ベンゼトニウム（1水塩）の構造を次に示す（下記①）。市販にHyamine 1622（Rohm & Haas社）がある。

2.2）　**標定**

2.2.1）　**A法及びB法に用いる場合**　アニオン界面活性剤標準液（0.004 mol/L）10 mLを，滴定用シリンダーに取りメチレンブルー溶液25 mL及びクロロホルム15 mLを加え，次に水20 mLを加えた後，カチオン界面活性剤標準液で滴定する。滴定は初め2 mLずつ加え，その都度栓をして激しく振った後静置する。2層の分離が早くなれば逐次滴定量を減らし，終点近くでは1滴（0.02～0.03 mL）刻みで行い，白色板を背景として両層の青さが同一となったときを終点とする。カチオン界面活性剤標準液のファクターは，次の式によって算出する。

$$f_b = \frac{10 \times f_a}{A}$$

ここに，

f_b：カチオン界面活性剤標準液のファクター

A：滴定に用いたカチオン界面活性剤標準液の量（mL）

f_a：アニオン界面活性剤標準液のファクター

2.2.2）　**C法に用いる場合**　アニオン界面活性剤標準液（0.004 mol/L）25 mLを全量ピペットで滴定用シリンダーに取り，水10 mL，クロロホルム15 mL及び混合指示薬10 mLを加え，カチオン界面活性剤標準液で滴定する。初め2 mLずつ加え，その都度激しく振った後静置する。下層は赤桃色を呈する。繰り返し滴定を続け，2層の分離が早くなるに従い，逐次滴定量を減らす。終点近くでは，1滴（0.02～0.03 mL）刻みで行い，クロロホルム層の赤桃色が完全に消失して，薄灰青色になる点を終点とする。次の式によってカチオン界面活性剤標準液のファクターを算出する。

$$f_c = \frac{25 \times f_a}{A}$$

ここに，

f_c：カチオン界面活性剤標準液のファクター

f_a：アニオン界面活性剤標準液のファクター

A：滴定に要したカチオン界面活性剤標準液の量（mL）

備考　次の7.3.2 d）1）1.1）の逆滴定法（A法）に適用する場合には，カチオン界

① $\left[H_3C-\underset{\underset{CH_3}{|}}{\overset{\overset{CH_3}{|}}{C}}-CH_2-\underset{\underset{CH_3}{|}}{\overset{\overset{CH_3}{|}}{C}}-\underset{}{\underset{}{\bigcirc}}-OCH_2-CH_2-OCH_2-CH_2-\underset{\underset{CH_3}{|}}{\overset{\overset{CH_3}{|}}{N^+}}-CH_2-\underset{}{\underset{}{\bigcirc}} \right] Cl^- \cdot H_2O$

面活性剤標準液のファクターを標定する必要はない。

3) メチレンブルー溶液　7.3.1 b) 1) による。
4) クロロホルム　7.3.1 b) 2) による。
5) フェノールフタレイン溶液 (10 g/L)　7.1 b) 5) による。
6) 0.5 mol/L 硫酸　JIS K 8001 の 4.5 の (26.1)(0.5 mol/L 硫酸) に規定するもの。
7) 2 mol/L 水酸化ナトリウム溶液　JIS K 8576 に規定する水酸化ナトリウム約 83 g に水を加えて溶解し，1000 mL としたもの。
8) 2.5 mol/L 硫酸溶液　水 100 mL をビーカーに取り，JIS K 8951 に規定する硫酸 15 mL をかき混ぜながら徐々に加えた後，放冷する。
9) 1 mol/L 水酸化ナトリウム溶液　JIS K 8576 に規定する水酸化ナトリウム 4 g を水に溶かして 100 mL とする。
10) 混合指示薬　第一のビーカー 50 mL にジミジウムブロマイド 0.5±0.005 g，第二のビーカー 50 mL にアシッドブルー 1 0.25±0.005 g を量り取る。それぞれのビーカーに，JIS K 8101 に規定するエタノールを用いて調製した 100 g/L 熱エタノール 20〜30 mL を加えて溶解する。それぞれの溶液を全量フラスコ 250 mL に移し，100 g/L エタノールを標線まで加え，これを原液とする。原液 20 mL を全量フラスコ 500 mL に取り，水 200 mL 及び 5 mol/L 硫酸溶液 20 mL を加えて混ぜ合わせ，標線まで水を加える。直射日光から遮断して貯蔵する。

備考 1. ジミジウムブロマイド (3,8-ジアミノ-5-メチル-6-フェニルフェナントリジニウムブロマイド)

2. アシッドブルー 1 (ナトリウム-4′,4″-ジアミノジエチルメタン-2,4-ジスルホン酸)

参考　Disulphine Blue VN 150 及び Elioglaucine の名称で市販されている。

c) 器具 (滴定用シリンダー)　JIS R 3505 に規定する有栓 100 I 形メスシリンダー。

d) 操作　操作は，次のとおりに行う。
1) 全アニオン界面活性剤の結合硫酸の定量
1.1) 逆滴定法 (A 法)
1.1.1) 試料の適量 (純分として約 1.4 g を含む。) を 0.1 mg まで量り取り，水 200 mL を加えて加熱溶解し，冷却した後，全量フラスコ 1000 mL に移し水を加えて 1000 mL とし，試料溶液とする。
1.1.2) この中から 10 mL を滴定用シリンダーに取り，メチレンブルー溶液 25 mL 及びクロロホルム 15 mL を加え，全量ピペットでカチオン界面活性剤標準液 (0.004 mol/L) 20 mL を加える。
1.1.3) アニオン界面活性剤標準液を初め 2 mL ずつ加え，その都度栓をして激しく振った後，静置する。2 層の分離が早くなれば逐次滴定量を減らし，終点近くでは 1 滴刻みで行い，白色板を背景として両層の青さが同一となったときを終点とする。
1.1.4) 同時に空試験を行う。
1.1.5) 計算　全アニオン界面活性剤の結合硫酸は，次の式によって算出する。

$$C = \frac{(B-A) \times 0.004 \times f_a \times 80.06}{S \times 1000 \times \frac{10}{1000}} \times 100$$

$$= \frac{3.20(B-A) \times f_a}{S}$$

ここに，
C：全アニオン界面活性剤の結合硫酸 (SO_3 として) (%)
B：空試験の滴定に用いたアニオン界面活性剤標準液の量 (mL)
A：試料溶液の滴定に用いたアニオン界面活性剤標準液の量 (mL)
f_a：アニオン界面活性剤標準液のファクター
S：試料の質量 (g)
80.06：SO_3 の化学式量

1.2) 直接滴定法 (B 法)
1.2.1) 1.1) の試料溶液 10 mL を滴定用シリンダーに取り，メチレンブルー溶液 25 mL，クロロ

ホルム 15 mL 及び水 20 mL を加える。

1.2.2) カチオン界面活性剤標準液を，初め 2 mL ずつ加え，その都度栓をして激しく振った後静置する。2 層の分離が早くなれば逐次滴定量を減らし，終点近くでは 1 滴刻みで行い，白色板を背景として両層の青さが同一となったときを終点とする。

1.2.3) 計算　全アニオン界面活性剤の結合硫酸は，次の式によって算出する。

$$C = \frac{D \times 0.004 \times f_b \times 80.06}{S \times 1000 \times \frac{10}{1000}} \times 100 = \frac{3.20 \times D \times f_b}{S}$$

ここに，
- C：全アニオン界面活性剤の結合硫酸（SO_3 として）（%）
- D：試料溶液の滴定に用いたカチオン界面活性剤標準液の量（mL）
- f_b：カチオン界面活性剤標準液のファクター
- S：試料の質量（g）
- 80.06：SO_3 の化学式量

1.3) ISO 法（C 法）

1.3.1) 試料の適量（純分として約 1.4 g を含む。）をビーカー 300 mL に 0.1 mg まで量り取り，水 200 mL を加えて加熱溶解する。

1.3.2) 室温まで冷却した後，フェノールフタレイン溶液数滴を加え，薄桃色になるまで，水酸化ナトリウム溶液又は，硫酸溶液で中和する。

1.3.3) この溶液を全量フラスコ 1000 mL に移し，標線まで水を加え混合する。この溶液 25 mL を全量ピペットで滴定用シリンダーに取り，水 10 mL，クロロホルム 15 mL 及び混合指示薬 10 mL を加え，カチオン界面活性剤標準液で滴定する。

1.3.4) 始め 2 mL ずつ加え，その都度激しく振った後静置する。下層は赤桃色を呈する。繰り返し，滴定を続け，2 層の分離が早くなるに従い，逐次滴定量を減らす。終点近くでは，1 滴（0.02 ～ 0.03 mL）刻みで行い，クロロホルム層の赤桃色が完全に消失して，薄灰青色になる点を終点とする。

1.3.5) 計算　全アニオン界面活性剤の結合硫酸は，次の式によって算出する。

$$C = \frac{D \times 0.004 \times f_c \times 80.06}{S \times 1000 \times \frac{25}{1000}} \times 100 = \frac{D \times f_b \times 1.281}{S}$$

ここに，
- C：全アニオン界面活性剤の結合硫酸（SO_3 として）（%）
- f_c：カチオン界面活性剤標準液のファクター
- D：滴定に要したカチオン界面活性剤標準液の量（mL）
- S：試料の質量（g）

備考 1． ハイドロトロープとして，トルエンスルホン酸塩のような比較的低分子量のスルホン酸塩が含まれていても，150 g/L 以下であれば妨害にならない。

2． 過ほう酸塩，過炭酸塩以外の漂白剤が含まれている場合は，分析前に分解する。

3． 逆性及び両性の界面活性剤を含む場合には，配合量よりも小さい値を示す。

2) アルキル硫酸塩，アルキルエトキシ硫酸塩などの結合硫酸の定量

2.1) 試料の適量（純分として約 1.4 g を含む。）を 0.1 mg まで量り取り，水 200 mL を加えて加熱溶解し，冷却した後，全量フラスコ 250 mL に移し，水を標線まで加える。

2.2) この中から 50 mL を三角フラスコ 300 mL に取り，全量ピペットを用いて 0.5 mol/L 硫酸 50 mL を加え，長さ 650 mm 以上のガラス管を付けてホットプレート又は砂浴上で 3 時間加熱分解する。

2.3) 冷却後，ガラス管上部から少量の水を注いで内壁を洗った後，フェノールフタレイン溶液（10 g/L）を指示薬として 2 mol/L 水酸化ナトリウム溶液を加えて中和した後，水を加えて 200 mL とし，これを試料溶液として 1）に準じて操作する。

2.4) 計算　アルキル硫酸塩，アルキルエトキシ硫酸塩などの結合硫酸は，次の式によって求める。

$$C_A = C - C_u$$

ここに，
- C_A：アルキル硫酸塩の結合硫酸（SO_3 として）（%）
- C：全アニオン界面活性剤の結合硫酸（SO_3 として）（%）
- C_u：未分解アニオン界面活性剤の結合硫酸（SO_3 として）（%）

試料中のアニオン界面活性剤の化学式量が既知の場合[4]は，次の式によって純分を算出する。

注[4]：市販の家庭用の合成洗剤に通常配合されるアニオン界面活性剤の化学式量を，表 2 に示す。

表2　アニオン界面活性剤の化学式量

アニオン界面活性剤	化学式量の範囲	代表値
アルキルベンゼンスルホン酸ナトリウム	330〜370	348（炭素数12）
アルキル硫酸ナトリウム	270〜380	288（炭素数12）
アルキルエトキシ硫酸ナトリウム	400〜520	420（炭素数12，EO 3 mol）
アルケニルスルホン酸ナトリウム	300〜370	326（炭素数16）
アルキルスルホン酸ナトリウム	300〜380	328（炭素数16）

$$P = C \times \frac{M}{80.06}$$

ここに，
　　P：純分（％）
　　C：結合硫酸（SO_3として）（％）
　　M：アニオン界面活性剤の化学式量
　　80.06：SO_3の化学式量

7.3.3　石けん分の定量
7.3.3.1　中和滴定法

a）**要旨**　石けん分は，7.1 c）で得られた水層部分を酸分解し，生じた脂肪酸を石油エーテルで抽出してその量を求め，次に脂肪酸の中和価を測定して求める。

b）**試薬**　試薬は，次のとおりとする。
　1）0.25 mol/L 硫酸　JIS K 8001 の 4.5（26.2）（0.25 mol/L 硫酸）による。
　2）メチルオレンジ溶液　JIS K 8001 の 4.4（指示薬）による。
　3）石油エーテル　7.1 b）1）による。
　4）硫酸ナトリウム　JIS K 8987 に規定するもの。
　5）0.5 mol/L 水酸化カリウム・エタノール溶液　JIS K 8574 に規定する水酸化カリウムを用いて調製したもの。標定は，JIS K 8001 の 4.5（18.2）（0.5 mol/L 水酸化カリウム・エタノール溶液）によって行う。この場合，水酸化カリウムを 35 g，アミド硫酸（容量分析用標準試薬）1.20〜1.45 g を用いる。
　6）中性エタノール　JIS K 8102 に規定するエタノール（95）をフェノールフタレイン溶液（10 g/L）を指示薬として 0.5 mol/L 水酸化カリウム溶液で中和したもの。使用直前に調製する。
　7）フェノールフタレイン溶液（10 g/L）　7.1 b）5）による。

c）**操作**　操作は，次のとおりに行う。
　1）7.1 c）の石油エーテル抽出残液及び洗液を集め，メチルオレンジ溶液を指示薬として酸性になるまで 0.25 mol/L 硫酸を加える。
　2）分液漏斗に移し，石油エーテル 100 mL を加えて振った後，静置して2層に分離し，下層を別の分液漏斗に移し，更にこれを石油エーテル 25 mL ずつで3回抽出する。
　3）石油エーテル層を合わせ，指示薬としてメチルオレンジ溶液を用い，水 100 mL ずつで中性になるまで洗浄し，硫酸ナトリウムで脱水した後，質量既知の三角フラスコ 300 mL に乾燥したろ紙を用いてろ過し，石油エーテルで洗う。
　4）水浴上で大部分の石油エーテルを留去した後，その内部に乾燥空気を送って残った石油エーテルを追い出した後，三角フラスコをデシケータ中で放冷し，その質量を量る。
　5）**計算**　脂肪酸量は，次の式によって算出する。

$$F = \frac{A}{S} \times 100$$

ここに，
　　F：脂肪酸量（％）
　　A：石油エーテル抽出量（g）
　　S：7.1 c）の試料の質量（g）

　6）三角フラスコに中性エタノール 50 mL を加えて，加温溶解し，指示薬としてフェノールフタレイン溶液（10 g/L）0.5 mL を加え，0.5 ml/L 水酸化カリウム溶液で滴定する。30秒間微紅色を保つときを終点とする。

d）**計算**　脂肪酸の中和価は，次の式によって算出する。

$$N.V. = \frac{28.05 \times B \times f}{A}$$

ここに，
　　$N.V.$：脂肪酸の中和価
　　B：滴定に用いた 0.5 mol/L 水酸化カリウム溶液の量（mL）
　　f：0.5 mol/L 水酸化カリウム溶液のファクター
　　A：石油エーテル抽出量（g）
　　28.05：（水酸化カリウムの化学式量）×1/2

石けん分は，次の式によって，ナトリウム塩として算出する。

$$C = F\left(1 + \frac{N.V.}{2552}\right)$$

ここに，

　　C：石けん分（%）
　　F：脂肪酸量（%）
　　$N.V.$：脂肪酸の中和価
　　$2552：\dfrac{56106}{22.990-1.008}$
　　56106：水酸化カリウムの化学式量
　　　　　56.106×1000
　　$22.990-1.008$：（ナトリウムの原子量）－（水素の原子量）

　備考　ここでは，試料中の石けん分を脂肪酸ナトリウム塩として算出しているが，カリウム塩又はトリエタノールアミン塩であることが明らかな場合には，上式中の2552の代わりに，カリウム塩のときに1473を，トリエタノールアミン塩のときに376.1を用いる。

7.3.3.2　アルカリ分相滴定法

a）　要旨　石けん分は，アルカリ水溶液において，アニオン界面活性剤の性質を示し，その物質の量を分相滴定によって求める。この方法では，脂肪酸も定量できる。

b）　試薬
　1）　1－プロパノール　JIS K 8838に規定するもの。
　2）　クロロホルム　7.3.1 b) 2)による。
　3）　0.1 mol/L水酸化ナトリウム溶液　JIS K 8576に規定する水酸化ナトリウム0.4 gを水に溶解して100 mLとする。
　4）　りん酸塩緩衝液　JIS K 9019に規定するりん酸水素二ナトリウム・12水69.84 gを水3000 mLに溶かした溶液と，JIS K 9012に規定するりん酸三ナトリウム・12水24.71 gを水1000 mLに溶かした溶液を混合し，0.1 mol/L水酸化ナトリウム溶液でpH値を11.6に調整する。
　5）　BCG溶液　JIS K 8840に規定するブロモクレゾールグリーン94.0 mgをりん酸塩緩衝液2500 mLに溶かす。これに，1－プロパノール500 mLを加え，3000 mLとする。
　6）　アニオン界面活性剤標準液（0.004 mol/L）7.3.2 b) 1)による。
　7）　カチオン界面活性剤標準液（0.004 mol/L塩化ベンゼトニウム溶液）調製は，7.3.2 b)による。

2）　2.1)による。ただし標定は，次のとおりに行う。

標定　アニオン界面活性剤標準液（0.004 mol/L）10 mLを全量ピペットを用いて滴定用シリンダーに取り，クロロホルム20 mLを加える。さらに，BCG溶液25 mLを全量ピペットを用いて加え，カチオン界面活性剤標準液で滴定する。滴定は，初め1 mLずつ加え，その都度栓をして激しく振った後静置して観察する。2層の分離が早くなれば逐次滴定量を減らして滴定を続ける。終点近くでは，1滴（0.02〜0.03 mL）刻みで行い，30秒間振り，2分間静置し，白色板を背景に色調の変化を観察する。色調は，最初，水層が青色を示しているが，終点付近から青色が徐々にクロロホルム層に移行する。青色が完全に移行し，水層が無色となった点を終点とする。カチオン界面活性剤標準液のファクターは，次の式によって算出する。

$$f_d = \frac{10 \times f_a}{A}$$

ここに，
　　f_d：カチオン界面活性剤標準液のファクター
　　A：滴定に用いたカチオン界面活性剤標準液の量（mL）
　　f_a：アニオン界面活性剤標準液のファクター

c）　器具
　1）　ビーカー　50 mL
　2）　全量フラスコ　250 mL
　3）　全量ピペット　10 mL，25 mL
　4）　滴定用シリンダー　7.3.2 c)による。
　5）　ビュレット　20 mL
　6）　メスシリンダー　50 mL，1000 mL，3000 mL

d）　操作
　1）　試料の適量（アニオン界面活性剤として0.2〜0.3 g）をビーカー50 mLに0.1 mgまで量り取り，水25 mLを加えて溶かす。
　なお，石けん分として50%以上含む試料については，1－プロパノール25 mLを加えて溶かす。この溶液を全量フラスコ250 mLに移し，ビーカーは水20 mLずつで数回洗い，洗液も全量フラスコに移した後，水を加えて標線に合わせる。これを試料溶液とする。
　2）　試料溶液10 mLを全量ピペットを用いて滴定

用シリンダーに取る。さらに，クロロホルム 20 mL，次いで BCG 溶液 25 mL を全量ピペットを用いて加える。カチオン界面活性剤標準液を，初め 1 mL ずつ加え，その都度栓をして激しく振った後，静置し観察する。2層の分離が早くなれば逐次滴定量を減らして滴定を続ける。終点付近では 1 滴刻みとし，30 秒間振り，2 分間静置し，白色板を背景に色調の変化を観察する。色調は，最初水層が青色を示しているが終点付近から青色が徐々にクロロホルム層に移行する。青色が完全に移行し，水層が無色となった点を終点とする。

3) 同時に空試験を行う。

e） **計算**　石けん分は，次の式によって算出する。

$$石けん分(\%) = \frac{(A-B) \times 0.004 \times f_d \times M}{S \times 1000 \times \frac{10}{250}} \times 100$$

$$= \frac{(A-B) \times f_d \times M \times 0.01}{S}$$

ここに，
- f_d：カチオン界面活性剤標準液のファクター
- A：試料溶液の滴定に用いたカチオン界面活性剤標準液の量（mL）
- B：空試験に用いたカチオン界面活性剤標準液の量（mL）
- M：石けんの化学式量[5]
- S：試料の質量（g）

注[5]：市販の家庭用の合成洗剤に配合される石けんの化学式量を，参考として表3に示す。

表3　石けんの化学式量

石けん	分子式	化学式量
ラウリン酸ナトリウム	$C_{12}H_{23}O_2Na$	222
ミリスチン酸ナトリウム	$C_{14}H_{27}O_2Na$	250
パルミチン酸ナトリウム	$C_{16}H_{31}O_2Na$	278
ステアリン酸ナトリウム	$C_{18}H_{35}O_2Na$	306
オレイン酸ナトリウム	$C_{18}H_{33}O_2Na$	304
リノール酸ナトリウム	$C_{18}H_{31}O_2Na$	302

参考 — 本法では，pH 値が 11.6 であるので，エステル型非イオン界面活性剤共存下でも，その加水分解を抑えることができるため，定量に影響を与えない。

- 逆性の界面活性剤を含む場合には，配合量よりも小さい値を示す。
- アルカリ性でアニオン性を示す両性界面活性剤を含む場合には，配合値よりも大きい値を示す。
- 石けんの炭素数が 10 以下のものについては，実際の配合値よりも小さい値を示す。
- スルホン塩酸，硫酸エステル塩を含む場合は，これらも同時に定量されるため，さらに，7.3.2 d) 1) によって全アニオン界面活性剤の結合硫酸を求め，次の式によって石けん分だけを算出する。

まず，7.3.3.2 で得た結果を，次の式によって全アニオン界面活性剤の結合硫酸（SO_3 として）（%）に換算する。

$$C_1 = \frac{(A-B) \times 0.004 \times f_d \times 80.06}{S \times 1000 \times \frac{10}{250}} \times 100$$

$$= \frac{(A-B) \times f_d \times 0.8006}{S}$$

ここに，
- C_1：7.3.3.2 で得た結果を，全アニオン界面活性剤の結合硫酸（SO_3 として）（%）に換算した値
- f_d：カチオン界面活性剤標準液のファクター
- A：試料溶液の滴定に用いたカチオン界面活性剤標準液の量（mL）
- B：空試験に用いたカチオン界面活性剤標準液の量（mL）
- S：試料の質量（g）
- 80.06：SO_3 の化学式量

石けん分は，次の式によって算出する。

$$C = \frac{M \times (C_1 - C_2)}{80.06}$$

ここに，
- C：石けん分（%）
- C_1：7.3.3.2 で得た結果を，全アニオン界面活性剤の結合硫酸（SO_3 として）（%）に換算した値
- C_2：7.3.2 d) 1) で求めた全アニオン界面活性剤の結合硫酸（SO_3 として）（%）
- M：石けんの化学式量

6. 界面活性剤の種類・用途

6.1 親水基，連結基，疎水基からみた界面活性剤の種類

表1

分類	構成要素		
	親水基	連結基	疎水基
陰イオン（アニオン）界面活性剤	カルボン酸塩 スルホン酸塩 硫酸エステル塩 りん酸エステル塩 ホスホン酸塩	$-OH$ $-COO-$ $-CONH-$ $-HNOC-$ $-(CONH)_n-$ $-(NH)_n-$ $-N=$ $-O-$ $-(O)_n-$	1. 炭化水素系： 　トリグリセリド 　脂肪酸 　脂肪アルコール 　樹脂酸類 　n-パラフィン 　ナフテン酸 　α-オレフィン 　アルキルベンゼン 　アルキルフェノール 　ポリオキシアルキレングリコール 2. 炭化フッ素系： 　完全フッ素化脂肪酸および脂肪アルコール 　部分フッ素化脂肪酸および脂肪アルコール 3. 有機ケイ素系： 　ポリシロキサン類
陽イオン（カチオン）界面活性剤	アミン塩 第四級アンモニウム塩 ピリジニウム塩 スルホニウム塩 ホスホニウム塩 ポリエチレンポリアミン		
両性イオン界面活性剤	アミノ酸 ベタイン アミノ硫酸エステル スルホベタイン		
非イオン（ノニオン）界面活性剤	多価アルコール（グリセリン，グルコース，ショ糖，アミノアルコール） ポリエチレングリコール		

出典）西尾　宏：『機能性界面活性剤』（角田光雄監修），シーエムシー，p.23（2000）

6.2 代表的な界面活性剤の分類・名称・用途

（1）陰イオン（アニオン）界面活性剤

分類	名称および化学構造	別名（〔　〕内は省略名）	用途
（1）カルボン酸型	脂肪族モノカルボン酸塩 　　　RCOOM	■脂肪酸石けん，脂肪酸塩〔石けん〕	化粧石けん
	ポリオキシエチレンアルキルエーテルカルボン酸塩 　RO(CH₂CH₂O)ₙCH₂COOM	■アルキルエーテルカルボン酸塩 ■エーテルカルボン酸塩	洗浄剤 乳化剤 分散剤
	N-アシルサルコシン塩 　　RCONCH₂COOM 　　　　｜ 　　　　CH₃	■アルカノイルサルコシン	洗浄剤 洗顔料基剤
	N-アシルグルタミン酸塩 　　RCONHCHCH₂CH₂COOM 　　　　　｜ 　　　　　COOM	■アルカノイルグルタミン酸塩 ■アシルグルタメート（グルタマート）	低刺激性 シャンプー基剤
	アルファスルホ脂肪酸エステル塩 　　R₁-CHCOOR₂ 　　　　｜ 　　　　SO₃M	■アルファスルホ脂肪酸メチルエステル塩〔α-SF〕	洗浄剤 ベビー洗剤基剤

分類	名称および化学構造	別名（〔　〕内は省略名）	用途
(2) スルホン酸型	ジアルキルスルホこはく酸塩 　　　　ROCOCHSO$_3$M 　　　　ROCOCH$_2$	■ジアルキルスルホサクシネート（サクシナート） ■スルホこはく酸ジアルキル塩 ■1,2-ビス（アルコキシカルボニル）-1-エタンスルホン酸塩	湿潤剤 浸透剤
	アルカンスルホン酸塩 　　　　RSO$_3$M	■アルキルスルホネート（スルホナート） ■アルキルスルホン酸塩 ■パラフィンスルホン酸塩〔SAS〕	洗浄剤
	アルファオレフィンスルホン酸塩 （アルケンスルホン酸塩とヒドロキシアルカンスルホン酸塩との混合物）	■アルファオレフィンスルホネート（スルホナート）〔AOS〕	洗浄剤
	直鎖アルキルベンゼンスルホン酸塩 　　nR-⟨benzene⟩-SO$_3$M	■直鎖アルキルベンゼンスルホネート（スルホナート） 〔LAS〕〔ソフト型 ABS〕	洗浄剤 ベビー洗剤基剤 乳化剤
	アルキル（分岐鎖）ベンゼンスルホン酸塩 　　R-⟨benzene⟩-SO$_3$M	■アルキルベンゼンスルホネート（スルホナート） 〔ABS〕〔ハード型 ABS〕	乳化剤
	ナフタレンスルホン酸塩-ホルムアルデヒド結合物 　⟨naphthalene⟩-CH$_2$-⟨naphthalene⟩-H 　SO$_3$Na　　　SO$_3$Na]$_n$	■ポリナフチルメタンスルホネート（スルホナート） ■ポリナフチルメタンスルホン酸塩 ■ナフタレンスルホネート-ホルマリン縮合物	染粉分散剤 セメント減水剤
	アルキルナフタレンスルホン酸塩 　R-⟨naphthalene⟩-SO$_3$M	■アルキルナフタリンスルホネート（スルホナート）	分散剤 乳化重合用乳化剤
	N-メチル-N-アシルタウリン塩 　　　RCONCH$_2$CH$_2$SO$_3$M 　　　　CH$_3$	■アルカノイルメチルタウリド〔AMT〕	洗浄剤 低刺激性シャンプー基剤
(3) 硫酸エステル型	アルキル硫酸塩 　　　　ROSO$_3$M	■アルキル硫酸エステル塩 ■硫酸アルキル塩 ■アルキルサルフェート（スルファート）〔AS〕	洗浄剤 起泡剤 乳化剤
	ポリオキシエチレンアルキルエーテル硫酸塩 　　RO(CH$_2$CH$_2$O)$_n$SO$_3$M	■アルキルエーテルサルフェート（スルファート） ■ポリオキシエチレンアルキルエーテルサルフェート（スルファート） ■アルキルポリエトキシ硫酸塩 ■ポリグリコールエーテルサルフェート（スルファート） ■アルキルポリオキシエチレン硫酸塩〔AES〕	洗浄剤 台所用洗剤基剤
	油脂硫酸エステル塩 　　　　（略）	■硫酸化油 ■高度硫酸化油 ■ロート油（ヒマシ油硫酸化油の場合）	繊維処理剤 乳化剤 柔軟剤

分類	名称および化学構造	別名（〔〕内は省略名）	用途
(4) りん酸エステル型	アルキルりん酸塩 $RO-\underset{OM}{\underset{\|}{\overset{O}{\overset{\|}{P}}}}-OM \quad RO-\underset{OR}{\underset{\|}{\overset{O}{\overset{\|}{P}}}}-OM$	■りん酸（モノまたはジ）アルキル塩 ■（モノまたはジ）アルキルホスフェート（ホスファート） ■（モノまたはジ）アルキルりん酸エステル塩〔MAP〕（ただしモノの場合）	洗浄剤 ボディシャンプー基剤
	ポリオキシエチレンアルキルエーテルりん酸塩 $RO(CH_2CH_2O)_n-\underset{OM}{\underset{\|}{\overset{O}{\overset{\|}{P}}}}-OM$ $\underset{RO(CH_2CH_2O)_n}{RO(CH_2CH_2O)_n}-\overset{O}{\overset{\|}{P}}-OM$	■りん酸アルキルポリオキシエチレン塩 ■アルキルエーテルホスフェート（ホスファート） ■アルキルポリエトキシりん酸塩 ■ポリオキシエチレンアルキルエーテルホスフェート（ホスファート）	帯電防止剤 乳化剤 分散剤
	ポリオキシエチレンアルキルフェニルエーテルりん酸塩 （略）	■りん酸アルキルフェニルポリオキシエチレン塩 ■アルキルフェニルエーテルホスフェート（ホスファート） ■アルキルフェニルポリエトキシりん酸塩 ■ポリオキシエチレンアルキルフェニルエーテルホスフェート（ホスファート）	帯電防止剤 乳化剤 分散剤 防錆剤

(2) 非イオン（ノニオン）界面活性剤

分類	名称および化学構造	別名（〔〕内は省略名）	用途
(1) エステル型	グリセリン脂肪酸エステル （例）$RCOOCH_2$ $\quad\quad\quad CHOH$ $\quad\quad\quad CH_2OH$	■アシルグリセリン：アシルグリセリド ■グリセリン（モノ～トリ）アルカノエート（アルカノアート） ■脂肪酸グリセリン〔モノグリ〕〔モノグリセリド〕 （注：モノ脂肪酸エステルの場合）	乳化剤 食品用乳化剤 消泡剤 防曇剤
	ソルビタン脂肪酸エステル （例）構造式	■ソルビタン（モノ～トリ）アルカノエート（アルカノアート） ■脂肪酸ソルビタン ■（モノ～トリ）アルカノイルソルビタン	化粧品用乳化剤 食品用乳化剤 消泡剤 防曇剤
	しょ糖脂肪酸エステル 構造式	■アシルスクロース，シュガー（脂肪酸）エステル ■脂肪酸ショ糖エステル ■ショ糖エステル	食品用乳化剤 食品用洗浄剤 消泡剤 化粧品用乳化剤
(2) エーテル型	ポリオキシエチレンアルキルエーテル $RO(CH_2CH_2O)_nH$	■アルキルポリオキシエチレンエーテル ■アルコールポリエチレングリコールエーテル ■ポリオキシエチレンアルキルエーテル ■ポリエチレングリコールアルキルエーテル ■アルキルポリエチレングリコールエーテル ■アルキルポリエトキシエタノール ■アルキルポリグリコールエーテル ■POEアルキルエーテル〔AE〕	浸透剤 洗浄剤 工業用洗浄剤 乳化剤 分散剤 可溶化剤 均染剤

6．界面活性剤の種類・用途

分類	名称および化学構造	別　名（〔　〕内は省略名）	用　途
(2) エーテル型	ポリオキシエチレンアルキルフェニルエーテル $R-\bigcirc-O(CH_2CH_2O)_nH$	■アルキルフェニルポリオキシエチレンエーテル ■ポリオキシエチレンアルキルフェノールエーテル ■ポリオキシエチレンアルキルフェニルエーテル ■ポリエチレングリコールアルキルフェニルエーテル ■アルキルフェノールポリエチレングリコールエーテル ■アルキルフェニルポリエトキシエーテル ■アルキルフェニルポリグリコールエーテル ■POEアルキルフェニルエーテル〔APE〕	浸透剤 洗浄剤 工業用洗浄剤 乳化剤 分散剤 可溶化剤
	ポリオキシエチレンポリオキシプロピレングリコール $H(OCH_2CH_2)_l(OC_3H_4)_m(OCH_2CH_2)_nOH$	■ポリオキシエチレンポリオキシプロピレン ■ポリオキシエチレンポリオキシプロピレングリコールエーテル ■ポリプロピレングリコールポリエチレングリコールエーテル ■ポリオキシアルキレンブロックポリマー	洗浄剤 消泡剤
(3) エーテルエステル型	脂肪酸ポリエチレングリコール （例）$RCOO(CH_2CH_2O)_nH$	■アシルポリエチレングリコール ■ポリエチレングリコール脂肪酸エステル ■脂肪酸ポリオキシエチレングリコールエステル ■PEG脂肪酸エステル ■ポリオキシエチレンアルカノエート（アルカノアート） ■アルキルカルボニルオキシポリオキシエチレン	濁化剤 乳化剤 可溶化剤
	脂肪酸ポリオキシエチレンソルビタン （例） 構造式（HO, OH, $O(CH_2CH_2O)_nH$, CH_2-OOCR）	■アシルポリオキシエチレンソルビタン ■ポリオキシエチレンソルビタン脂肪酸エステル ■ポリオキシエチレンソルビタン（モノ～トリ）アルカノエート（アルカノアート） ■ポリオキシエチレンヘキシタン脂肪酸エステル ■ソルビタン脂肪酸エステルポリエチレングリコールエーテル ■POEソルビタン（モノ～トリ）脂肪酸エステル〔ポリソルベート〕	乳化剤 可溶化剤
(4) アルカノールアミド型	脂肪酸アルカノールアミド （例）$RCON\begin{matrix}C_2H_4OH\\C_2H_4OH\end{matrix}$	■アルカノール脂肪酸アミド ■アルカノールアミド ■アルカノールアルカンアミド ■アルキロールアミド	起泡剤 洗浄剤 シャンプー基剤 乳化剤

備　考１．表中の名称欄には最も普遍的に用いられる名称を記し，別名欄中の略称については〔　〕をつけた。
　　　２．表中の化学構造欄のMは金属（通常ナトリウム），NH₄．アルカノールアミン塩などを示す。
出典）角田光雄・間宮富士雄：『Q＆A洗浄の理論と応用操作マニュアル』，アール・アンド・ディープランニング，pp.34-38（2001）

索引

( )内は記載されている分野・項目を示す。

欧文

ABS	12, 26
AE	21, 44
AES	19
AOS	19
AS	18, 44, 45
BOD	27
cmc	45
CMC（糊料）	96
――（再付着防止）	24
――（しみ抜き剤）	109
COD	27
HLB	21, 47
LAS	18, 26, 48
LCA	28
MA試験布	55, 63
MA値	51, 63
MES	17
PVA（糊料）	97
TOD	27

あ

アイロン仕上げ 103
青味づけ 94
アセトン（しみ抜き剤） 108
後処理加工法（抗菌） 125
アニオン界面活性剤 16, 150
　――の定性（JIS） 142
　――の定量（JIS） 142
アニオン界面活性剤標準液（JIS） 142
アメリカ硬度 9
アルカリ緩衝作用（洗浄補助剤） 22
アルカリ分相滴定 147
アルキルエーテル硫酸エステル塩 19
アルキルベンゼンスルホン酸塩 12, 26
アルキル硫酸エステル塩 18
アルファオレフィンスルホン酸塩 19
アルファスルホ脂肪酸エステル塩 17
アルミノけい酸塩（洗浄補助剤） 23
アンモニア水（しみ抜き剤） 109

い

イガ 116
異性体 16
板張り仕上げ 104
一時硬水 10
一対比較法 62
衣服エネルギー 134
色あせ 2
陰イオン界面活性剤 16, 150

う

ウールマーク試験方法 55
ウェットクリーニング 77, 87
　――の方法 88
渦巻き式洗濯機 30

え

エアレーション 11
永久硬水 10
衛生加工 125
エコラベル（ECの） 28
エチルアルコール（しみ抜き剤） 108
エマルション 49
エムペントリン 120, 121
遠心力 74
塩素系漂白剤 89

お

オイラン類 122
オーバーフロー式（すすぎ） 73
汚染度 58
汚染布 54, 55
　――の保存法 139

か

回転ドラム式洗濯機 29
界面活性剤 11, 16, 43
　――の区分 14
界面張力 35, 44
化学糊料 95
化学的酸素消費量 27
化学的酸素要求量 27
拡散電気二重層 43
撹拌式洗濯機 29, 30
化工でんぷん（糊料） 96
加水分解酵素 24
型くずれ 115
過炭酸ナトリウム（漂白剤） 92
カチオン界面活性剤 16, 150
　――の定性（JIS） 143
家庭用品品質表示法 13
かび 123
過ホウ酸ナトリウム（漂白剤） 91
可溶化 46
可溶性でんぷん（糊料） 96
カルボキシメチルセルロース（糊料） 96
環境汚染（ドライクリーニング溶剤） 79
環境問題（洗剤） 26
含気量 1
還元漂白剤 89
乾式洗濯 77
含水率 74
乾燥 74
乾燥速度 75
寒干し 127
緩和寸法変化率 55

き

機械力（洗濯） 49
機能性低下（衣服の） 65
忌避的防虫剤 119
逆性石けん 20
強度低下 115
金属イオンの捕捉作用 22
金属石けん 10, 15, 17
金属封鎖作用 23

く
曇り点 ……………………… 21, 47
クラフト点 ………………… 47
クリーニング事故 ………… 84

け
蛍光増白剤 ………… 25, 92, 94
けい酸塩（洗浄補助剤）…… 22
軽質洗剤 …………………… 15
原糸改良加工法（抗菌）… 125
減少エネルギー（衣服の）… 134

こ
コイガ …………………… 117
抗菌 ……………………… 123
抗菌加工 ………………… 125
硬水 ………………………… 10
　──の軟化法 ……………… 10
合成洗剤 ……………… 11, 14, 15
　──の品質規格 …………… 13
　──の品質表示 …………… 14
合成洗剤試験方法（JIS）… 142
酵素 ………………………… 24
　　（しみ抜き剤）………… 109
酵素剤 ……………………… 24
硬度 ………………………… 9
硬度成分 ………………… 9, 15
黄変 ……………………… 115
コールドマシン …………… 81
固形石けん ………………… 15
糊剤（ランドリー）………… 85
固体粒子汚れ …………… 5, 42
糊料 ………………………… 95
コンパクトタイプ（洗剤）… 15

さ
再汚染 ……………………… 24
再汚染防止剤 ……………… 24
再付着 ……………………… 24
再付着防止剤 ……………… 24
酢酸（しみ抜き剤）……… 109
酸化漂白剤 ………………… 89

し
次亜塩素酸ナトリウム（漂白剤）
　……………………………… 89
仕上げ（家庭洗濯）……… 101
　　　（商業洗濯）………… 81
シェッフェの一対比較法 … 62
敷きのし仕上げ ………… 104
試験布 ……………………… 55
ジスマンプロット ………… 36
自然乾燥 …………………… 75
死蔵衣服 ………………… 129
湿式人工汚染布 …………… 55
湿式洗濯 …………………… 77
指標洗剤 ……………… 13, 56
脂肪酸塩 …………………… 16
脂肪酸の融点 ……………… 4
しみ ……………………… 105
シミ ……………………… 116
しみ抜き ………………… 105
　──の注意 ……………… 109
　──の手順 ……………… 111
しみ抜き剤 ……………… 107
しみ抜きブラシ ………… 106
しみ抜き綿棒 …………… 106
シュウ酸（しみ抜き剤）… 109
重質洗剤 ……………… 15, 28
柔軟剤 …………………… 100
柔軟仕上げ剤 ………… 95, 100
縮充 ……………………… 63, 78
純石けん分 ………………… 13
ショウノウ …………… 119, 120
生ふ（糊料）……………… 96
除去率 ……………………… 60
除去量 ……………………… 60
シリンダー型洗濯機 …… 29
人工汚染布 ………… 54, 55, 56
人工乾燥 …………………… 75
新合繊 …………………… 103
伸子 ……………………… 104
伸子張り仕上げ ………… 104
親水基 ……………………… 46
親水親油バランス ……… 21, 47
親水性繊維 ………………… 7

浸漬法（糊つけ法）……… 99
シンナー（しみ抜き剤）… 108

す
水質汚染 …………………… 25
水質汚濁 ………………… 133
水溶性汚れ ………………… 4
スクアレン ………………… 3
すすぎ ……………………… 72
すすぎ性試験（JIS）…… 138
スプレー法（糊つけ法）… 99

せ
脆化 ……………………… 65
制電繊維 ………………… 101
生物化学的酸素消費量 …… 27
生物化学的酸素要求量 …… 27
生分解性 ………… 17, 18, 26
ゼオライト（洗浄補助剤）… 23
石油ベンジン（しみ抜き剤）… 108
石けん …………………… 14, 15, 16
　　（しみ抜き剤）………… 108
　　（歴史）………………… 11
　──の原料 ……………… 17
　──の性質 ……………… 17
　──の品質規格 ………… 13
　──の品質表示 ………… 14
石けんかす ………………… 17
石けん分の定量（JIS）… 146
接触角 ……………………… 35
接触毒型（防虫加工）…… 122
繊維製品の取扱いに関する表示記
　号 ……………………… 135
センサー機能（洗濯機）… 33
洗剤 ……………………… 11
　──の種類 ……………… 12
　──の表示区分 ………… 14
　──の変遷 ……………… 11
全酸素消費量 ……………… 27
全酸素要求量 ……………… 27
全自動洗濯機 ……… 31, 32, 71
洗浄 ………………………… 1
洗浄補助剤 …… 11, 15, 22, 43

洗浄率 …………… 51, 60	中性洗剤（しみ抜き剤）…… 108	に
洗浄力（温度と）………… 68	直鎖アルキルベンゼンスルホン酸	二酸化チオ尿素（漂白剤）…… 92
（洗剤濃度と）…… 67	塩 …………………… 18, 26	二層式洗濯機 …………… 32, 71
（洗濯時間と）…… 69		
（被洗物重量と）… 69	つ	ぬ
洗浄力試験 ………………… 53	通気 …………………………… 11	ぬれ（洗剤）………………… 35
洗浄力評価 ………………… 61	つけ置き洗い ………………… 70	
洗濯機 ……………………… 29		の
──の分類 …………… 30	て	濃縮タイプ（洗剤）………… 15
──の変遷 ………… 29, 31	鉄イオン（洗濯用水）……… 10	濃度消光現象 ……………… 93
洗濯性能試験（JIS）…… 138	テトラクロロエチレン …… 78	ノニオン界面活性剤 … 16, 150, 152
洗濯の手順 ………………… 70	添加剤 ……………… 15, 22, 24	糊つけ効果 ………………… 97
洗濯排水 ………………… 133	電気洗濯機試験方法（JIS）… 138	
洗濯用水 …………………… 9	天然糊料 …………………… 95	は
（洗浄力試験）…… 57	でんぷん（糊料）…………… 96	パークロロエチレン ……… 78
		ハードタイプ ……………… 26
そ	と	廃棄（衣服）……………… 129
ソープ ……………………… 81	ドイツ硬度 ………………… 9	配合剤 ……………………… 22
疎水性繊維 ………………… 7	同族体 ……………………… 16	ハイドロサルファイト（漂白剤）
ソフト化 …………………… 26	導電繊維 ………………… 101	………………………………… 92
ソフトタイプ ……………… 26	塗布洗い …………………… 72	パウダー洗濯 ……………… 77
	土用干し ………………… 127	刷毛引き法（糊つけ法）…… 99
た	ドライクリーニング ……… 77	バッチ式（すすぎ）………… 73
ターゴトメーター ………… 57	──の特徴 …………… 78	バッチシステム …………… 82
第四級アンモニウム塩 …… 20	──の方法 …………… 82	パラジクロロベンゼン … 119, 120
（抗菌剤）…………… 125	ドライクリーニング溶剤	バンドルテスト ………… 55, 61
（柔軟仕上げ剤）…… 100	…………………… 77, 78, 80	
帯電防止剤 ……………… 101	ドライクリーニング用仕上げ機	ひ
帯電列 …………………… 101	………………………………… 82	非イオン界面活性剤
体内毒型（防虫加工）…… 122	ドライクリーニング用洗剤 … 81	……………… 16, 20, 150, 152
耐微生物加工 …………… 125	ドライソープ ……………… 81	皮脂汚れ …………………… 4, 24
脱酸素剤（殺虫効果）…… 121	ドラム式洗濯機 ………… 29, 31	微生物の繁殖 …………… 124
（微生物繁殖防止）… 126	トリグリセリド …………… 4	被洗物（洗浄力試験の）…… 53
脱水 ………………………… 73	トリクロロエタン ………… 78	ヒメカツオブシムシ …… 117
脱水性試験（JIS）……… 138	トリクロロトリフルオロエタン	ヒメマルカツオブシムシ … 117
脱水率 ……………………… 74	………………………………… 79	表示記号（ISO）……… 136, 137
ためすすぎ ………………… 73	曇天 …………………… 21, 47	（JIS）……… 135, 137
炭酸塩（洗浄補助剤）……… 22		標準洗濯機 ……………… 56, 139
炭水化物の汚れ …………… 6	な	漂白剤 …………………… 25, 89
たんぱく質汚れ …………… 6, 24	流しすすぎ ………………… 73	（しみ抜き剤）……… 108
	ナフタレン ……………… 119, 120	（ランドリー）……… 85
ち	軟水 ………………………… 10	表面張力 ……………… 35, 44, 45
虫害 …………………… 116		

索　引

表面反射率 …………… 58	ポリビニルアルコール（糊料）	羊毛害虫 …………… 116, 118
——の測定（JIS）…… 139	………………………… 97	浴比 ………………………… 69
ビルダー ………… 11, 15, 22, 43	ポリりん酸塩（洗浄補助剤）… 23	汚れ ……………………… 1, 6
ピレスロイド …………… 121	本洗い …………………… 71	——の種類 …………… 4
非連続すすぎ …………… 73		——の除去 …………… 42
品質規格（洗剤）………… 13	**ま**	——の付着 …………… 2
	マイクロエマルション …… 49	——の分類 …………… 2
ふ		予浸 ……………………… 70
ファンデルワールス力 … 42, 43	**み**	予洗 ……………………… 71
フィルター循環システム … 82, 83	ミクロエマルション ……… 49	
富栄養化 ……………… 25, 26	ミセル ………………… 46, 49	**ら**
フェルト化 …………… 63, 78	ミチン類 …………… 122, 123	ライトデューティー洗剤 … 15
フェルト寸法変化率 ……… 55		ランダオメーター ………… 56
複合石けん ……………… 14	**む**	ランドリー ……………… 77, 85
ふのり（糊料）…………… 96	無機質汚れ ……………… 3	——の工程 …………… 87
不要衣服 ………………… 129	（定量）……………… 59	——の特徴 …………… 85
フロン113 ……………… 79	無りん洗剤 ……………… 26	——の方法 …………… 86
分散作用（洗浄補助剤）… 22		ランドリー用機器 ………… 86
粉末石けん ……………… 15	**も**	
粉末洗剤 ………………… 15	模擬洗濯物 ……………… 54	**り**
		力価（塩素系漂白剤の）…… 89
へ	**や**	リグロイン（しみ抜き剤）… 108
ヘビーデューティー洗剤 … 15	ヤングの式 ……………… 35	リサイクルショップ …… 131
変退色 ………………… 2, 115		硫酸塩（洗浄補助剤）…… 24
	ゆ	両性イオン界面活性剤
ほ	有機質汚れ ……………… 3	…………………… 16, 20, 150
防かび …………………… 123	有機溶剤（しみ抜き剤）… 108	臨界表面張力 …………… 36
防虫 ……………………… 116	有効塩素 ………………… 89	臨界ミセル濃度 ……… 38, 45
防虫加工剤 ……………… 122	油脂汚れ ………………… 2	
防虫剤 …………………… 118	（定量）……………… 59	**れ**
防虫法 …………………… 118	油性汚れ ………………… 4, 7	連続注水すすぎ ………… 73
捕捉作用（洗浄補助剤）… 22	——の除去過程 ……… 39	
ホットマシン …………… 81	湯のし器 ……………… 104	**ろ**
ポテンシャルエネルギー … 42	湯のし仕上げ ………… 104	ローリングアップ …… 39, 40, 41
ポリオキシエチレンアルキルエー		
テル ………………… 21	**よ**	**わ**
ポリ酢酸ビニル（糊料）… 97	陽イオン界面活性剤	輪じみ ………………… 105
	…………………… 16, 20, 150	

●索　　引

執筆者（執筆担当）

〔編著者〕

片山　倫子　東京家政大学　名誉教授
（第4章, 第5章, 第8章, 資料編）

〔著　者〕〔五十音順〕

阿部　幸子　青山学院女子短期大学　名誉教授
（第1章, 第2章, 第12章）

杉原　黎子　岡山大学教育学部　名誉教授
（第3章, 第6章, 第7章）

吉村　祥子　大阪成蹊短期大学　名誉教授
（第9章, 第10章, 第11章）

衣の科学シリーズ
衣服管理の科学

2002年（平成14年）4月1日　　初　版　発　行
2021年（令和3年）11月10日　　第13刷発行

編著者　片　山　倫　子

発行者　筑　紫　和　男

発行所　株式会社 建帛社 KENPAKUSHA

〒112-0011　東京都文京区千石4丁目2番15号
電　話　(03) 3944-2611
FAX　(03) 3946-4377
https://www.kenpakusha.co.jp/

ISBN 978-4-7679-1048-2　C3077　　幸和印刷／愛千製本所
©片山倫子ほか, 2002.　　　　　　Printed in Japan
（定価はカバーに表示してあります）

本書の複製権・翻訳権・上映権・公衆送信権等は株式会社建帛社が保有します。
JCOPY 〈出版者著作権管理機構　委託出版物〉
本書の無断複製は著作権法上での例外を除き禁じられています。複製される場合は, そのつど事前に, 出版者著作権管理機構（TEL 03-5244-5088, FAX 03-5244-5089, e-mail:info@jcopy.or.jp）の許諾を得て下さい。